Pensar más, pensar mejor

DEBATE

Pensar más, pensar mejor

Cómo agilizar tu mente

Dani Sánchez-Crespo

Penguin
Random House
Grupo Editorial

Primera edición: noviembre de 2023

Printed in Spain – Impreso en España

ISBN: 978-84-19642-83-7
Depósito legal: B-15.645-2023

Compuesto en M. I. Maquetación, S. L.
Impreso en Black Print CPI Ibérica
Sant Andreu de la Barca (Barcelona)

C 6 4 2 8 3 7

Somos el poso que dejamos en los demás.
Para Violeta y Marina

Índice

1

El inútil

Hola. Gracias por comprar este libro. Mi nombre es Dani, y soy un inútil. No, en serio: podría parecer que lo digo por falsa modestia, o por quedar bien, pero durante muchísimos años de mi vida he estado absolutamente convencido de que era un inútil. Desde pequeño, hasta hace unos cinco años, estaba acomplejado. Pero empecemos por el principio.

Barcelona. Años ochenta. Colegio de los jesuitas. Hora del recreo. Cuando yo era peque, si sabías jugar a fútbol, eras Dios. Todos te querían en su equipo, eras popular. También si llevabas merienda. O si tenías cromos. O muñecos de *Star Wars*. La economía de la popularidad en el patio del colegio: esa cosa maravillosa que merecería una o dos tesis doctorales. Bien, ¿a ver si adivina usted quién era siempre el último en ser elegido en los equipos de fútbol? No hace falta que montemos un drama, tampoco es que sufriese *bullying* ni nada por el estilo. De hecho, mis recuerdos de infancia son en su inmensa mayoría buenos. Pero, vamos, que era un inútil. En todos los ámbitos que influyen en la popularidad de un chaval de diez años, yo era un cero a la izquierda.

Se me dan mal casi todos los deportes. El fútbol, el básquet. Era lento nadando en la piscina. Siempre he sido un tanto tímido. No es que me falten habilidades con la gente: es que estoy muy bien cuando estoy solo. Además, soy tirando a torpe. Llevo ocho esguinces de tobillo. Soy asmático. Es decir, que cuando Dios me fabricó, le dio las piezas buenas a otro, y a mí me montó con lo que sobraba.

Nunca fui especialmente guapo. Ni popular. Ni gracioso. Digamos que era un tipo más bien gris. Sacaba buenas notas, eso sí. Daba pocos problemas en clase, salvo por cierta tendencia a discutir con los profes cuando me echaban la bronca. Pero, como era buen estudiante, fui pasando curso tras curso sin hacer mucho ruido. Seguramente mis profes ni se acuerden de mí. Yo era el de la última fila, el que solía mirar al techo o por la ventana, el que improvisaba los deberes en el bus, el que no destacaba en nada y vivía en su mundo.

Pasaron los años y fui desarrollando un carácter más bien introspectivo. Estudié informática. En los noventa no hubo mejor lugar para tímidos que la facultad de Informática. Recuerdo que a veces, al volver a casa, le decía a mi madre: «Mamá, hoy desde que he salido de casa no he hablado con absolutamente nadie». Aquello era el paraíso, oiga. Estaba poblado por gente por lo general sesuda, que no hablaba mucho, que valoraba poco o nada todo aquello que a mí se me daba mal. Le contaré una anécdota maravillosa: recuerdo que, al acabar la carrera, algún iluminado tuvo la brillante idea de montar un viaje de fin de estudios. De esos que se organizaban en Derecho, o en facultades con alumnos «humanos», y en los que había bofetadas para conseguir plaza. Pues bien: el nuestro no se hizo. ¿Sabe por qué? Porque los alumnos de la facultad de Informática no se tomaron ni la molestia de apuntarse. Los informáticos, esa raza maravillosa.

Poco a poco digamos que fui descubriendo quién era yo realmente. Todo empezó cuando aún iba al cole. Me acostaba en la cama temprano, pero tardaba horas en dormirme (siempre he tenido problemas de sueño). Así que me quedaba tumbado y pensaba. Revisaba lo que me había pasado durante el día. Lo que había hecho, lo que había visto. A eso lo llamaba «voy a darle vueltas a las cosas».

Este entretenimiento nocturno se fue convirtiendo en mi actividad «por defecto»: pasaba horas y horas mirando, observando, pensando. En el patio. Caminando desde el cole a casa. Durante las clases. Todas las horas que otros destinaban al fútbol, a las chicas o a socializar, yo las empleaba mirando el mundo. Y me dedicaba a pensar.

A cada paso de la vida, me alejaba cada vez más del «hacer», y pivotaba hacia el «analizar». Recuerdo una historia representativa: si usted es de mi generación, sabrá que en aquella época se hacía el servicio militar. Pasábamos un año jugando a los soldaditos de forma absurda. Así que yo, como puede suponer, detestaba esa idea. Y, al ser asmático, diseñé un plan perfecto para evitar la mili. Sabía que el asma era causa de incapacitación, pero el mío era muy leve y me preocupaba que no colase. Al final decidí visitar a un médico para que me explicase cómo podía librarme. Resulta que en esos años te hacían correr durante un rato, y luego te medían la capacidad pulmonar. Si se halla familiarizado con esta enfermedad, estará al tanto de que deporte más aire frío, igual a asma. Ya tenía mi plan: fingiría un ataque durante las pruebas del ejército. Mi pequeño secreto, lo que el Ministerio de Defensa no podía saber, es que realmente era corredor de resistencia, a pesar de mi condición pulmonar. Me habían llegado a ofrecer ir a los campeonatos de Cataluña de 1.500 metros. Pero mi propósito era otro.

Llegado el día de la prueba, me planté en el Hospital Militar, que por aquella época estaba por el barrio de Horta. Efectivamente, ahí estábamos todos los asmáticos de Barcelona para oír al sargento de turno decirnos: «Cinco vueltas al campo y luego revisión médica». Yo, que llevaba preparándome semanas y había leído artículos sobre el tema, quería garantizarme un ataque de asma de manual. Hacía semanas que no me medicaba y la noche anterior había dormido con dos botes de barniz abiertos al lado de la cama. Además, al correr me puse a respirar a destiempo, sincopadamente, como un batería de jazz, para provocarme una crisis de libro.

Acabó la carrera. Yo, claro está, me encontraba a las puertas de la muerte, según el plan previsto. Pero mi capacidad analítica no contaba con la mala suerte: mi apellido (Sánchez-Crespo) era de los últimos en la lista del médico. «Mierda —pensé—. Para cuando el médico me reconozca, se me habrá pasado la crisis, y la cagaremos». Total, que ya me tiene a mí, en la cola, aguantando la respiración, al borde de la asfixia. E hiperventilando como un loco. Lo que fuese. Había que aguantar. Cuando por fin llegó el médico, mi cara era azul. Recuerdo al pobre hombre, preocupado por mí. «¿Se encuentra usted bien?». Y yo diciendo: «Sí, sí. No es nada, es que nunca había corrido en mi vida debido al asma, mi madre me lo tiene prohibido desde la primera crisis que tuve», con una carita de no haber roto un plato en mi vida.

Ese era yo. El inútil, pero también el que se había pasado meses maquinando cada segundo de ese día para escaquearme de la mili. El que había proyectado cada frase, cada gesto, hasta conseguir el resultado deseado. Evidentemente, salí de allí con mi carta de no apto. Al día siguiente me fui a correr por la Diagonal, faltaría más.

Durante los años de facultad mi cerebro se aceleró: como mis padres se acababan de divorciar, busqué un trabajo de becario de investigación para ganar algo de dinero. Eso sucedió hacia finales de los noventa. ¿Sabe lo mejor? Que, como era personal de la universidad, podía entrar y salir cuando quisiese. Tenía acceso a las bibliotecas y a los ordenadores del campus, así que me pasaba el día leyendo a Alan Turing, Edward O. Wilson, Rodney Brooks y Thomas Kuhn. Iba a presentaciones de proyectos y lecturas de tesis doctorales. Aquello era el cielo.

Tuve la suerte de conocer a la que hoy es mi mujer muy joven, a los catorce. Éramos compañeros de clase. Sinceramente, que me haya aguantado todos estos años me parece alucinante. Porque sí, yo en casa soy como parece: un pesado que se pasa el día pensando y hablando de cosas raras. Mi mujer ya sabe que cada día toca «ir a pasear»: vamos a caminar mientras le pego el rollazo sobre algún tema peregrino que me preocupa. Desde la astronomía hasta las guerras del opio o la población de pingüinos en la Antártida. Siendo pragmáticos, creo que tuve mucha suerte. Muchos amigos pasaron por mil novias, matrimonios, divorcios y demás, pero yo he gozado siempre de un ecosistema de apoyo estable como una roca. Lo cual, admitámoslo, me ha otorgado muchísimas horas para mi *hobby*: seguir pensando. No podría hacer lo que hago si no tuviese a mi lado a alguien que me apoya, me entiende y me escucha. Gracias a ella y a toda esa gente (amigos, familia…) que me ha aguantado el rollo.

De modo que acabé la carrera, y mi sensación de inutilidad siguió en aumento. Muchos amigos empezaron a trabajar como programadores, analistas y demás. Cosas útiles, bien remuneradas. Yo nunca he sido el mejor en eso tampoco. Digámoslo claro: mi capacidad para llevar a cabo cualquier cosa es muy inferior a la de los mejores en cada ámbito, sea deportivo, laboral o cualquiera que se le ocurra.

Sin embargo, empecé a ganarme bien la vida. No sabía hacer nada especialmente bien. Yo lo que sabía era explicar cosas. Así, desde que acabé la carrera, y hasta hoy, he sido profesor en tres universidades de Barcelona, y he dado conferencias por medio mundo, desde Japón hasta China, desde San Francisco hasta Auckland. Se me daba aún mejor otra cosa: explicar qué habría que hacer, y por qué, ante situaciones concretas. La gente me preguntaba: «Dani, ¿tú qué harías?», y parecían valorar mi opinión. Me he hartado a preparar PowerPoints, presentaciones, *brainstormings*, de todo. Ese era mi ecosistema.

En mi primer trabajo fui programador (lo que en esa época llamábamos un «picateclas»). Aquello duró un año. En el segundo, ya era director técnico y me dedicaba a tomar decisiones. Me enviaron por todo el mundo para organizar el despliegue internacional de una empresa de internet. En el tercero, que es mi empresa actual, Novarama, ya soy director general. ¿Sabe cuál fue mi truco durante todos estos años? No sé hacer nada bien en concreto, pero me rodeo de gente que sí sabe. Lo que yo hago es pensar qué habría que hacer. Y por qué. Todas esas miles de horas dándole al coco, todos los años leyendo y estudiando método científico e historia de la ciencia me han otorgado una cualidad infrecuente, pero valiosa.

A mí lo que realmente se me da bien es analizar sistemas. Entender qué pasa. Por qué pasa. Qué hacer para que pase. Y proyectar qué pasará a continuación. Ya sea en matemáticas, física o en la conducta de las personas. Por eso me convertí en diseñador de juegos. Sé que ahora el lector estará pensando: «¿Qué narices tendrá que ver?». Pues muchísimo. Fíese de mí, que se lo voy a contar.

Un juego, ya sea el ajedrez, el *Fortnite* o el coqueteo, no deja de ser un sistema con reglas. Algunas nos llevan a la victoria y otras a la derrota. Para alguien con tendencia a pensar y proyectar qué ocurrirá, los juegos son un pasatiempo laboral maravilloso. Curiosamente, también por eso me dedico a invertir en bolsa. Una vez más, el mismo patrón: analizar sistemas, predecir su conducta y tomar decisiones.

Al mismo tiempo que empecé a trabajar como diseñador, me puse a leer sobre teoría de juegos, la rama de la economía que cubre la negociación, la cooperación, la competencia. Todo era lo mismo: saber qué pasa, qué pasará y por qué. Pasaron los años, y la vida nos fue poniendo a cada uno en su sitio. En mi caso, tardó bastante, admitámoslo. Pero hubo un momento en que me di cuenta: esa era mi misión, mi ADN, mi superpoder. Siempre he creído que cada uno de nosotros es realmente bueno en algo, y que el secreto para una vida feliz es descubrirlo a tiempo. Lo cierto es que yo me di cuenta de cuál era mi superpoder más o menos cuando nacieron mis hijas.

Tendría unos cuarenta años. Desde hacía diez lideraba mi actual empresa, Novarama, y llevaba desde los veinticinco invirtiendo de forma sistemática en bolsa. Poco a poco empecé a recoger lo sembrado en cada uno de esos ámbitos, y a ser consciente de que no era un inútil. Sencillamente, era inútil en el tipo de tareas que la sociedad de los noventa priorizaba. En cambio, en otra área era extraordinario, como seguro que somos todos.

Lo que yo sabía era pensar. Y en ciertos oficios o actividades suponía una gran ventaja. A mí deme un sistema, un problema o un proyecto, y si me deja un rato, le diré qué pasará, por qué y con qué probabilidad. Además, lo sabré explicar de forma simple. Eso es lo que sé hacer. Lo único que sé hacer. Eso es lo que impide que sea un inútil. Y lo que me gustaría compartir con usted.

En resumen, que hacia los cuarenta me di cuenta de que sí servía para algo. Pero ¿sabe qué más descubrí? Que no albergaba un talento especial: tan solo tenía técnica. A base de tantos años de introspección había entrenado un músculo, igual que un violinista aprende a tocar por insistencia y repetición. Mucho de lo que hago no requiere ser un genio, sino conocer trucos y aplicarlos de manera rápida y eficiente. Para mí, pensar es un músculo. Cuando un piloto aterriza un avión, no es que tenga un talento genial, es un mecanismo refinado tras miles de horas de vuelo. Cuando usted me pregunta: «Dani, ¿qué pasará?», me ocurre algo parecido. Y cuidado: ni de broma se crea que me siento infalible. Saber trucos no es lo mismo que no equivocarse. ¿O no hay veces que al piloto del avión, que suele ser un gran profesional, el aterrizaje le sale mejor y otras peor? Yo no soy infalible. Pero sé más trucos que el común de los mortales porque me dedico a eso.

Así que empecé a dar charlas sobre este tipo de temas: pensamiento creativo, toma de decisiones, análisis de conducta del usuario, *design thinking*... Cuanto más hablaba, más notaba que cosas que veía como naturales realmente tenían valor para los demás. Me invadió un sentimiento de utilidad extraordinario. Lo he dicho mil veces en Twitter: el propósito de mi vida es sentirme útil para otra gente. Otras personas sueñan con coches, con grandes salarios... para ellos la gloria y la fama. Yo sueño con que, el día que me muera, alguien diga en mi funeral: «Joder, pues Dani era buena gente y ayudaba». Siempre he creído que la vida es como la navegación de un barco: hagas lo que hagas, vas a dejar una estela detrás. Lo único que decidimos con nuestros actos es si la estela es buena o mala. ¡Qué triste tener tan poco tiempo y usarlo tan mal!

Así es como, desde hace unos años, compagino mis actividades profesionales con esta idea de ser útil. Por eso doy conferencias. He hablado sobre chavales y tecnología y sobre el impacto social de esta, he mentorizado a emprendedores, he ayudado a creativos y mil otros temas. Por eso empecé a escribir hilos en Twitter: todo comenzó con uno en que resumía una anécdota. En él explicaba que había ido a Port Aventura y mi mujer se enfadó conmigo porque me pasé el tiempo analizando este famoso parque de atracciones. Desarrollé mis reflexiones y la red se volvió loca: me llamaron de la radio, de la prensa... ¡Incluso me contactó por WhatsApp el director de Port Aventura!

A partir de ahí, todo fue bajada: tras comprobar que puedo ser de provecho para muchos, me dedico a compartir trucos, técnicas y reflexiones con quienes me quieran escuchar. Por fortuna, cada vez son más. Francamente, es una sensación muy agradable saber que ayudas a la gente y que estás aportando tu granito de arena a hacer de este mundo un lugar algo mejor.

15

En suma, que nunca me han asustado los retos. Siempre he pensado que la vida es muy corta, que con unos ochenta años nos guardan en una caja de pino y se acabó la fiesta, y que todos, según nuestras posibilidades, tenemos el deber moral de dejar el planeta algo mejor de lo que lo hemos recibido. Por eso nace este libro. Twitter es un medio genial, pero un libro me permite explayarme mejor, estructurar con mayor claridad las ideas. Y, qué demonios: mi madre estará orgullosísima de que su nene por fin haya dejado de ser un friki y se embarque en algo memorable.

Pero le contaré un pequeño secreto: este no es mi primer libro. En otras vidas publiqué tres más. De hecho, hace veinte años escribí el que se considera uno de los primeros textos sobre programación de juegos del mundo. En inglés. Novecientas cincuenta páginas. Búsquelo por ahí. Se tradujo al chino, al japonés y a no sé cuántas lenguas más. En definitiva, que lo de escribir me gusta. Espero estar a la altura.

Y aquí estamos, usted y yo. Vamos a pasarlo bien, espero. Pensar mola. Pero para que esta aventura funcione necesito que hagamos dos pactos. Son esenciales, lea atentamente:

Primero: voy a hablarle con un tono totalmente de colega. Informal. Como si estuviésemos en un bar. Si hay tacos, o si el lenguaje es desenfadado, es porque quiero que sea así, nada es casual. Recuerde: llevo veinte años siendo profesor y conferenciante. Con el tiempo he aprendido que con un tono coloquial se llega más fácilmente al público. Podría ser supersesudo y cascarle un tomo de dos mil páginas con palabras como «transmigración» o «metempsícosis». Quedaría como un tipo muy inteligente. Pero lo comprarían cincuenta personas. Entonces ¿estaría siendo útil? No. Lo útil es ser masivo. Y eso requiere hablar el lenguaje de la calle. Verá que aun así le trataré de usted, pero eso es manía mía: siempre se me ha hecho raro hablar de tú a gente a la que no he visto. Sin embargo, pacto uno: usted y yo somos colegas de toda la vida. Asuma que haré bromas. Diré palabrotas. Y mentiré. Haré de todo, como hago en Twitter, para que el mensaje llegue.

Segundo: el ego se queda en la puerta. Existe el cliché estúpido de que si hablas sobre pensamiento o sobre inteligencia, eres un ególatra, un arrogante y un chulo. No es así. No soy, ni por asomo, el tipo más inteligente que he conocido en mi vida. Si hiciese una lista de gente brillante con que me he cruzado, ocuparía medio libro. Yo meto la pata, como usted. Si soy bueno en algo es como divulgador, no como pensador. La mayoría de ideas que explicaré no son ni siquiera mías. Vamos, que el título de *Pensar más, pensar mejor* no debe entenderse como *Pensar como Dani* ni como *Dani, qué listo eres*; una leche. Soy solo el mensajero. Prácticamente todo lo que explicaré en el libro son ideas de gente mucho más inteligente que yo.

En mis sueños grandilocuentes, aspiro a ser como Carl Sagan: no era el mejor científico, pero comunicaba de muerte. Intento ser como él. Entonces, cuando hablemos de temas sobre inteligencia, por favor, no se crea que me vendo como el nuevo Einstein. Ni es así ni es práctico para nuestra pequeña aventura que usted piense eso. Lo más probable es que usted y yo tengamos una inteligencia parecida. Lo que pasa es que yo he dedicado toda mi vida a prepararme este tema. Supongamos que conoce a un boxeador. Seguramente, si le pega un sopapo, él le romperá la cara. Y tanto usted como él son humanos, ¿verdad? Pues aquí pasa lo mismo: hace veinte años que trabajo en creatividad, pensamiento y análisis. Es lógico que lo que diga sobre esos asuntos sea, al menos, interesante. O sea, que cuando usted y yo estemos a solas el ego se queda fuera.

Vale, pues creo que estamos listos para empezar. El objetivo de este libro es simple: voy a intentar enseñarle a pensar mejor, a tener mejores ideas y a explicarlas bien, a discernir la verdad de la mentira. Creo, sinceramente, que todo eso no tiene ningún mérito: es una técnica, como el dibujo a lápiz o la aritmética, y si alguien nos la enseña, todos podemos aprenderla. Va a ser la bomba. Espero que disfrute. Vamos allá.

2

Cuatro palabras clave

Todo libro más o menos divulgativo, y este lo es, tiene una idea central, la tesis que el autor quiere presentar, lo que da sentido a la obra. Si este fuese un tomo sesudo, habría cientos de páginas con ejemplos, argumentos, ensayos, etc. Pero esa no es mi intención: este ensayo pretende ser un texto ligero. Por tanto, solo quiero dedicar unas pocas líneas a mi idea central. El resto, ya lo verá, es mucho más digerible.

¿Cuál es mi idea central? Muy fácil: pensar es una técnica, como cocinar o nadar. Por tanto, no tiene nada de talento. Al ser una técnica, creo que es altamente entrenable, y con la práctica mejorará sus resultados. Así que, del mismo modo que usted puede hacer un curso de cocina y ser un buen cocinero, estoy convencido de que con un poco de práctica puedo ayudarle a pensar mejor. De hecho, creo sinceramente que, si lee este libro, encontrará un arsenal de técnicas que le harán más inteligente. ¿Suena arrogante? Bueno, pues habrá que demostrar lo que propongo, ¿no? Comencemos.

LAS PALABRAS

Las personas usamos palabras todo el rato. Pero a veces son tan comunes que ni nos molestamos en pensar qué significan exactamente, y andamos por la vida utilizando términos que no conocemos con precisión.

Para que se entienda mi objetivo es importante definir cuatro palabras que empleamos con frecuencia, pero en cuyo significado seguramente nunca se ha detenido usted. Esas palabras son «creencia», «ciencia», «cultura» y «técnica». Todas juntas representan buena parte del conocimiento humano. En el párrafo anterior le he dicho que pensar es una técnica. Por tanto, resulta esencial entender con exactitud qué es una técnica. Empecemos con un viaje a un tiempo lejano.

Nuestra aventura nos remonta a hace treinta y cinco mil años. En algún lugar del sur de Europa, en una cueva, un grupo de humanos se resguarda atemorizado. Fuera llueve a cántaros. ¿Su primitivo instrumental para hacer hogueras? Empapado. Se avecina una noche bajo el frío. De repente, sucede algo sobrecogedor: un estruendo descomunal. Miran al exterior y un fogonazo blanco cae del cielo, estalla contra un árbol y lo revienta con una energía que ilumina la noche y los ciega. El árbol es presa de las llamas. Nuestros ancestros salen de la cueva, se aproximan a él y, tomando una rama que aún arde, la llevan a la cueva. La rama emite luz. Juntan una pila con más madera, y hacen una hoguera. Esa noche duermen calientes, al abrigo de las llamas mágicas que caen del cielo. Posiblemente, así nació la idea de la religión: desde el cielo, algo sobrenatural nos envía el fuego, que nos calienta y mantiene vivos. Ese día, nuestros antepasados desarrollaron una de sus creencias más importantes: que existían los dioses.

Ahí va nuestra primera definición: una creencia es la aceptación de que algo existe o es cierto, especialmente en ausencia de pruebas. Por ejemplo, usted puede creer que la Tierra es plana. Nada lo demuestra, pero puede aceptarlo como verdad. O podría creer lo contrario, que la Tierra es redonda. Fíjese que lo que caracteriza a las creencias es que no han pasado por el filtro de la validación: es irrelevante si algo es cierto o falso. Usted lo cree, como nuestros habitantes de las cavernas creen que el fuego es Dios.

Evidentemente, cuando uno no tiene nada más, las creencias dan calor, como las llamas del ejemplo. Pero son una herramienta pobre para construir conocimiento, ya que no sabemos si son verdaderas o no. Por ello la humanidad ha tratado por todos los medios de convertir las creencias en conocimiento aplicable. A base de observar fenómenos repetidamente y emparejar causas y consecuencias pasamos de la creencia a la ciencia.

De esta forma, al cabo de unos milenios, y a partir de observar muchos rayos cayendo en los árboles, los hijos de esos homínidos cavernarios entendieron que las nubes eran las que portaban los rayos, y que estos eran una forma de energía. Se han encontrado tablillas con escritura cuneiforme donde los babilonios ya describían con precisión la correlación entre los truenos y la lluvia. Poco después, los griegos eran capaces de entender los fundamentos de las órbitas planetarias, y más tarde los científicos islámicos podían hacer predicciones meteorológicas precisas.

En el párrafo anterior han caído palabras importantísimas: correlación, predicción, precisión. Debido al descarte de creencias falsas y al aislamiento de otras ciertas nace la ciencia. Si quiere una definición, sería esta: la ciencia es el conocimiento estructurado de una materia, basado en la observación de fenómenos, la elaboración de hipótesis y la capacidad predictiva. Nuestro ancestro de las cavernas pensaba: «Un rayo; son los dioses». Una persona de Babilonia, sin embargo, decía: «Está nublado; mañana lloverá y se regarán los campos». Y acertaba.

La ciencia explica el mundo y predice cómo funciona. Obviamente, el científico acumula saber, lo que lo hace más competitivo en el sentido darwinista de la palabra. Gracias a que tenemos ciencia, sobrevivimos mejor.

Piense ahora en el mejor científico de la historia, por poner un ejemplo, Albert Einstein. E imagine que el pobre Einstein fuese mudo, sordo y no supiese escribir. Su cerebro seguiría siendo maravilloso, pero no tendría la capacidad de diseminar sus ideas. Einstein, en toda su grandeza, se quedaría en nada. Como un satélite de comunicaciones al que se le hubiese roto la antena, el mejor científico de la historia no es nada si no puede interactuar con el resto de la sociedad. Aquí entra en escena la tercera definición que nos ocupa, la cultura. Entendemos por cultura el conjunto de conocimientos que pasan de generación en generación en una determinada sociedad. La cultura es acumulativa. Yo soy más avanzado que un hombre del siglo XIX porque, entre otras cosas, he heredado la teoría de la relatividad de Einstein. Einstein era más avanzado que una persona del siglo XVI porque había heredado la ley de la gravitación universal de Isaac Newton. Newton era más avanzado que alguien de la antigua Babilonia porque sabía que la Tierra es redonda gracias a Eratóstenes. Y así hasta llegar a nuestros homínidos de las cavernas, que seguramente habían aprendido de sus ancestros a elaborar ropa y armas.

Cada generación humana se construye a partir de la anterior. Ya lo dijo Newton: «Si vi más lejos, es porque estaba subido a hombros de gigantes». Eso es la cultura. Es extraño pensar que todos los perros que han existido fueron, cognitivamente, más o menos igual de inteligentes. Al no poseer herramientas como el habla y la escritura, los animales no humanos transmiten poco conocimiento. Su evolución genética es notable, pero no así la cultural. Ahora, en cambio, compare a los habitantes de las cavernas de hace treinta y cinco mil años con nosotros: mientras la evolución genética es lenta pero implacable, el avance cultural trabaja en escalas de tiempo muy inferiores aunque a un ritmo vertiginoso.

Bien, llevamos tres de las cuatro definiciones. Sé que está pensando: «No sé de qué va esto». No se preocupe, le verá el sentido dentro de un par de páginas. Sigamos. Para la siguiente definición, hablaré de mí.

He comentado en muchos foros mi pasión por el buceo a pulmón libre. La sensación de estar en silencio absoluto en las profundidades es insuperable. Pero para mí es también una enseñanza sobre la vida. Fíjese: yo soy asmático desde los catorce años. Con lo cual, cualquier hazaña que implique respiración siempre me ha parecido importante. Me proporciona autoestima y confianza. Por eso durante muchos años corría resistencia, porque lo importante no era correr. Correr era una metáfora de la idea de retarme con algo aparentemente insuperable y demostrar que podía llegar más lejos. Corriendo demostraba que era capaz. Buceando, iba aún más allá.

Además, siendo medio mallorquín, claro está, me encanta el mar. Buceaba desde pequeño, y me montaba la película mientras seguía las hazañas de los grandes buzos de la historia: Umberto Pelizzari y Enzo Maiorca, entre otros. Sin embargo, hasta pasados los treinta y cinco nunca me había planteado la apnea en serio. Era capaz de sumergirme unos seis metros, como más o menos todo el mundo. Bajaba hasta que me oprimían los oídos. Como mucho, compensaba la presión una vez y volvía a la superficie.

Un día, me dije: esto no puede ser tan complicado. Y empecé a leer sobre respiración y buceo a pulmón libre. Efectivamente, entendí que no era un talento genial que se manifestaba de forma innata: como tantas otras cosas en la vida, era una técnica. Y la practiqué. Pronto, los seis metros aumentaron hasta diez. Ahí la cosa se pone interesante: como nuestros pulmones se comprimen, ocupan menos. Y al ocupar menos, perdemos flotabilidad. Si un día baja usted a diez metros más o menos, verá que el cuerpo ya no tiende a flotar hacia la superficie: a esa profundidad, somos inertes. Como los peces.

Interrumpo esta explicación para introducir la definición de técnica: se trata de una forma de llevar a cabo una tarea, aplicando conocimientos aprendidos. Leyendo sobre la ciencia de la respiración, yo estaba aprendiendo técnicas de buceo.

Seguí leyendo sobre ello, y aprendí más: que si la compensación de Valsalva o la de Frenzel, que si el reflejo de inmersión de los mamíferos y muchas otras cosas apasionantes. Mi récord de diez metros subió hasta trece. Eso ya es una altura similar a un edificio de cinco plantas, pero en profundidad. A trece metros, el aire del interior de la máscara de bucear también se comprime, y notas que esta se acerca peligrosamente a las córneas. A esa profundidad hace falta una técnica nueva: soplar algo de aire por la nariz (sí, de esos pulmones oprimidos) para «separarnos» la máscara de la cara. A los trece metros uno ya no es inerte: como se han comprimido tanto los pulmones, se «cae» hacia el fondo del mar, como un plomo. Es una sensación relajante y al mismo tiempo algo inquietante. El fondo te llama.

Bien, creo que el papel de la técnica ha quedado sobradamente demostrado. Como conclusión a este paréntesis diré que, en la actualidad, mi récord de profundidad son unos dieciocho metros. Vamos, lo que sería un edificio de siete plantas. Esa es la profundidad en la que desde la superficie se suele dejar de ver el fondo. A dieciocho metros el mar es más oscuro, de un azul intenso. A esa profundidad casi no hace falta compensar más la presión sobre los oídos: no es lo mismo pasar de una atmósfera a dos (lo cual es doblar la presión), que de dos a tres. Eso sí, para llegar a dieciocho metros la técnica debe ser superior: compenso cinco veces, compenso la máscara, llevo unas aletas específicas para buceo en profundidad y siempre bajo con un compañero, por precaución. Desde ahí abajo, rodeado de peces, el mundo se ve de otra forma. Según asciendes, y miras al cielo, te das cuenta de hasta dónde puede llegar el ser humano con la técnica adecuada. Porque, insisto: yo no soy más que un tipo asmático con un leve sobrepeso. Y tan solo con entrenamiento y disciplina he podido multiplicar la profundidad a la que buceo por tres. ¿Qué no podríamos hacer si conociésemos la técnica adecuada?

Fíjese: los homínidos primitivos creían que un dios emitía los rayos para calentar el mundo. Yo, en cambio, sé gracias a la meteorología que no es así. Además, también sé que puedo descender dieciocho metros a pulmón libre aplicando técnicas respiratorias. Tan distintos y tan iguales: gen a gen, poro a poro, yo soy exactamente idéntico a aquellas personas. No hay nada que nos diferencie en lo fisiológico o estructural. Sin embargo, resulta obvio que estamos a años luz. Si un hombre del Paleolítico me contase su creencia de que su dios le envía fuego del cielo, yo tendría mil formas de explicarle que no es así, y si me viese bajar dieciocho metros en apnea, es muy probable que creyese que yo mismo soy un ser divino. También le explicaría por qué ese increíble descenso es pura técnica, y por qué los rayos y los truenos no los mandan los dioses. El pobre no entendería nada.

Nuestra historia como especie es la historia de unos monos que se pusieron a dos patas y, viendo el mundo, empezaron a imaginarse cómo funcionaba. Dado que aprendieron a hablar y escribir, elaboraron explicaciones y teorías a las que llamaron «ciencia». Y esa ciencia la transmitieron creando cultura, que enseñamos a cada nueva generación para hacerla más competitiva en el sentido darwinista, en forma de técnicas que pueden aplicar en su día a día.

En resumen, somos máquinas de convertir creencias en técnica.

3

Progreso, escolarización y talento

Como hemos visto, una característica propia de la especie humana es su capacidad para progresar. Si pusiésemos un perro de hace mil años al lado de uno de ahora, su conducta no presentaría demasiadas diferencias. Pero imagine las que hay entre una persona del siglo x y otra de nuestros días.

El ser humano es un animal voraz, y progresa en muchas dimensiones: produciendo arte, humanidades, creando nuevas formas de organización social, desarrollando inventos... ¡Imagine lo que supuso para la humanidad la llegada de la imprenta, la publicación de la primera enciclopedia o el sufragio universal!

Una de las manifestaciones del progreso es convertir la fe en técnicas, como he descrito en el capítulo anterior. En la prehistoria, se temía al rayo como «voluntad de los dioses». Hace tiempo que se ha abandonado esa creencia y se conocen mil maneras para usar la energía, gracias a lo cual se alimentan nuestras ciudades, coches y fábricas. Con toda claridad, pivotar de la creencia a la técnica nos ayuda a progresar porque proporciona conocimiento repetible, objetivo y aplicable.

Pero ese progreso no ha sido ni uniforme ni universal. Cuando digo «uniforme» me refiero a que hay áreas que dominamos mucho mejor que otras porque nuestra exploración de la realidad se ha desarrollado de forma progresiva. Por ejemplo, es evidente que nuestro conocimiento sobre agricultura es extenso y, en comparación, sabemos mucho menos sobre el funcionamiento del cerebro.

Cuando empleo el término «universal» me refiero a que hay

grupos humanos donde el conocimiento se ha diseminado más que en otros. Sorprende descubrir cómo, en pleno siglo XXI, con miles de tratados al respecto, aún hay quien cree que la Tierra es plana: por supuesto, todavía se encuentra gente que, aunque existe un conocimiento certero al respecto, se niega a darlo por válido. Con lo cual, el conocimiento tampoco es universal: no todo el mundo sabe las mismas cosas.

Sucede que nuestra cultura no es como una gota de aceite. Es cierto que poco a poco se va esparciendo, pero no lo hace a la misma velocidad, ni en todas las direcciones.

Si se fija usted, lo primero que entendió el ser humano fue su realidad inmediata. De ahí surge la conquista de la agricultura, la manufactura de alimentos y la ropa para abrigarse. Como tecnologías de soporte a esas industrias aparecen las herramientas, la metalurgia y la física básica para regar campos y transportar bienes. Cubos, ruedas y demás.

Cubierto lo esencial, como en una especie de pirámide de Maslow antropológica, los humanos empezaron a estudiar el mundo que los rodeaba, y entendieron las estaciones, la meteorología, el clima y las cosechas. A través de las ciencias naturales se comenzó a esbozar la medicina, primero en forma de herbolarios y cirugía primitiva.

¿Sabía que los chinos eran capaces de realizar trepanaciones hace entre tres mil quinientos y cinco mil años? ¿Y que la tasa de supervivencia, curiosamente, era superior a cero? ¡Tiene mérito! Pasan los siglos, y con el desarrollo de herramientas más precisas nace la medicina moderna. Entre 1850 y 1990 prácticamente duplicamos nuestra esperanza de vida, de unos cuarenta años a los ochenta actuales. Ese es el poder de la cultura y la estructuración del conocimiento. Desarrollar teorías, técnicas e industrias tiene un impacto monumental sobre la duración y calidad de nuestra vida.

Un ejemplo sencillo consiste en comparar dos pandemias: una medieval, como la peste negra, y una moderna, la del reciente coronavirus. En un caso, la ciencia y la técnica eran muy rudimentarias. En el otro, la enfermedad se ha enfrentado a un ser humano con quinientos años más de evolución cultural a sus espaldas. Aunque es evidente que comparar dos enfermedades diferentes resulta simplista, no deja de ser curioso que la peste negra aniquilase a un europeo de cada tres, y que la COVID-19, en toda su ferocidad, haya matado únicamente a un humano de cada mil cien (se han contado alrededor de siete millones de muertos en una población de ocho mil millones de personas). Y es que, claro, en el siglo XXI sabemos qué es un virus, tenemos nociones de higiene, nos manejamos en la informática (lo que permite que exista internet y que se disemine el conocimiento para hacerle frente), hemos desarrollado aparatos específicos, como respiradores mecánicos, y, sobre todo, entre nosotros hay miles y miles de médicos y personal sanitario, depositarios de cientos de años de técnica médica. Por un instante, imagine el impacto de la COVID-19 si solo tuviésemos los medios técnicos, sanitarios, de higiene y de organización que había en la Edad Media. La mortalidad habría sido mucho más alta. Es obvio, pues, que la ciencia y la técnica ejercen un impacto evidente sobre nuestras vidas.

ESCOLARIZACIÓN Y PROGRESO

Lógicamente, una de las formas principales de transferir conocimientos es mediante la escolarización. ¿Cómo aprendió usted a sumar? ¿Y a leer? ¿Dónde aprendió que un delfín es un mamífero y un tiburón es un pez? Es muy probable que en un colegio. La escolarización sistemática de la población fue un acelerador de nuestro progreso, ya que dispersó la cultura, la ciencia y la técnica a toda la población.

Curiosamente, se trata de un fenómeno reciente. En Europa se empezó a escolarizar de forma universal y obligatoria durante los siglos XVIII y XIX. Pero fíjese cómo se ha notado el efecto en doscientos años. La evolución biológica (en el sentido darwinista) es tremendamente lenta. La cultural va mucho más rápida. Lea si no sobre el llamado efecto Flynn.

El doctor James Flynn descubrió que, con el transcurrir de los años, el cociente intelectual de la población (el famoso CI) va subiendo. Se calcula que los niños del Reino Unido han ganado catorce puntos en promedio entre 1942 y 2008. Otros países arrojan resultados similares. ¿La causa? Hay varias. Pero en 2017 se realizó un estudio con setenta y cinco expertos en el campo de la inteligencia, en el que se apuntaron cuatro motivos principales que aclaraban este incremento:

- Educación más universal y de mejor calidad.
- Mayor nivel de vida general.
- Mejor salud general.
- Alimentación más completa.

Combinados, todos estos elementos contribuyen a explicar el incremento de calificación promedio en los test de inteligencia. Sí, el aumento de los resultados tuvo que ver con otras condiciones. Pero es obvio que la escolarización fue una de ellas.

Y, claro, elegir los temarios escolares determina qué ámbitos culturales están más extendidos en detrimento de otros, que se convierten en nicho o impopulares. Por ejemplo, antiguamente se le daba mucha importancia al latín; en cambio, hoy en día estudiamos más informática. El mundo cambia, y la escolarización intenta actualizarse con los conocimientos más valiosos para cada momento.

¿Por qué le hablo de esto? Pues porque ante una educación que consta de un número finito de horas, elegir con cuidado qué se enseña y qué no moldea nuestro progreso. Al final, es un juego de suma cero: más horas dedicadas a las ciencias probablemente equivaldrá a menos dedicadas a las letras.

En la actualidad se notan diferencias sustanciales en la educación por países, dependiendo de a qué se le asigna más tiempo y a qué menos. Como detallaré más adelante, parte de mi tesis es que los temarios escolares destinan poco tiempo al pensamiento: es como si los educadores asumiesen que el cerebro es autoexplicativo, como si los chavales fueran a aprender a pensar mediante algún mecanismo oculto. Sí se imparten asignaturas como Filosofía, que nos resumen las ideas de tal o cual pensador. Pero se dedican pocas horas a lo fundamental, a enseñar a la gente a pensar, a dar pautas y técnicas estructuradas de razonamiento correcto. Este libro pretende suplir esa carencia, y dar un toque de atención sobre esa deficiencia de nuestros planes educativos. Me resulta inconcebible que, en la era en la que estamos, no nos esforcemos más como sociedad a la hora de mejorar nuestra preparación para afrontar los problemas del mundo moderno.

Creo, sinceramente, que ese es un problema irregular a nivel mundial. Como ya he dicho, soy profesor de universidad. Y parte de mis aventuras me han llevado a impartir clase en la República Checa, China, Nueva Zelanda o Estados Unidos. Y, aunque la muestra sea anecdótica, he notado marcadas diferencias en el nivel de madurez de los estudiantes, como si otros gobiernos hubiesen hecho mejor los deberes que nosotros.

TÉCNICA Y TALENTO

Pero volvamos a la idea de que esa ciencia y técnica no se ha diseminado en todas las direcciones a la misma velocidad. Por ejemplo, hoy en día casi todo el mundo sabe usar un teléfono móvil. Pero, como hemos visto en el ejemplo inicial, poca gente conoce la técnica de la apnea. Aquí sucede un fenómeno curioso: cuando uno desconoce la técnica de algo, la suele confundir con un talento innato. Si yo le digo que buceo a una profundidad de dieciocho metros, usted pensará: «Ese tío es un crack». No lo soy. Tan solo conozco una técnica que usted, con tiempo y ganas, también podría aprender. Igual que nuestros antepasados de la prehistoria cuando miraban el rayo, usted desconoce la técnica del buceo y, como necesita encontrar una explicación, lo atribuye a un talento natural. Tendemos a admirar y envidiar aquello que desconocemos.

Me encanta la magia y, como todos, siempre trato de averiguar dónde está el truco. Seguro que alguna vez usted también lo ha intentado. Ahora quiero que se transporte a ese momento: acaba de presenciar un número buenísimo. ¿Verdad que, en ese instante, mientras no se desvele la verdad, siente que lo que ha visto es algo especial, cuasi sobrenatural? Es lo que le decía en el párrafo anterior: tendemos a sobrevalorar aquello que desconocemos, y le atribuimos cualidades casi esotéricas.

Pero entonces llega el prestidigitador y desvela la jugada. Si son como yo, aficionados, saben que muchos de esos números son rematadamente simples. Tanto que cuando nos presentan la solución pensamos: «Qué tonto soy, si es un ardid trivial». ¿Cómo se teletransporta un mago? Usando un doble. ¿Cómo vuela? Con cables. ¿Cómo hace desaparecer algo? No lo hace desaparecer, lo oculta. Una vez más, son técnicas. Y desconocerlas nos hace creer que posee un talento sobrenatural.

Pongamos otro ejemplo clarísimo. Un amigo mío participaba en los campeonatos de España de cubo de Rubik. Lo resolvía en menos de un minuto. Yo, que no tenía ni idea del asunto, pensaba: «Este tío tiene que ser superinteligente. Es capaz de mirar el cubo y, como es tan brillante, no tiene dificultades para resolverlo». Una vez más, yo atribuía el fenómeno observado a un talento sobrenatural. Igual que los rayos. Hasta que un día le pregunté: «¿Cómo se hace?». Solo necesitó media hora para enseñármelo. No tenía nada de genial: había unas cuantas configuraciones que era preciso identificar y, a partir de ahí, era cosa de seguir secuencias de movimientos de memoria. El cubo de Rubik, si sabe usted resolverlo, es más una cuestión de destreza manual y memoria que de inteligencia. Al cabo de dos semanas pude resolverlo con facilidad. Nunca llegué a ser tan rápido, porque me considero torpe, pero adquirí la técnica y dejé de ver a mi amigo como un genio. Entendí que los rayos son provocados por descargas eléctricas y que haciendo ejercicios respiratorios se puede aumentar la capacidad pulmonar para bucear más rato.

RECAPACITEMOS

Bueno, recordará que he dicho que puedo enseñarle a pensar mejor. Pues le informo de que vamos por la mitad de la explicación. Este es un buen momento para descansar, no sin antes repasar las ideas centrales a modo de resumen:

La humanidad inventa creencias, y las convierte en ciencia descartando las falsas. Esa ciencia forma parte de nuestra cultura, transmitida a través de generaciones. Con el objetivo de ser aplicable, la ciencia se organiza en métodos concretos para realizar determinadas tareas, que es lo que llamamos «técnica». Todo este proceso de estructuración del conocimiento forma parte del progreso de la especie humana. Mientras el conocimiento no se ha estructurado, nos mantenemos en la fase de las creencias y, por tanto, otorgamos los atributos de «talento» o de «cualidades» a aquello que desconocemos. Pero con el tiempo el conocimiento se organiza y aquello que nos parecía mágico o talentoso se transforma en cultura transmitida de generación en generación.

Dicho esto, el título del siguiente capítulo no debería sorprenderle en absoluto.

4

Pensar es una técnica

Qué afirmación más vehemente, ¿no cree? Acabo de decirle que pensar es básicamente como preparar macarrones, o como tocar el violín, o como aprender a sumar: una técnica. Que no hay nada misterioso ni talentoso en ello. Pues bien: una afirmación tan contundente requerirá, digo yo, una explicación que no deje lugar a dudas, ¿no? Vamos allá.

Empecemos revisando la definición una vez más: una técnica es una forma de llevar a cabo una tarea aplicando conocimientos aprendidos. Por tanto, cuando afirmo que pensar es una técnica debo probar que a) es una manera de realizar tareas, y b) se puede aprender.

La primera afirmación se demuestra de forma trivial: al sumar mentalmente, al ejercitar la memoria, al tratar de resolver cualquier tipo de acertijo intelectual, estoy pensando. Todo eso son tareas. De modo que sí, pensar resuelve tareas. Usted podría coger papel y boli y escribir no menos de veinte tareas que se resuelven pensando.

Demostrado este punto, pasemos a la segunda parte de la pregunta: esas formas de resolver tareas, ¿son aprendibles mecánicamente? Bien, le diré que probar eso es justo la tesis de este libro. Con lo cual, siendo puristas, mi intención es que, cuando usted acabe de leerlo, piense: sí, es correcto, he aprendido nuevas formas de resolver tareas pensando. Por consiguiente, era una técnica. Mucho de lo que la gente llama «inteligencia» es pura técnica.

Es decir, no tiene sentido que diga ahora que algo está demostrado cuando el objetivo de este libro es precisamente demostrarlo. Si al terminar la última página siente que piensa mejor, yo tenía razón. Si no es así, la próxima vez que me vea por la calle, tíreme el libro a la cabeza, llámeme charlatán y pídame que le devuelva el dinero.

Incluso ahora, antes de mostrarle que pensar es aprendible por la vía de los hechos, le puedo dar sólidos indicios de que es así, que pensar se puede aprender. Por ejemplo, resulta evidente que la práctica del cálculo mental permite realizarlo cada vez más rápido. Del mismo modo, si le explico técnicas mnemotécnicas podrá mejorar su memoria: es famoso el caso de las personas que entrenan para memorizar largas series de los decimales del número pi. Por tanto, sí, a base de aprendizaje es posible ejercitar nuestro pensamiento. Aquí tiene otro ejemplo: está claro que usted puede aprender un nuevo idioma. Yo, por ejemplo, me he puesto a aprender chino con cuarenta y seis años, y estoy progresando. De forma que sí, pensar en nuevos caracteres y su significado también es aprendible.

Pero la reflexión que me interesa es otra. No me parece significativo demostrar que el pensamiento es una técnica; lo realmente relevante es explicar qué técnicas hay para expandir nuestro arsenal cognitivo y ejercitar las ya conocidas para utilizarlas de modo casi automático.

Es decir, resulta incuestionable que pensar es una técnica que puede aprenderse y además es mejorable. Lo que me importa, y lo que quiero compartir con usted, es entender cuántas técnicas existen y cómo de rápido puedo aplicarlas. Si soy capaz de enseñarle a sumar, a recordar números o a leer chino..., ¿qué más puede ser entrenado? ¿Podría ayudarle a practicar para incorporar técnicas que habitualmente asociamos con el talento de la inteligencia?

A nadie le impresiona que usted sepa sumar. Prácticamente todo el mundo conoce esa técnica. Pero... ¿y si pudiese enseñarle otras habilidades y, con esas, usted ganase los comportamientos que la sociedad considera reservados a la gente «brillante»? ¿Puedo entrenarlo para ser más inteligente? Bien, creo sinceramente que sí. Y me pongo a mí mismo como ejemplo. A base de dedicar buena parte de mi vida a estudiar este tipo de herramientas, la gente me considera inteligente, pero no lo soy. Tan solo tengo una técnica depurada. Mi objetivo es ser capaz de transmitírsela a usted.

Para fijar unas expectativas razonables, quiero matizar que todas las técnicas tienen una parte de ejecución y otra de predisposición. Me explico: usted puede aprender a tocar el violín y entender su ejecución a la perfección. Sin embargo, la calidad de sus resultados dependerá también en mayor o menor grado de su predisposición. Por poner un ejemplo extremo: si usted es sordo, por más que aprenda la técnica, habrá un hándicap que limitará su desempeño. Sin ir más lejos, yo, que soy muy torpe, tardaré más porque mi coordinación psicomotriz fina es manifiestamente mejorable. Del mismo modo, si usted aprende la técnica de buceo en apnea pero es asmático, es probable que su rendimiento se vea afectado.

He querido puntualizar esto porque al afirmar que el pensamiento es una técnica no quiero dar a entender que nuestros resultados siempre vayan a ser los mismos. Como en el resto de técnicas, dominar la ejecución es solo parte de la solución. Su predisposición natural hará el resto. Es decir, afirmar que el pensamiento es una técnica no implica que los resultados sean cien por cien deterministas, porque eso no ocurre con otras disciplinas, como la música.

Una vez matizado esto, sí, creo que pensar es altamente entrenable, igual que cocinar o hacer cálculo mental. Baso la afirmación en una verdad inductiva: a lo largo de mi vida —y llevo ya más de dieciocho años como profesor universitario y seguramente haya dado más de un centenar de conferencias—, he explicado técnicas de pensamiento aplicado a diferentes ámbitos (creatividad, planificación, etc.) y los resultados son siempre los mismos. Los alumnos o asistentes reciben procedimientos y metodologías que desconocían, admiten que no tienen nada de misterioso y, a partir de ahí, las aplican en su día a día.

Ahí va un ejemplo: muchas veces me ha tocado explicar falacias y sesgos cognitivos. Voy a elegir una que todos conocemos, la *ad hominem*. Como sabrá, esta falacia se refiere a desacreditar una opinión atacando no la opinión en sí, sino a la persona que la defiende. Por ejemplo, supongamos que afirmo: «La Tierra es redonda», y usted me contesta: «Qué sabrás tú, si no eres físico». Pues bien: el ataque es inválido porque mi profesión o estudios no desacreditan que sepa o no si la Tierra es redonda. Mi mujer podría ser física. O yo podría haber leído buenos libros sobre el tema. En definitiva, quién sea yo no tiene que ver con cómo de certeras sean mis opiniones sobre un asunto.

Como imaginará, siendo profesor universitario a cargo de proyectos realizados por grupos de estudiantes me encuentro falacias *ad hominem* hasta en la sopa. Es muy probable que sea de lo que más he visto en todos estos años. Así que me preocupo por formar a mis alumnos sobre este tipo de argumento en todos mis cursos. ¿El resultado? Dejan de emplearlo. No porque yo los obligue: en sus propias reuniones, cuando uno de ellos por inconsciencia recurre a la *ad hominem*, el resto la desactiva de forma sencilla recordando lo dicho en clase. Claramente, han aprendido una técnica, y la usan para razonar mejor.

Volviendo a la idea anterior de la ejecución y la predisposición, nada impide que un compañero en especialególatra o agresivo se niegue a aceptarlo. Una vez más, esa persona está poco predispuesta para aprender la técnica. Pero, en general, los resultados son enormemente positivos: cada técnica nueva que se explica a los estudiantes es aceptada y aplicada.

Necesitamos pensar mejor

Hemos comentado que pensar es una técnica, no un talento, y por tanto puede ser entrenado y mejorado. Ahora voy a contarle cómo ese entrenamiento resulta, hoy en día, imprescindible e inaplazable.

La especie humana ha multiplicado casi por seis su población en poco más de un siglo, ha anulado la mayor parte de enfermedades que amenazaban su supervivencia y ha logrado un nivel de desarrollo admirable.

Todos aquellos problemas «pequeños» a los que nos enfrentábamos como especie ya han sido solventados. Desarrollar las vacunas alargó nuestras vidas; descubrir la electricidad, y a partir de ahí la electrónica y la informática, aceleró nuestra capacidad para generar y transmitir conocimientos; practicar la política estructuró nuestras sociedades... Y en cuanto a las infraestructuras, el mundo moderno posee una complejidad inabarcable, con aeropuertos, cables submarinos de comunicaciones, carreteras y oleoductos.

Como cualquier animal, el ser humano tenía barreras en su desarrollo. Pero, a diferencia de las otras especies, su capacidad cultural le ha servido para superarlas una tras otra.

¿Quiere eso decir que vivimos en una Arcadia feliz? Nada más lejos de la realidad. Después de los problemas «resueltos» llegaron otros nuevos, de una complejidad superior, que aún hoy amenazan nuestro desarrollo y, dependiendo de los casos, ponen en riesgo nuestra supervivencia como especie.

Sirva como ejemplo un suceso reciente: la pandemia de coronavirus. La profesión médica ha advertido unánimemente que podrían llegar enfermedades peores en el futuro. Desde su aparición hasta 2023, se han diagnosticado casi setecientos millones de casos de la COVID-19. Siete millones de personas han perdido la vida. No hay duda de que hemos resuelto algunos problemas, pero otros siguen ahí. El ecosistema aún arroja amenazas que no hemos superado.

¿Qué decir de la desigualdad social, que hace que la humanidad siga generando un balance más bien pobre a la hora de garantizar una vida digna a los miembros más desfavorecidos de nuestra especie?

O, por poner un ejemplo de otro ámbito, ¿qué pasa con el cambio climático y el agotamiento de recursos naturales de nuestro propio ecosistema? De forma imprudente estamos agotando recursos clave, lo que nos pondrá en peligro en un futuro próximo.

Por supuesto, hay un límite superior a los problemas que hemos resuelto. Y más allá, nos queda mucho por hacer.

Observe los tres problemas que he enumerado: la respuesta a una pandemia, la desigualdad social y el cambio climático y el agotamiento de los recursos. Si se fija, los tres tienen un nexo común: se trata de asuntos que requieren cooperación a una escala monumental. Para resolver tanto estos como gran parte de los grandes problemas que aún subsisten no basta con una idea genial del Einstein o Edison de turno; necesitamos cambiar la sociedad en su totalidad para así crear generaciones capaces de actuar colectivamente de forma inteligente ante amenazas globales. Un solo Einstein no será suficiente: hay que aumentar la inteligencia del conjunto.

De hecho, de ese reto nace mi deseo de escribir este libro. Creo que hay problemas que el ser humano actual no es capaz de resolver sencillamente por su cableado cognitivo. Es como pedirle que vuele. No puede, no tiene alas. No podemos detener el cambio climático porque no sabemos hacerlo. Tendemos a pensar a corto plazo y posponer las acciones que son a medio y largo plazo.

Lo que sí sabemos es que pensar es una técnica. Y, además, una que estamos utilizando por debajo de sus posibilidades. Mi objetivo, por todo ello, es obvio: con toda la humildad que permite un libro, ayudar a tomar conciencia del pensamiento como técnica, no como talento. Reconocer que es preciso realizar un esfuerzo consciente para pensar más y mejor, y así derribar las barreras que en este momento limitan a las personas.

PRECEDENTES

Ese cambio social que creo que necesitamos no es nada nuevo y tampoco imposible: ya ha sucedido antes, y ha permitido a la humanidad dar grandes saltos hacia delante. Pondré dos ejemplos.

Empecemos con la revolución copernicana. Como bien sabe, se centra en la afirmación de que la Tierra no es el centro del universo, porque ese lugar lo ocupa el Sol. Evidentemente, con los siglos hemos sabido que el Sol tampoco es el centro, pero siga conmigo. Se trata de un descubrimiento más o menos simple.

Desde la Antigüedad, los humanos observaban los planetas en el cielo, noche tras noche. Si esos planetas girasen alrededor de la Tierra con lentitud, lo lógico sería verlos avanzar poco a poco a lo largo del cielo, de una noche a la siguiente. Los veríamos girar alrededor de la Tierra, despacio. Y sin embargo, no es así.

Los antiguos sabían que los planetas avanzaban un poco cada noche. Pero también que, de vez en cuando, iban «hacia atrás», describiendo en el cielo una curva epicicloide, similar a uno de esos cables de teléfono antiguos.

El pobre Ptolomeo tuvo que inventarse un sistema complicadísimo para explicar que la Tierra estaba en el centro y los planetas avanzaban en «bucles» en lugar de hacerlo de forma continua, como sería de esperar.

Siglos más tarde llegaron Copérnico, Kepler y Galileo, que lanzaron una idea simple pero radical: no es que los planetas hagan bucles en el cielo, sino que avanzan, pero como la Tierra rota sobre sí misma a la vez, al combinar la rotación de los planetas con la rotación propia de la Tierra, vemos un bucle.

De esto se deriva que la Tierra no es el centro del universo, porque si rota... ¿sobre qué rota? Fue Copérnico específicamente quien demostró que cambiar el modelo era simple y elegante. Si asumíamos que la Tierra gira sobre su eje una vez al día y respecto al Sol una vez al año, no hacen falta ni bucles ni curvas raras.

Pues bien: esa revolución tuvo un impacto monumental que aún resuena hoy. Sin eso, no habría gravitación. Ni aviones. Ni cohetes. Ni satélites. Ni sondas espaciales. Ni GPS. Ese es el poder de los cambios de paradigma. De una revolución relativamente simple se deriva un salto cognitivo adelante monumental.

Hablemos ahora de la teoría de la evolución de la especie humana. A partir de la observación de los fósiles y los animales en la naturaleza, Darwin formuló su teoría de la evolución de las especies, en la que se apoya toda la genética, parte de la medicina moderna y mucho de nuestra industria agropecuaria. Una vez más, un mínimo cambio cognitivo genera una onda expansiva descomunal.

En su clásico libro *La estructura de las revoluciones científicas*, Thomas Kuhn argumenta cómo la humanidad no avanza de forma gradual, sino a grandes pasos. Es como si acumulásemos conocimiento y, cuando estamos listos, pegamos un salto adelante, cambiamos de paradigma y avanzamos.

Creo, de verdad, que ha llegado el momento de plantearnos que nuestra forma de entender la inteligencia, cómo se explica y promociona, es incorrecta. Debe cambiar. Si asumimos que pensar es una técnica entrenable, podremos capacitar a las nuevas generaciones para resolver problemas que a nosotros nos parecen inabarcables.

LA NECESIDAD DE CAMBIAR

Recuerdo un libro de autoayuda que leí hace muchos años en el que el autor afirmaba que la única forma de cambiar era cuando resultaba imprescindible. Somos seres de costumbres y todo lo que nos requiere algún esfuerzo o alteración nos cuesta. Por eso la gente adelgaza cuando tiene una enfermedad seria, o estudia idiomas porque los necesita por motivos laborales: si quiere modificar sus costumbres, busque el contexto en el que el cambio sea inevitable y urgente.

¿Es inevitable y urgente cambiar nuestra forma de pensar? Honestamente, creo que sí. Vivimos en una época muy turbulenta: populismos, *fake news*, intoxicación y sobrecarga informativa... Da la sensación de que la complejidad del mundo nos está dejando atrás y estamos siendo arrastrados por la corriente de la historia, como una cáscara de nuez en un río tormentoso.

El ser humano del siglo XXI necesita mejores armas para discernir la verdad de la mentira. Para cooperar, discutir, negociar y razonar. Mientras no las desarrolle, estará encallado frente a problemas insuperables. Este libro es mi pequeña y humilde contribución a ese esfuerzo titánico.

DIVULGAR *VERSUS* INVENTAR

En estos procesos de revolución y cambio es fundamental entender el papel que a cada uno de nosotros nos toca desempeñar. Volviendo al ejemplo de Copérnico, casi igual de importante fue su esfuerzo como el de los cientos de traductores e impresores que ayudaron a diseminar su obra. Y en el caso del efecto Flynn, es evidente que el impacto sobre el cociente intelectual de la población no es un éxito individual, sino de miles y miles de docentes, nutricionistas y otros muchos profesionales.

Ante esta situación, me planteo: ¿qué hago yo, Dani Sánchez-Crespo? Podría creerme poseedor de una gran inteligencia y esparcir mis propias teorías sobre el pensamiento. Pero estaría errando el tiro. Ni soy tan inteligente, ni mis teorías son tan extraordinarias.

Precisamente por haber dedicado no poco tiempo a leer y aprender técnicas, creo que ya existe un cuerpo de conocimiento sobre pensamiento muy destacable, desarrollado por mentes muy brillantes: Kuhn, Kahneman, Popper, De Bono, Mischel y muchos otros. El problema es que ese conocimiento no ha llegado a la gente de la calle porque muchos libros de estos autores no son lo suficientemente didácticos o amenos para alcanzar un público masivo.

Esa es, de hecho, la esencia de este libro: no voy a inventar nada. Todo lo que le voy a contar proviene de ideas de otra gente, desde luego mucho más inteligente que yo. A mí lo que se me da bien es estudiar esas teorías y presentarlas de forma que sean comprensibles. No me atribuya un mérito que no tengo. Yo no he generado el mensaje, soy más bien su transmisor.

Creo en ello por mi veteranía como profesor y mi experiencia en redes sociales. No soy especialmente inteligente, tan solo explico bien las cosas, y eso tiene un mérito relativo.

MIL MESSIS

Quiero explicar, por tanto, cuál es mi plan secreto. Para ello recordaré una historia que me contaron de cómo surgen los grandes jugadores de fútbol (o cualquier otro deporte o disciplina), a cuenta de Lionel Messi. Me aseguraron que era un tema de estadística. Por cada equis chavales que juegan al fútbol en el colegio, sale un futbolista de Primera División. Por cada equis jugadores de Primera División, sale un crack. Por cada equis cracks, sale un Messi. Por tanto, la clave está en «ensanchar la base»: tener muchos chavales dando patadas a una pelota para que la estadística entregue jugadores buenos a cierto ritmo. No busque a Messi, no lo encontrará: entrene a miles de chavales y tarde o temprano aparecerá Messi de forma natural.

No es milagro o casualidad que ciertos países, como Brasil o Argentina, hayan dado jugadores buenísimos. Tan solo cuentan con grandes comunidades de fútbol base. Eso mismo sucede con el ajedrez en Rusia o la gimnasia en China: son estados con gran cantidad de gente practicando esa disciplina a un nivel básico. Así es como generan más fueras de serie.

He escrito este libro con la esperanza de que, con su contenido, podamos entrenar a miles de pequeños cerebros que quizá hoy no miden más de un metro de alto, enseñarles a pensar más y mejor desde muy pronto de forma que crezcan y tengamos miles y miles de chavales capaces de pensar mejor que nosotros. Que nos dejen atrás intelectualmente debería ser nuestro mejor legado: si no hemos sido capaces de resolver nosotros los problemas del planeta, seamos sensatos y plantemos la semilla de miles de buenos pensadores. Y de ellos, por pura emergencia, surgirán Messis del pensamiento. Esos serán los que tendrán armas para afrontar dificultades y resolverlas.

Este libro no explica cómo resolver los problemas de la humanidad. La verdad es que no sé hacerlo y sería tremendamente arrogante fingir que sí. Lo que puedo hacer es explicar cómo pensar mejor usando las mejores técnicas desarrolladas por los expertos de cada campo. De forma que, pensando mejor, creemos las condiciones para que en el futuro alguien sí sea capaz de enfrentarse a esos contratiempos y superarlos.

Resumen

En estos primeros capítulos hemos visto cómo el ser humano avanza a partir de creencias que poco a poco convierte en ciencia. Esa ciencia se transfiere a través de las generaciones como cultura. Parte de esa cultura son las técnicas: formas estandarizadas de llevar a cabo ciertas tareas. Hemos visto que pensar es una técnica, y que la población general tiene un conocimiento de técnicas de pensamiento muy por debajo del disponible en el mundo académico. Explicamos cómo esa carencia limita nuestro progreso en cuanto a especie. Y también cómo, en momentos clave de la historia la humanidad, se han dado saltos hacia delante a base de asimilar nuevo conocimiento.

La tesis de este libro es, por tanto, que debemos promover la técnica del pensamiento para empoderar a las generaciones venideras a resolver los problemas que en estos momentos limitan el desarrollo de nuestra especie.

¿Ve? ¿A que no ha sido tan duro? Bueno, la parte aburrida ya estaría. Ahora pasemos a la divertida.

5

Pensamiento automático y manual

Llevo ya unas cuantas páginas prometiéndole que voy a enseñarle a pensar mejor. Pero, bien mirado, esa frase está incompleta. ¿Mejor en relación con qué? Antes de mejorar algo, es bueno pararnos un segundo para conocer el punto de partida.

En otras palabras, si le quiero enseñar a mejorar su forma de pensar, un buen comienzo sería que analicemos un poco cómo pensamos en la actualidad. Y así, a partir de esa base, ir exponiendo mejoras. Ese es el objetivo de este capítulo. Le voy a explicar por qué pensamos mal y verá cómo se hará evidente qué debemos hacer para cambiarlo.

Nuestra historia empieza un día cualquiera. Se despierta, se levanta de la cama, va a la cocina, se prepara un café y mira el móvil. Si se fija, en todo este rato no ha tenido que hacer nada que requiera esfuerzo. Levantarse de la cama es un gesto que repite cada día. Del mismo modo, preparar café es una secuencia habitual: abrir la nevera, sacar la leche, coger un vaso, ponerlo en la cafetera y pulsar el botón.

Lo que quiero que vea es que gran parte de nuestro tiempo vital discurre en medio de rutinas prácticamente automáticas. Seguro que se da cuenta de que, en un porcentaje alto de nuestro tiempo, vamos con una especie de piloto automático puesto.

Nuestro cerebro aprende rápido y cuando algo se repite cierta cantidad de veces, esta acción deja de requerir esfuerzo. Hagamos una prueba. Conteste estas preguntas:

- ¿Cómo se llama su madre?
- ¿De qué color tiene los ojos?
- ¿Cuánto son 1 + 1?

Responder estas cuestiones no presenta ninguna dificultad. Del mismo modo, hay tareas razonablemente complejas que también se han vuelto triviales por repetición. Por ejemplo, mantener el equilibrio al caminar. Seguro que está pensando: «Menuda tontería». Pues bien: si fuese como yo, pesaría unos noventa kilos y sería capaz de desplazarlos a cinco kilómetros por hora apoyándose en dos bases diminutas, que en mi caso miden veintisiete centímetros de largo. Caminar sobre dos pies es un acto complejísimo solo al alcance del ser humano y algún otro primate. Hoy en día, pocos robots son capaces de imitarlo con precisión. Sin embargo, a usted le parece algo sin importancia.

Podría poner otros ejemplos. Como ve, mis primeras preguntas han sido consultas simples. En el caso del equilibrio, se trata de psicomotricidad. Cambiemos pues de contexto, hablemos de percepción.

Supongamos que alguien le chilla en la calle, a la espalda. Usted no solo será capaz de identificar la fuente del sonido, sino que además podrá reconocer si es su nombre. Además, es probable que distinga también quién es la persona que le llama e incluso identificar su voz: si llega con afecto o con intención agresiva. ¿Le será difícil? No, lo podría hacer con los ojos cerrados.

Ahora vamos a cambiar de modo de pensamiento.

¿Cuánto es 46 × 32?

La mera visión de esa pregunta seguramente le ha provocado una reacción de incomodidad. Al momento, habrá sentido una pereza tremenda. Multiplicar 46 × 32 no se puede hacer de forma automática, no es una operación sencilla: requiere «poner en marcha» el cerebro, esforzarse. Por tanto, claramente hay actividades o procesos que hacemos con el piloto automático puesto y otros que requieren concentración.

Pongamos otro ejemplo. Quiero que lea el siguiente texto con atención: «Cuando yo era pequeño, vivía en una casa en el barrio de Les Corts, en Barcelona».

¿A que parece inofensivo?

¿Y si le pregunto en qué ciudad vivía Dani? Una vez más, ante una pregunta trivial, una respuesta sin esfuerzo: Barcelona.

Pero ahora, intente decirme cuántas palabras tenía mi frase inicial, sin mirarla. ¿Ve? Su cerebro se ha activado, ha sentido la sensación de incomodidad y tiene que tirar de recuerdos para traer a su mente el texto entero y realizar el cálculo. ¿Lo consiguió? ¿Dieciséis palabras? ¡Muy bien! Ahora dígame el número de veces que la letra «a» aparece en el texto.

Bueno, supongo que va captando la idea de fondo: nuestro cerebro tiene la capacidad de repetir actividades, procesos o cálculos de forma muy eficiente, porque acumula conocimiento y rutinas. En cambio, cuando le pedimos algo fuera de lo común, debe «cambiar de marcha», lo cual requiere esfuerzo y concentración.

Puede leer sobre este fenómeno en detalle en el clásico *Pensar rápido, pensar despacio*, de Daniel Kahneman. Es lo que el autor llama Sistema 1 y Sistema 2. El primero sería rápido, intuitivo, inconsciente, basado en rutinas y estereotipos. El segundo, lento, consciente, y que requiere esfuerzo, análisis e introspección.

Dejemos a Kahneman. Lo que quiero destacar es que pasamos la mayor parte del tiempo con el modo «automático» del cerebro, y solo activamos el «manual» si es totalmente necesario.

Como siempre, la pregunta que me interesa es por qué. Y la respuesta es simple: economía de esfuerzo. Somos animales diseñados para sobrevivir, y eso implica administrar nuestras energías. Como la vida es relativamente repetitiva, automatizar algunos procesos resulta eficiente. Pongámonos en la mente de un homínido del Paleolítico, que vive en lo que hoy es Etiopía. Ya en esa época había infinidad de rutinas automatizadas, y que ayudaban a la supervivencia: andar —sobre dos pies—, coger agua con las manos de los ríos para beber, reconocer animales en función de su peligro… Todo ello forma parte de ese primer sistema, el automático.

Por el contrario, miles y miles de años más tarde otras actividades empezaron a requerir concentración: la construcción de templos, leer, la incipiente aritmética, etc. Nuestro progreso nos ha llevado a desarrollar y mejorar técnicas de pensamiento manual para enfrentarnos a la complejidad del mundo.

Valgan como ejemplos las manifestaciones artísticas iniciales y el desarrollo del lenguaje escrito. Las primeras eran muy esquemáticas: escenas de caza o representaciones de animales y plantas de las pinturas rupestres; en cuanto a la escritura, podemos mencionar los jeroglíficos egipcios, de tipo ideográfico. ¿Ve? Son sistemas rápidos de descifrar que requieren poco esfuerzo.

En cambio, fíjese en cómo los lenguajes modernos, con pocas excepciones, son de tipo abstracto y usan símbolos (las letras o caracteres) que poco o nada tienen que ver con formas del mundo real.

Pero, por un momento, centre la atención en productos contemporáneos, como un coche o una lavadora. ¿Tiene letras? No: en una especie de vuelta a los inicios, estos, siempre que se puede, incluyen símbolos que llamamos «iconos». No importa si son los intermitentes del automóvil, la manilla para la lluvia en el limpiaparabrisas o los distintos programas de la lavadora; en general, huimos de la información textual y nos apoyamos en otra más visual y directa.

En sus orígenes, la humanidad representaba ideas simples porque no había desarrollado aún la abstracción que suponen los alfabetos. Después de hacerlo, con prácticamente todos los idiomas modernos, ha decidido volver a los iconos para tratar de simplificar y universalizar el acceso a la información en un mundo globalizado.

LA AUTOMATIZACIÓN DE LO MANUAL

Podría parecer que, en las páginas anteriores, he estado estableciendo una barrera infranqueable entre el pensamiento manual y el automático. No es así: lo habitual es que tareas manuales, a base de experiencia y repetición, pasen a ser automáticas.

Yo soy profesor. Recuerdo mi primera clase: un seminario en la Universidad Politécnica de Cataluña. Yo tendría unos veintitrés años. Fue un desastre porque estaba nerviosísimo, y eso que llevaba notas, apuntes y todo tipo de materiales.

Ahora, en cambio, podría dar clase incluso dormido, y sería buena. Cuidado, no digo que lo haya hecho. Pero podría. No me provoque. Es evidente que la práctica automatiza procesos complejos hasta convertirlos en rutinas.

Otra muestra son los idiomas. Como ya he comentado, estoy aprendiendo chino. Bien, pues traducir una frase sencilla, del estilo de «Hoy voy a comer con mi madre», me llevaría unos veinte segundos. Sin embargo, puedo hablar mi idioma nativo, el castellano, a la velocidad del rayo. ¿Se ha parado alguna vez a analizar los tiempos verbales del castellano? Yo hablo cuatro idiomas (castellano, catalán, inglés y chino) y los verbos del nuestro me parecen con diferencia los más complejos. No obstante, los uso sin apenas esfuerzo. ¿Por qué? Porque llevo toda la vida haciéndolo.

Esa automatización de los conocimientos no solo sucede con el saber de propósito general. ¿Ha oído rapear a Eminem? ¿Ha visto alguna vez a un pianista profesional tocar una pieza compleja? ¿Ha estado alguna vez junto al piloto de un avión en la cabina de vuelo al aterrizar?

Todas estas son tareas que, al común de los mortales, nos parecen intimidatorias y que, de llevarlas a cabo, serían pensamiento «manual» que requeriría el cien por cien de nuestra atención. Pero para un especialista son absolutamente cotidianas. Igual que lo es para mí dar clase.

Por tanto, existen tanto el pensamiento manual como el automático, pero este último puede llegar a automatizarse con la práctica.

AUTOMATIZANDO LA INTELIGENCIA

Me queda entonces por demostrar una última cosa: si existen dos modos de pensamiento —manual y automático— y a base de práctica podemos convertir uno en otro, me propongo probar que ese pensamiento que podemos automatizar es el tipo de rutina que normalmente llamamos «inteligencia».

Es decir, una cosa es ensayar, ensayar y ensayar para saber tocar el piano, y otra muy diferente ensayar, ensayar y ensayar para lograr resultados que el común de los mortales llamaría «inteligencia».

Se lo puedo explicar de varias formas: una en tono más de broma y otra más profunda.

Ahí va la primera: durante una época me dediqué a hacer test de inteligencia (de esos que miden el cociente intelectual). Tenía curiosidad por saber si podía distorsionar mi resultado al alza a base de práctica.

Total, que durante un par de meses hice test, pero no de forma espontánea. Al acabar, miraba las soluciones y veía tutoriales sobre cómo debería haber resuelto esta o aquella pregunta. En definitiva, trataba de aprender la técnica de pensamiento.

Días más tarde, hacía otro test diferente. Y ¡oh sorpresa!: mi cociente intelectual había aumentado. ¿Era de verdad más inteligente? No, qué va. Tan solo había practicado una técnica para automatizarla y así obtener el resultado que habitualmente relacionaríamos con la inteligencia.

Otro ejemplo: ya he dicho que soy informático de profesión. Como comprenderá, toda mi vida he estado estudiando algoritmos, procedimientos y técnicas de programación. ¿Soy «intrínsecamente» inteligente? ¡No! Solo he pasado veinte años descomponiendo problemas para que una máquina los resuelva.

A lo largo de mi vida me he dado cuenta de que, en el colectivo de los informáticos, uno encuentra a mucha gente muy inteligente. Y una vez más lanzo la pregunta: ¿esas personas son «intrínsecamente» más inteligentes? ¡No! Están dedicadas a resolver problemas de forma mecánica, porque de eso va precisamente la informática. Y, del mismo modo que un violinista toca una pieza casi sin pensar o un psicólogo entiende mejor que nadie el funcionamiento de la mente, un informático es una máquina de analizar y descomponer problemas.

¿Somos los informáticos más inteligentes? No. Sencillamente, estamos entrenados para eso. Hemos automatizado técnicas que al resto de la humanidad no se les explican o requieren mucho esfuerzo. Desde ordenar una biblioteca hasta meter maletas en un coche o entender los pasos necesarios para resolver mecánicamente un problema… En general, los informáticos estamos mejor preparados por puro entrenamiento: hemos incorporado a nuestro sistema de pensamiento automático técnicas en apariencia complejas que se suelen asociar con la inteligencia.

SOBRE EL RESTO DEL LIBRO

Pienso que a estas alturas mi plan está claro: en el capítulo anterior me parece que he demostrado que pensar es una técnica que se puede mejorar. En este capítulo he explicado cómo mediante técnica y repetición algunas tareas complejas y manuales se convierten en automáticas y triviales.

Por tanto, sí, creo que puedo hacer que sea más inteligente. ¿Cómo? Explicando la infinidad de técnicas que he aprendido a lo largo de los años (he dicho «técnicas») y que normalmente producen los resultados que la gente asocia a la inteligencia.

Al llevar toda mi vida trabajando en el ámbito creativo, he desarrollado mi pequeño «baúl de los tesoros» de técnicas de pensamiento. Y mi plan es compartirlo con usted.

Obviamente, a fin de estructurar el contenido, verá que lo he organizado en capítulos temáticos, de forma que pueda ir de un plumazo a la parte que le interese.

En ese sentido, este no es un libro para leer al uso: no, no es el *Quijote*. Esta es, *stricto sensu*, una obra para consultar, en la que encontrar la «receta» que le permitirá resolver el problema mental al que se esté enfrentando en estos momentos.

Así que, sin más preámbulo, empecemos la función.

6

El momento eureka

Un día usted va caminando por la calle. De repente, ve algo sin importancia, pero su cerebro reacciona y, sin saber muy bien por qué, siente como un fogonazo, una sensación de claridad. Un segundo más tarde, le sigue un instante de exaltación. Se sorprende, casi se estremece, y siente satisfacción. Acaba de tener una idea y cree que es brillante. Esto es, en resumen, un momento eureka.

Los momentos eureka son el germen de la creatividad y suceden cuando menos se lo espera uno: paseando, en la ducha, a punto de acostarse a dormir... Yo, que me dedico a esto, aún sigo sorprendiéndome de los lugares rarísimos en los que me pasa. A veces pueden ser grandes proyectos, formas de resolver un problema o, sencillamente, una cosa que no se nos había ocurrido y quizá nos cambie la vida. Lástima que no podamos provocarlos a voluntad, ¿no? Entonces podríamos fabricar ideas nuevas como quien usa un músculo.

Bien, pues este capítulo trata exactamente de eso: de entender qué es un momento eureka, cuándo sucede, por qué y, por tanto, buscar el modo de provocarlo de manera mecánica. Qué duda cabe, nunca será como girar una llave: si fuese tan simple, todo el mundo sería un genio creativo. Y como puede observar a su alrededor, la gente no rebosa inventiva. Pero sí existen técnicas para aumentar nuestra producción de ideas.

Prepárese, vamos a aprender algunas de las formas más populares de fabricar muchas ideas con gran rapidez. No nos preocupemos demasiado por la calidad, nuestro objetivo actual es la cantidad.

Nos convertiremos en mineros: para encontrar diamantes hay que picar mucha piedra. Así que las siguientes páginas se proponen entrenar su músculo creativo para generar ideas como churros. Luego, en otro momento, le enseñaré a clasificarlas como buenas y malas. Pero vayamos por partes.

Nuestra creatividad es conexionista, es decir, funciona relacionando cosas que aparentemente no tienen nada que ver para generar ideas nuevas.

Le pongo un ejemplo que todos hemos vivido, el de los *smartphones*. Si recuerda, los primeros teléfonos móviles eran dispositivos de comunicaciones, que permitían básicamente dos funciones: hacer llamadas de voz y enviar mensajes cortos.

Por otro lado, existían las cámaras de fotos. Desde la popularización de la fotografía digital habían bajado de coste y aumentado sus prestaciones, siendo además miniaturizables.

En este contexto llega Apple y conecta las dos partes, generando algo nuevo y disruptivo, el *smartphone*. Este ya no es un teléfono o una cámara, es una extensión de la vida, una especie de navaja suiza digital conexionista que integra la capacidad de comunicación con las cámaras, tanto para foto como para vídeo.

En esa lógica de «conectar lo no evidente», poca gente vio venir que el móvil podía ser también un dispositivo de pagos. O, en estos momentos, una especie de mando a distancia universal para interactuar con una casa inteligente, un coche o demás periféricos.

¿Ve? Todo eso ahora parece evidente. Pero salte veinte años atrás y dígame si, antes de que aparecieran, esas ideas parecían previsibles. No, todas ellas fueron, en su día, rompedoras. Son el resultado de diferentes momentos eureka.

Si cambiamos de sector, vemos que sucede lo mismo con la Coca-Cola. Sabrá usted seguramente que la bebida más popular del mundo (con permiso, quizá, del agua y el café) nace también de una relación no evidente.

En 1886, acabada la guerra de Secesión en Estados Unidos, el coronel confederado John Pemberton era poco más que un veterano de guerra adicto a la morfina. Ahora bien, su formación médica condujo a que viviera un momento eureka. ¿Y si crease una bebida de buen sabor que además tuviese propiedades medicinales? De este modo, la gente la tomaría por dos motivos: primero, por apetecible; segundo, por su efecto beneficioso. Así nació la Coca-Cola, el primer tónico reconstituyente que empleaba nueces de cola como fuente de cafeína y hoja de coca como estimulante. Obviamente, el refresco de cola de hoy en día ya no contiene cocaína (¡por suerte el mundo ha cambiado mucho desde 1886!).

Por tanto, un momento eureka es el descubrimiento de una relación oculta, una conexión no evidente. Esas relaciones o informaciones que debemos revelar para que se nos ocurra la idea brillante son lo que en creatividad llamamos *insight*, que podríamos traducir como «introspección».

Una *insight* es información oculta y no evidente que, cuando la revelamos, se manifiesta como algo valioso.

Tomemos como ejemplo el popular videojuego *Pokémon Go*, que nació de la combinación de los videojuegos convencionales y la idea de pasear para hacer ejercicio. Se le ocurrió a John Hanke por la sencilla razón de que consiguió dirigir su cerebro en una dirección nueva. Allí, oculta, estaba la idea brillante. En este caso, la idea consistió en:

- Existe mucha gente que pasea y que desearía hacerlo aún más.
- Si creamos un juego que incorpore caminar como parte de la experiencia, será un éxito.
- ¿Por qué? Porque ofreceremos un motivo para pasear: buscar Pokémon, lo cual es sano y divertido a la vez.

Pokémon Go funciona porque tradicionalmente los videojuegos son sedentarios y llevan asociado un cliché de inactividad física. Tras romper ese patrón, *Pokémon Go* se convirtió en algo altamente inusual e interesante.

Eso es la *insight*. El momento eureka.

Las *insights* aparecen porque hemos explorado una conexión nueva. En definitiva, porque hemos llevado al cerebro a un lugar donde jamás había estado. ¿Cómo sabemos que nunca habíamos estado en ese lugar? Es obvio: si la conexión ya existiese, la idea no sería nueva porque ya se nos habría ocurrido.

De hecho, con frecuencia sucede que descubrimos una *insight* pero luego, al revisarla, nos damos cuenta de que lo que nos parecía novedoso ya ha sido inventado antes por otra persona. Como es imposible llevar la cuenta de todas las innovaciones, es fácil que reinventemos algo viejo. Seguro que le ha pasado: habla con un amigo emocionado para contarle una idea que ha tenido y él le contesta: «Pero ¡si eso ya existe, hombre!».

Eso es muy común entre creativos. Yo diría que de cada diez ideas que fabrico, al menos siete ya existen y debo descartarlas. Pero ¡no es motivo para no seguir intentándolo! En esto somos como un pescador, que lo mismo puede pescar muchos peces que no tener suerte. Lo que es seguro es que si uno no sale a pescar terminará el día de vacío.

De esta forma, para provocar momentos eureka básicamente tenemos que «forzar» a nuestro cerebro para que huya de lugares ya explorados y se adentre en relaciones nuevas. Lo suyo es hacerlo con frecuencia, porque solo así generaremos suficientes ideas para que alguna de ellas sea genuinamente buena.

En este capítulo voy a enseñarle mil trucos para apartar al cerebro de sus rutinas convencionales y llevarlo a esos lugares inhóspitos pero prometedores donde residen las ideas brillantes. Es una combinación de técnicas de pensamiento y hábitos de vida que le harán ser más efectivo.

Verá que las técnicas que voy a proponer pertenecen fundamentalmente a dos grupos: sensoriales y cognitivas.

En el primer grupo lo que haremos será apoyarnos en alguno de nuestros sentidos (vista, oído, etc.) para que su estímulo genere ese impacto que nos llevará a un lugar nuevo, donde vive la idea. Es decir, la secuencia sería: veo algo y ese algo me provoca una idea.

La estimulación sensorial es un buen sistema cuando podemos, efectivamente, ver, oír o sentir cosas nuevas (por ejemplo, paseando, en un viaje o en un concierto). No siempre es así, ya que a veces necesitamos ser creativos en la oficina, sentados a una mesa, o incluso en la ducha.

Para estas situaciones usaremos estimulación cognitiva, el segundo de los dos grupos. Ignoraremos nuestros sentidos y emplearemos trucos puramente mentales para «sacar» al cerebro de su zona de confort y llevarlo hacia terrenos inexplorados, vírgenes, llenos de ideas frescas que recolectar.

HIPERESTIMULACIÓN SENSORIAL

Las ideas no llegan de la nada. Como hemos dicho, son conexiones nuevas, y esas conexiones pueden «dispararse» de diferentes maneras: por una escena que veamos y nos inspire, por un comentario que oigamos o sencillamente porque nos pongamos a pensar y se nos ocurra algo nuevo.

La primera técnica que quiero explorar tiene que ver con las ideas que surgen por un estímulo sensorial, y lo explicaré con un ejemplo: como quizá ya sepa, diseñé un videojuego bastante popular llamado *Invizimals*. En él nos dedicamos a perseguir bichitos invisibles por la casa, en realidad aumentada, para cazarlos virtualmente y coleccionarlos. Pues bien, le diré cómo se me ocurrió la idea: es una historia que conozco bastante —la idea la tuve yo—, y además es un caso paradigmático de cómo funciona la hiperestimulación sensorial.

En aquella época yo jugaba al tenis. Como mis gafas no se ajustaban demasiado bien y me daba miedo que se cayesen al suelo y se rompiesen, me las quitaba. Si usted es miope, sabrá que de noche la miopía empeora.

Había acabado el partido y regresaba a casa con mi mujer. Ella conducía. Eso es habitual: mis hábitos al volante rozan lo suicida. Pero es que, además, ¡no llevaba gafas! Así que iba de copiloto. Serían las nueve de la noche y ya estaba oscuro. Bajábamos por la calle de Balmes. Ella conducía rápido porque queríamos llegar a casa pronto.

En ese punto del trayecto vi que dejábamos atrás, a toda velocidad, los rótulos de neón de las tiendas que había a ambos lados del coche. Como soy miope, los veía borrosos, volaban y se movían por mi campo visual. Fue un impacto visual único, novedoso y excitante contemplar formas de brillantes colores moviéndose vertiginosamente.

Recuerdo a la perfección que, en aquel preciso instante y sin pensarlo demasiado, le dije a mi mujer: «Mira, los neones parecen fantasmas de luz». Me quedé congelado durante cinco segundos. Mi cerebro estalló de alegría. Lo siguiente que le dije fue: «Joder, acabo de tener una idea brutal para un juego».

Hay ideas que surgen poco a poco, y otras nacen ya completas, con sus brazos, piernas y deditos. *Invizimals* fue una de esas. Directamente, le dije a mi esposa: «Vamos a hacer un juego de fantasmas de luz que se esconden en tu casa y puedes perseguirlos con la consola». Recuerdo aún hoy mi voz al explicárselo en el coche. Su respuesta fue: «Vaya porquería de idea», lo cual daría para otro libro, en este caso sobre relaciones de pareja, pero ya hablaremos de eso otro día. Por suerte, se equivocaba, y mi hiperestimulación sensorial había fabricado una idea que, años después, se convertiría en un bombazo comercial.

Como puede ver, a base de estimular mis sentidos con un impacto inusual, en este caso las luces de neón, me llegó información nueva que me condujo a tener la idea. Pues bien, el principio de la hiperestimulación sensorial es precisamente ese: llevar de forma mecánica a nuestro cerebro a lugares ricos en impactos sensoriales novedosos para aumentar las posibilidades de que veamos, oigamos o sintamos algo que haga clic y lo despierte. Más adelante le enseñaré técnicas más complejas, pero esta primera es muy simple: si quiere tener ideas, levante el culo de la silla, salga a la calle y sature su cerebro con luces, colores y sonidos.

Viajar

Si se lo puede permitir, una forma excelente de exponerse a estímulos sensoriales nuevos es irse de viaje. Los viajes aportan sensaciones frescas y, de esa forma, fomentan la creatividad. De hecho, son numerosos los estudios que relacionan los viajes con la creatividad. Por ejemplo, Adam Galinsky, profesor de la Universidad de

Columbia, ha demostrado en varios proyectos el vínculo que existe entre las experiencias en el extranjero, la flexibilidad cognitiva y nuestra capacidad para relacionar piezas de información aparentemente dispersas.

En uno de sus trabajos examinó la obra de doscientos setenta creativos de moda, y la comparó con el tiempo que habían pasado en el extranjero cada uno de ellos. Cuanto mayor era este, más innovadores eran los diseños, de lo que se deduce que los modistas habían sido capaces de incorporar más influencias e información en su proceso de creación.

No solo eso; según la profesora de la Universidad de Harvard Shelley Carson, experta en psicología, viajar nos expone a información nueva, y esto, a su vez, nos induce al estado de felicidad y relax en el que las ideas fluyen más libremente porque no somos tan conscientes de nuestras propias barreras ni zonas de confort.

Bien pensado, resulta bastante lógico. Cuando viajamos vemos, oímos y olemos cosas nuevas. Además, solemos estar relajados y felices. Entonces se da la combinación ideal para integrar esos estímulos en nuestros propios proyectos.

Según los dos académicos, el mero hecho de viajar ya es provechoso en sí mismo, pero resulta especialmente fructífero si, además de visitar nuevos lugares, nos centramos en vivir experiencias sociales intensas y novedosas allá donde estemos. Porque es en esas experiencias donde de verdad nos empapamos de los sitios y obtenemos un beneficio completo.

Así, no basta con ir a París. Lo ideal sería tratar de socializar con parisinos, con cualquier excusa, o incluso trabajar allí. En definitiva, hacer todo lo posible para exponer nuestro cerebro a impactos nuevos en todos los ámbitos. La densidad informativa de cualquiera de esas alternativas de experiencia será mucho mayor que la de un mero viaje turístico.

Por ese mismo motivo le recomiendo que sus viajes le lleven a alejarse lo máximo posible de su vida «real»: su cerebro estará mucho más estimulado en Estambul o en Tokio que en Madrid.

Pero, cuidado: el asunto no consiste únicamente en realizar viajes carísimos a lugares remotos. Se trata de alejarse de su zona de confort, y eso puede suceder más cerca de lo que cree. ¡Claro que irse una semana a Hawái sería muy diferente y estimulante! Pero quizá pueda conseguir tantos o más estímulos si opta por hacer por primera vez en su vida cicloturismo en Mallorca o irse a recoger melocotones a una explotación agrícola. Lejos no implica distancia, sino diferencia. Y a veces lo diferente está a un par de paradas de metro. Con lo cual, primera idea: viaje, empápese de lugares nuevos, y si no puede alejarse, busque experiencias cercanas y económicas pero que le separen mucho de su rutina diaria.

Lugares desconocidos

Como hemos visto, que el lugar sea completamente nuevo ayuda a lograr los máximos impactos útiles. Los espacios familiares o previsibles generan respuestas que ya hemos tenido antes. En mi caso, cuanto más desconocido sea el lugar, mayor es el alimento para mi creatividad. Usted suélteme por Tokio, Sídney o París, y verá cómo me pongo de contento. Por eso los creativos viajamos mucho.

Pero, claro, viajar es caro y no siempre una opción, así que necesito otros trucos que me funcionen en cualquier momento. Le cuento: yo a veces tomo un mapa de mi ciudad, elijo una zona que no conozco, llamo un taxi y le pido al conductor que me lleve allí. Luego, regreso caminando desde ese lugar y voy observando lo que me encuentro por la calle. Las tiendas, la gente, las actividades… si son desconocidos, eso ya me estimula. Esta es una forma simple y barata de generar cambios. Diez euros y dos horas caminando es todo lo que necesito para encontrar la novedad que alimenta mi cerebro.

Lugares llenos de gente

Un segundo truco es buscar sitios con mucha actividad humana. Pongamos que decido ir a un desierto porque creo que será extremadamente exótico. Pues bien, igual me he equivocado. Porque, o bien tengo suerte y el mismo desierto me estimula, o bien lo más probable es que durante las siguientes horas no encuentre nada allí y haya desperdiciado una buena ocasión: los desiertos están vacíos, son inactivos. Cuidado con ese tipo de lugares: si no conseguimos que el escenario en sí nos seduzca, habremos perdido el tiempo.

En cambio, donde hay personas, hay actividad constante, hay cambio y se producen multitud de situaciones. Si no me inspira la señora de la cafetería, quizá me interese el niño que llora o el señor mayor que se seca el sudor allí en la esquina. La actividad humana genera patrones de comportamiento muy cambiantes y eso es gasolina para la creatividad.

Piense en lugares donde haya mucha gente y muy distinta entre sí. Busque riqueza. Yo he tenido grandes ideas en estadios de fútbol. Si no me inspira el abuelo, lo hará su mujer, o el árbitro, o el niño que se ha quedado dormido en la grada... ¿Ve? Donde nos exponemos a muchas conductas distintas, tenemos grandes posibilidades de que alguna dé en el blanco.

Lugares densos

Yendo a lo más abstracto, piense en lugares que sean cromáticamente ricos, que tengan sonido. Busque densidad sensorial. Cuantas más cosas estén sucediendo a la vez, mayor será el asalto sobre sus neuronas. A mucha gente este tipo de lugares le agobian, a mí me estimulan.

Uniendo esos tres criterios, aquí le listo los sitios donde habitualmente voy «de caza» cuando necesito ideas:

- Mercados al aire libre, supermercados.
- Centros comerciales.
- Discotecas, fiestas...
- Eventos musicales: conciertos, festivales...
- Acontecimientos deportivos.
- Fiestas populares.

A partir de esta lista, seguramente se le ocurran otros. Pero, cuidado, porque hay un matiz importante. No es que vaya a una discoteca y una vez allí se me ocurran ideas. No. Es justo al revés: quiero tener ideas y por ello voy a una discoteca. Para mí el lugar es un medio, soy absolutamente extractivo y utilitarista. No estoy allí para pasarlo bien, sino porque quiero pensar. Es decir, cuidado con ir a una discoteca a buscar ideas, tomarse un par de copas y dejarse llevar. Lo pasará muy bien, pero no habrá logrado lo que iba a buscar. Si lo que desea es divertirse, diviértase. Si va a cazar ideas, que nada le aleje de su objetivo.

Por eso, cuando mi mujer y yo viajamos siempre acabamos visitando mercados y supermercados; para mí son el paraíso. Recuerdo una visita a un mercado de alimentos en Hong Kong. No he estado en un lugar creativamente más intenso en toda mi vida. Estaba lleno de productos que no había visto jamás: una señora vendiendo ranas vivas en un cubo de plástico, conversaciones en chino (un idioma que no conocía pero que sonaba a palabras españolas que sí conozco y me daban ideas…), formas nuevas de hacer cola, de promocionar los productos… Para cualquier otra persona, un lugar estresante. Para un creativo, la gloria.

Tirar cables *versus* derivar

Cuando estoy en una de esas sesiones de hiperestimulación, sigo dos rutinas creativas aparentemente opuestas pero que dan buenos resultados.

La primera consiste en lo que denomino «tirar cables». Úsela si necesita reflexionar sobre un asunto definido y concreto. Antes de llegar al lugar, intento prepararme para definir bien el problema que estoy atacando. Por ejemplo, podría decir: «Quiero dar con un nuevo diseño para zapatos». Es importante verbalizar un único objetivo. Muchas veces no somos capaces de generar ideas nuevas porque no somos ni conscientes de qué estamos buscando.

Una vez acotado el terreno, empiezo mi inmersión en el entorno. Y mentalmente «tiro cables» desde todo lo que veo hacia mi problema. Trato de generar sistemáticamente conexiones nuevas y las sigo para ver si tienen sentido, sin darle más importancia. Por ejemplo, supongamos que voy a un mercado al aire libre y mi objetivo es, como decía, pensar sobre calzado. La rutina podría ser así:

1. Reparo en que el suelo húmedo y pienso: zapatos con suela antideslizante.
2. Veo un puesto de chucherías, y me viene a la cabeza: las golosinas son pequeñas y atractivas. Podríamos hacer zapatos para niños imitando el aspecto de las golosinas, como ositos de gominola.
3. Sigo caminando y me encuentro con un establecimiento de fruta. La fruta es natural. Y pienso: zapatos de tejidos naturales para la gente ecorresponsable.
4. En una de mis paradas, oigo que la vendedora llama a una clienta «reina». Y pienso en la percepción de valor en los zapatos, en qué quiere decir que unos zapatos hagan que te sientas opulento.
5. Observo a un chico y a una chica paseando por el mercado. Llego a la conclusión de que hoy en día es absurdo hacer zapatos diferentes por géneros, e imagino un diseño que sirva para los dos sexos, y en cómo eso abarataría costes.

Es un ejemplo burdo, pero supongo que se entiende la idea. Hay que definir con claridad en qué queremos pensar y tratar de relacionarlo metódicamente con todo aquello que vemos en el entorno hiperestimulante. Como lo que vemos es novedoso, seguro que las ideas serán interesantes. En eso consiste lo de «tirar cables».

A estas alturas da igual si las ideas son buenas o malas. Necesitamos tener muchas. Somos como un buscador de oro que tiene que cribar mucha morralla hasta encontrar una pepita.

«Tirar cables» es mi primera rutina. Derivar es la segunda. Y es útil cuando quieres tener ideas pero no hay un contexto o problema específico. Derivar requiere una mezcla curiosa de relajación y disciplina.

Para derivar acudo al lugar estimulante y me dejo llevar, intentando no pensar en nada en concreto. El cerebro, conexionista como es, saltará de tema en tema como una abeja libando flores.

Lo único que intento es mantener la mente muy abierta y observar con atención. No voy paseando sin más. Si hay flores, las miro, veo cómo las mueve el viento, levanto la vista hacia las nubes..., su forma me recuerda a un perro, me acuerdo del perro de mi madre, me viene a la mente mi madre, caigo en que tengo que llamarla, pienso en los móviles, se me ocurre algo interesante.

Cuando derivo dejo el cerebro volar. Pero en un segundo plano estoy observando mis pensamientos como un vigilante porque, de salto en salto, de repente me surgirá algo potente. Por ello digo que derivar es más complicado que «tirar cables»: por un lado, finjo relajarme profundamente, pero por el otro me mantengo atento a mis pensamientos.

Derivar tiene un punto esquizofrénico. Es como si dentro de nuestra cabeza viviesen dos personas. Una es la creativa, la relajada, la caótica. Esa es a la que dejaremos derivar. Detrás se esconde la policial, la vigilante, que escucha las ideas, observa su derivación e intenta pararse en seco cuando algo parece tener valor.

Aprenda a utilizar ambas técnicas e identifique cuándo conviene usar una u otra. A veces empezamos pensando en un tema, el cerebro nos traiciona y luego deriva hacia otros asuntos. Usted quería reflexionar en torno a los zapatos y poco a poco resulta que acaba en el turismo. La deriva no es buena ni mala: sencillamente, es un fenómeno del que hay que ser consciente. Le pido que lo sea y la censure o no según le convenga.

Por ejemplo, si tiene un objetivo clarísimo en el ámbito creativo, es muy posible que le interese no irse por las ramas. Si ha ido a pensar en zapatos, céntrese en eso. En cambio, a veces buscamos ideas más abstractas. Si este es su caso, deje a su cerebro volar. A veces uno descubre una cuestión mucho más interesante que aquella que en principio creía querer resolver.

Ocurre así en el caso del pósit: si se hubiese partido con el objetivo de encontrar un adhesivo superpotente, jamás habríamos llegado a él. En el momento en que deja su mente vagar, está abriendo el campo para combinar el pegamento con el bloc de notas.

Concluyo ya estas líneas sobre hiperestimulación no sin antes darle algunos consejos. Primero, no se autocensure. Cuando usamos esta técnica es importante dejar que el cerebro siga su curso. No vaya con la idea de que «esto es una estupidez». Sea como un niño pequeño y valore hasta las estupideces sin sentido. Porque ahí, en medio de ese caos, se oculta lo que busca. Insisto en una idea que ya he mencionado: ser creativo consiste en encontrar las ideas que aún no ha tenido. Si ya empieza censurando algunas, nunca encontrará nada interesante.

Segundo, tome nota de todo. El cerebro es malísimo recordando ideas, especialmente cuando tenemos muchas en poco tiempo. Por tanto, vaya preparado al terreno con algún sistema para registrar lo que se le ocurre. Yo solía ir con pequeñas libretas de tipo Moleskine. Hoy en día llevo en el móvil una aplicación de notas. Sea como fuere, anote rápido. Ya que estará vomitando ideas como un loco, puede ocurrir que la aparición de una nueva le haga olvidar la anterior que quizá era interesante. O tome fotos. Las fotos funcionarán como atajo mental al pensamiento que tuvo cuando vio esto o aquello. Más adelante le explicaré técnicas de registro de ideas.

Tercero, identifique cuándo es bueno pasear solo y cuándo acompañado. Yo suelo llevar a cabo estos procesos, o bien en soledad, o bien con mi mujer. Ir solo tiene la ventaja de que podemos concentrarnos absolutamente en la tarea que tenemos entre manos y adueñarnos del proceso, de cuánto dura, de por dónde vamos a pasear, en qué queremos pensar.

Caminar con alguien, sobre todo si es cómplice, resulta a veces más útil: le proporciona una pared contra la que rebotar las ideas que se le vayan ocurriendo, le sirve de pensamiento crítico y le ayuda a no derivar demasiado lejos del objetivo inicial.

Eso sí: si decide pasear con alguien, esa persona ha de estar totalmente inmersa en el asunto, como usted. Es decir, es muy fácil salir en compañía con el objetivo aparente de buscar ideas y acabar tomándose unas cervezas en un bar. Recuerde: vaya con una pareja solo si es útil para el plan.

TIEMPO Y CREATIVIDAD

La hiperestimulación es muy efectiva. Es una de las principales técnicas de mi arsenal. Pero fíjese en que su componente principal no es la creatividad (me niego a aceptar que haya personas más creativas que otras). La gasolina de la hiperestimulación es el tiempo. Cada sesión de este estilo se comerá seguramente un par de horas y al ojo no entrenado le parecerá que usted no está haciendo nada de provecho, que solo ha salido a pasear. ¡Nada más lejos de la realidad! En fase de diseño de cualquier producto, generalmente dedico una mañana a la semana a pasear.

Cuando alguien me pregunta, siempre contesto con el mismo ejemplo: si me das diez minutos para entregarte una idea, en ese tiempo tendré solo una. Con lo cual mi «mejor» idea será la mejor entre una. En cambio, si me das una hora, es muy probable que surjan tres o cuatro propuestas. Y si me pides la mejor, la seleccionaremos entre esas tres o cuatro. De este modo, el nivel de esa idea será más alto que si solo hay una candidata.

Eso sí, dame una semana y generaré varias decenas. Por consiguiente, la mejor de las ideas surgirá del máximo número de ellas. Como puede verse, a más tiempo dedicado, mayor es la posibilidad de selección de ideas y mejor el resultado.

En resumidas cuentas, no se puede ser creativo sin entender que la creatividad es un proceso intelectual mecanizable que requiere tiempo. Resérveselo para pensar. Esto es especialmente complicado en el mundo moderno, en el que todos vamos siempre de culo y el resultado es que no se nos ocurre nunca nada interesante. ¡Normal! Un cerebro preso de la rutina jamás será creativo.

HIPERESTIMULACIÓN COGNITIVA

Hemos visto diferentes formas de estimular nuestra creatividad usando los sentidos, pero a veces eso no es posible. No siempre podemos irnos de viaje o salir a pasear. A veces tenemos que ser creativos sentados frente a un ordenador o en una reunión. Y necesitamos algo que funcione sin emplear los sentidos, incluso con los ojos cerrados.

En el fondo, la idea sigue siendo la misma: llevar al cerebro a lugares nuevos. Pero en estos casos el esfuerzo será más abstracto, ya que no nos serviremos de los sentidos, sino de rutinas puramente mentales para dislocar y llevar al cerebro a lugares (metafóricos) ricos en ideas.

Una de las mejores técnicas que conozco para «dislocar» nuestro cerebro es SCAMPER. Vamos a por ella.

7

SCAMPER

Las nuevas ideas suelen están relacionadas con algo que ya existe. Usted quiere mejorar un coche, un bolígrafo, las colas del metro, la atención al cliente en una óptica… Siempre hay una raíz a partir de la que queremos que crezca una nueva idea. La técnica que voy a explicar en este capítulo trata, pues, de generar nuevas ideas a base de cambiar algo que tiene margen de mejora.

Lo curioso es que existe un número relativamente pequeño de cambios posibles en un objeto: al final, no hay más cera que la que arde, y tan solo podemos añadirle usos, modificarlos y unas pocas opciones más. Por suerte, ya hubo quien se planteó exactamente ese problema, y definió cuántas y cuáles son esas alteraciones que pueden aplicarse a un producto o servicio de forma creativa. Se trata de siete transformaciones y, si las ponemos en orden y tomamos la inicial de cada una, obtenemos la denominación de la técnica: SCAMPER.

Antes de empezar, déjeme insertar aquí una nota histórica para que se la pueda contar a sus amigos y quedar bien en cenas y eventos sociales: SCAMPER fue ideado por Alex Faickney Osborn en 1953. Seguramente el nombre no le diga nada, pero fue uno de los fundadores de la popular agencia de publicidad BDO. Aparte de este método, creó el término *brainstorming*. La versión moderna de SCAMPER, que explicaré a continuación, es una mejora de otra anterior que llevó a cabo Bob Eberle en 1971.

Simplificando, SCAMPER es una especie de juego. Usted tiene un producto o servicio que quiere mejorar. Lo que va a hacer es, letra por letra, pensar ideas con cada una de las siete transformaciones de esta técnica:

S, de sustituir.
C, de combinar.
A, de ajustar, adaptar.
M, de modificar.
P, del inglés *put to other use*, o sea, cambiar de uso.
E, de eliminar.
R, del inglés *revert*, esto es, invertir.

Como ve, son siete transformaciones que guían nuestro proceso creativo. Ahora las desgranaré una por una. Pero la idea general es:

- Empezar por la S.
- Anotar todo lo que se nos ocurra.
- Pasar a la C.
- La misma rutina.

Y así letra a letra, rellenando un listado de posibles ideas. Luego, mediante métodos que desarrollaré en otros capítulos, podrá filtrar las que valen la pena.

Bien, pues veámoslas una por una. Para ser didáctico, las explicaré empleando dos ejemplos prácticos: el rediseño de unas gafas (como muestra de producto) y el de la llegada a un hotel (a modo de servicio). Son situaciones muy distintas, pero ambas prueban que SCAMPER tiene aplicabilidad universal. Al mismo tiempo, proporcionaré algunos ejemplos de cada una de las transformaciones.

S: SUSTITUIR

En esta fase se trata de cambiar algo del producto o servicio. Hágase las siguientes preguntas:

- ¿Qué partes del producto o pasos del servicio puedo sustituir sin afectar a la calidad o incluso mejorándola?
- ¿Puedo modificar el lugar o el momento en que se adquiere el producto o se efectúa el servicio?
- ¿Es posible cambiar algo de los procesos de fabricación del producto o del flujo de la experiencia del servicio?

Haga una lista con lo que se le ocurra. Yo voy a empezar con las gafas:

- Sustituir toda la montura de plástico por una hecha de resina biodegradable, para que no genere residuos al final de su ciclo de vida.
- Cambiar el momento: que la gente no vaya a la óptica, sino que pueda hacerse la prueba de graduación con una aplicación móvil y encargar las lentes desde ahí.

Sigamos con la llegada al hotel:

- La espera en recepción es frustrante, sobre todo tras un vuelo. Se podría hacer el *check-in* desde casa, de forma que se facilite un código numérico personalizado para que, al llegar al establecimiento, vayamos directamente a la habitación.
- En lugar de tener a la gente haciendo cola en recepción, que el espacio se convierta en un bar con aperitivos. Y que los empleados del hotel, a través de una tablet, vayan pasando entre los recién llegados y les hagan el *check-in* mientras estos toman una copa.

El mundo está lleno de innovaciones basadas en sustituir un proceso o un flujo de experiencia. Así, el hecho de imprimir en casa la tarjeta de embarque permite acortar los tiempos de espera en los aeropuertos. Ikea, por su parte, fomenta que la gente monte los muebles en casa. Ese detalle permite reducir costes y cambiar completamente el paradigma del almacenaje de stocks en el comercio de mobiliario.

Como puede ver, lo que he hecho es cien por cien mecánico: no requiere ningún talento, salvo un poco de tiempo y conocer algunas estrategias. Como llevo repitiendo ya varias docenas de páginas, ser inteligente (o aparentarlo) es una técnica, no un talento. Pues bien, sigamos.

C: COMBINAR

En esta fase le voy a pedir que combine ideas para generar otras nuevas. Aquí van mis preguntas:

- ¿Puedo fusionar dos usos de producto o dos pasos del servicio?
- ¿Sería capaz de integrar este producto con otro ya existente, o este servicio con otro?

Volvamos a las gafas. Con esta técnica se me ocurre:

- Siempre llevamos las lentes encima. Podríamos añadirles electrónica y así almacenar en ellas datos personales vía wifi. De este modo podríamos guardar nuestros datos médicos o abrir puertas solo con acercarnos a ellas.
- Imaginemos ahora unas gafas a cuyas patillas pudiéramos añadirles un chip de memoria y uno de wifi. Así, allá donde vayamos podríamos cargar y descargar ficheros. Como las gafas son personales y los ficheros también, los dos usos se combinan a la perfección.

Y ahora, combinemos en el contexto de la llegada a un hotel:

- Estaría bien que instalen un parque infantil en el vestíbulo. Mientras un adulto hace los trámites, los peques estarán entretenidos.
- Se podrían combinar los servicios del hotel con la información turística. Si ponen pantallas gigantes, los visitantes pueden saber qué es lo más destacado del lugar mientras esperan, así pasan el rato y se preparan para su estancia.

67

Una muestra cotidiana de la transformación C es fomentar el uso dual de los envases para evitar desperdicios y convertirlos en algo útil. Fíjese en un tarro de Nocilla o Nutella: es literalmente un vaso de vidrio. Aquí sin lugar a dudas estamos combinando usos: los niños querrán el producto porque les parece delicioso, y sus padres o madres se llevarán además un vaso gratis.

¿Cuántas casas españolas de los años ochenta y noventa tenían estanterías llenas de vasos de Nocilla? La mía, desde luego. Con este ejemplo puede ver cómo combinar usos puede ser beneficioso para los costes y el impacto medioambiental, incluso para expandir mercados, ya que diferentes usuarios pueden elegir su producto o servicio por motivos distintos.

A: AJUSTAR O ADAPTAR

Se trata de buscar soluciones a su problema en otros contextos. Las preguntas que quiero que se haga son:

- ¿Qué podría tomar prestado de otro problema?
- ¿Existe algo parecido a mi problema en otro contexto?

Bien, vayamos a nuestros dos casos. Para empezar, las gafas:

- Me recuerdan a la ropa, que se vende por tallas y a veces es ajustable, como los cinturones. ¿Podría diseñar una montura en la que pudiese mover las dos lentes para que se adapte a medida que un niño crece?
- Una vez más, las gafas me recuerdan a la ropa. Existe un gran mercado de prendas de segunda mano. ¿Podríamos revender gafas que no se usan pero están en buen estado?

Sigamos, adaptemos ahora los hoteles:

- Un hotel es un tipo de establecimiento con clientes, en la línea de un restaurante. En los restaurantes existe el paradigma de la carta: opciones de platos para elegir. ¿Se podría instaurar algo parecido en un hotel? Que la gente haga su reserva y, al llegar, haya habitaciones «especiales», con ofertas del día en función de la ocupación.

- Un hotel también tiene similitudes con un aeropuerto, pues llega gente que desea consumir un servicio. Para evitar que se aburran, existen tiendas donde pasar el rato mientras sale su vuelo. Se pueden abrir comercios en vestíbulo del hotel para que los recién llegados puedan pasear sin estar esperando y que, desde recepción, sean avisados al móvil cuando sea su turno.

El mundo está lleno de industrias que adaptan principios o innovaciones de otras industrias. De esta forma, en los últimos veinticinco años estamos presenciando una corriente hacia la personalización: la cantidad y variedad de productos ha crecido enormemente, y todos ellos intentan ajustarse a los gustos del cliente. Un buen ejemplo son los auriculares. Yo soy bastante aficionado a escuchar música con ellos y recuerdo que hace años había poco más que un puñado de modelos para elegir. ¿Ahora? Existen cientos. Los auriculares, como la moda, han transitado la personalización y van camino de convertirse en un complemento de estilo más.

M: MODIFICAR

La M de modificar se centra en dos principios: minimizar y maximizar. Lo que quiero que se pregunte es:

- ¿Cuáles son las cualidades y los defectos de mi producto o servicio?
- ¿Puedo maximizar las cualidades y sus beneficios?
- ¿Es posible minimizar los defectos y su impacto?

Como hasta ahora, veámoslo en nuestros dos casos paradigmáticos. Primero, las gafas:

- El beneficio principal que aportan las lentes es ver mejor. Pero los cristales solo se distribuyen en diferencias de dioptría de 0,25 puntos. ¿Podría inventarse un proceso para dotarlos de mayor resolución y así promocionar unas gafas «perfectas» para cada persona, ya que estarían totalmente personalizadas?
- Un defecto de los cristales es que se rayan y pierden definición. ¿Podrían crearse, mediante I+D, nuevos materiales para fabricar lentes más duraderas y así minimizar este hándicap?

Y ahora, pasemos a los vestíbulos de hotel:

- Un beneficio de estos espacios es que nos ofrecen un recibimiento al hotel, los sentimos como un lugar especial. Pensando en maximizar esa sensación, y en el éxito de Instagram, ¿podríamos rediseñar nuestro vestíbulo para que se preste a que nos hagamos selfis y que los compartamos en las redes sociales? Sería genial ver miles y miles de fotos de nuestro hotel: marketing gratis, con el único coste de estructurar el vestíbulo desde un punto de vista fotográfico.
- Pensemos ahora en los inconvenientes de las recepciones: son lugares en los que se suelen formar colas, algo que hay que minimizar. Quizá podríamos diseñar el sistema que hemos mencionado por el cual, mediante un enlace enviado previamente a su correo, los visitantes puedan hacer el *check-in* antes de llegar. Imagine: clica en el enlace desde el taxi y, al llegar a la recepción, sin colas, alguien le da las llaves de su habitación, ahorrando tiempo e incomodidad.

Venga, otros trucos para la letra M de modificar: piense en forma, color, tamaño. Y a partir de ahí, cambie los adjetivos: pesado, ligero, grande, pequeño, lujoso, simple. Jugando con esas palabras seguro que se le ocurren mil formas de modificar su producto o servicio.

Un buen ejemplo es el desarrollo del patinete eléctrico. Si lo recuerda, hace unos veinte años no existían estos dispositivos. Había motos, bicicletas, coches... Por supuesto, en el rango bajo de precios, lo más viable eran las motos de baja cilindrada y coste, es decir, los ciclomotores.

El patinete es el resultado de haber entendido que hay usuarios cuyo principal argumento de compra es el coste y que, por tanto, hay que desarrollar opciones motorizadas aún más baratas que un ciclomotor. Si modificamos ese argumento, ya tenemos el patinete.

P: *PUT TO OTHER USE*

Como ya hemos visto, la P es la única letra que no puede traducirse literalmente desde el original en inglés. Pero su principio rector sí: en esta fase se trata de usar el producto o servicio de una forma diferente. Piense en cuándo, dónde, por qué y cómo se utiliza, e intente encontrar usos alternativos, idealmente mejores. Empecemos con nuestras gafas:

- En general, empleamos lentes para ver mejor: para leer, contemplar paisajes... Pues bien, ¿por qué no pensar en gafas de submarinismo graduadas? ¿Y para esquiar? Seguramente se podrían vender kits con lentes reemplazables, de modo que nuestras gafas deportivas pudiesen graduarse a voluntad. Esto sería un buen ejemplo de cambiar el lugar en el que se usan.
- ¿Podríamos incorporar circuitería a unas lentes para que se pudiesen calentar según queramos y así nos sirviesen de calefacción para la cara? Imagine que en una patilla tuviésemos un pequeño mando de potencia, y al calentar las gafas levemente consiguiésemos un efecto de calor, agradable sobre todo en climas fríos. En este caso, estoy jugando con cambiar el para qué se usan: ya no son para ver mejor, son para estar más caliente.

71

Y en nuestro hotel:

- Ya he comentado en el apartado anterior la idea del vestíbulo como centro para fotografías de Instagram, así que, para no repetirme, aquí va otro uso posible: se me ocurre que este lugar es, muchas veces, un punto de bienvenida a un nuevo país. ¿Por qué no instalar unas pantallas y mostrar un vídeo corto con frases en el idioma local? Así, mientras esperamos podemos ir aprendiendo cuatro expresiones que tal vez nos sean útiles en nuestra visita.
- Si el hotel cuenta con un restaurante, quizá podría usar el recibidor para promocionarlo. Imagine que los camareros van paseando con bandejas de aperitivos, como en las bodas, y que esos aperitivos son versiones reducidas de platos de la carta del restaurante. Probablemente el número de mesas ocupadas será mayor si la gente puede probar las delicias que se sirven en el establecimiento antes de reservar.

Si quiere ahondar en más ejemplos de «cambiar de uso», un buen lugar es la tecnología aeroespacial o militar. En estos sectores se desarrollan tecnologías carísimas que luego suelen replicarse en entornos civiles.

Piense en el GPS. Eso que nos sirve para seguir rutas con el móvil empezó como un sistema de guiado para aviones de combate y misiles. O internet, que nació para mantener comunicaciones en caso de un ataque nuclear.

E: ELIMINAR

Es posible que esta sea la fase más clara de todas. Aquí se trata de pensar si podemos suprimir piezas, tecnologías, elementos, usos o funciones.

Como en el mundo existe una oferta amplísima, un problema del diseño moderno es que muchos productos tienen demasiada complejidad. Intentan ser una especie de navaja suiza con muchísimas funciones, a veces integradas de forma burda.

En cambio, diseños o propuestas reduccionistas, más básicas, pueden ser superiores por su elegancia y amplio mercado. Así que tenga en cuenta que «simple es bonito», piense en eliminar funciones y vea qué se le ocurre.

- Si desease eliminar algo de unas gafas, quizá sería el cristal, porque es delicado, y trataría de fabricar lentes de plástico flexible, de forma que todo el objeto pudiese ser una sola pieza, abaratando costes y creando un diseño más resistente, pensando sobre todo en los niños.
- En cuanto a los vestíbulos de hotel, siempre he pensado que eliminarlos sería una buena idea. Hoy en día todo el proceso se puede resolver digitalmente antes de llegar. Nos podrían enviar al móvil una clave que abriese la puerta, y con ello ganaríamos una experiencia de *check-in* más ágil, sobre todo en establecimientos de negocios con viajeros cansados.

Un ejemplo real de eliminación es la desaparición de las cabinas telefónicas a partir de finales de los años noventa. Con la llegada del móvil dejaron de tener sentido, y se fueron suprimiendo progresivamente del paisaje urbano. El fax, los contestadores automáticos, las cintas de casete y mil otras invenciones más han ido desapareciendo a medida que se han desarrollado otras mejores.

R: REORDENAR (DEL INGLÉS, *REVERSE*)

Llegamos a la última transformación. Quizá la más difícil de hacer pero también la que produce resultados más disruptivos. Aquí quiero que se centre en cambiar el sentido de los elementos, su dirección, para crear algo nuevo. Piense en verbos como reagrupar, redistribuir o invertir, pero no se limite a las piezas, incorpore también pasos, procesos...

Vayamos con nuestras gafas. Los pasos del proceso son:

1. Voy al oftalmólogo u optometrista.
2. Me revisan la vista y me recomiendan una graduación.
3. Acudo a la óptica, encargo las gafas.
4. Me las fabrican y entregan unos días u horas más tarde.

Para reordenar, veríamos si podemos cambiar la disposición de alguno de estos pasos o agruparlos. Si se fija, desde los noventa ha sido así, al incorporar las ópticas una sección de optometría y ahorrarse de este modo el primer y segundo paso.

Pero vayamos más allá. Con la tecnología actual, ¿por qué no graduar la vista desde casa? Imagine una aplicación para ordenador o para móvil que reproduzca la experiencia clásica del optometrista: ir cambiando lentes y ver hasta qué punto podemos leer letras con nitidez. Computacionalmente hablando, no costaría casi nada crear una aplicación que simule la borrosidad de cada tipo de lente y nos permitiese, desde casa, detectar nuestro nivel de miopía, hipermetropía o astigmatismo.

Hecho eso, podríamos probar de forma virtual las gafas e ir a la tienda únicamente para recogerlas. ¿Ve? Hemos cambiado la relación a base de reorganizar los pasos.

Hablemos ahora del vestíbulo del hotel. Nuestra percepción es que constituye la primera parada antes de que nos den la habitación. Y, como he explicado en otros apartados, entendemos ese sitio de manera ligeramente negativa. Es una especie de barrera entre nosotros y el descanso. Invierta esa relación: piense en el vestíbulo como la mejor parte de su estancia.

Así, imagine que cada día ofrecen espectáculos a ciertas horas: magos, una banda de música, lo que sea. Al hacer eso, el recibidor, que es un lugar seguro al estar dentro del hotel, se convierte en algo atractivo. Igual usted decide dejar a sus hijos allí, a ver el show, lo cual generará un tiempo precioso en el que puede descansar, echar una siesta o estar a solas con su pareja. He visto experiencias en esa línea en hoteles de parques Disney, y funcionan a las mil maravillas: lo que antes era aburrido e incómodo ha acabado siendo una actividad positiva.

Un buen ejemplo de reorganización o de cambio de orden son las tiendas Shein, una marca de *fast fashion* de origen chino que vende por internet, aunque de vez en cuando abre tiendas efímeras (*pop-up stores*) por todo el mundo. El caso es que si va a una de esas tiendas, no podrá realmente comprar nada: son solo *showrooms* para mostrar producto, que luego se adquiere en su tienda online. Fíjese en la innovación *win-win*:

- Los usuarios de Shein quieren probarse la ropa para ver si les queda bien, y decidir si finalmente la compran.
- Shein no desea manejar stocks, y evita reponer unidades a medida que se venden los modelos.
- Por tanto, haciendo una *pop-up store* la marca ofrece lo que sus usuarios quieren a través de un modelo de relación empresa-cliente totalmente nuevo.

Resumen

Como puede ver, SCAMPER nos ofrece una rutina previsible y controlable de innovación. Ya no tenemos que generar ideas «al azar»: SCAMPER propone lugares concretos y específicos, simplificando y guiando el proceso de creación. Basta recordar el significado de cada letra y dedicarle tiempo y concentración. Seguro que acaba con una o dos páginas de ideas prometedoras.

¿Por qué funciona SCAMPER? Por su valor de «receta». ¿Cuántas veces ha mejorado un plato solo por añadirle azúcar, sal o especias? Son formas simples que hemos desarrollado para mejorar la cocina. SCAMPER aporta lo mismo: atajos a zonas donde suele haber buenas ideas.

8

Los sombreros de pensar

Forzar al cerebro a visitar lugares distintos de forma mecánica, como propone SCAMPER, es una técnica efectiva. Las buenas ideas no están donde usted reside: hay que ir a otros espacios mentales.

No debería sorprenderle que existan otros formalismos, basados en la misma idea de fondo. Sencillamente, cambian la metáfora o las reglas del juego.

Donde SCAMPER nos propone siete transformaciones, el método que ahora le explicaré nos presenta seis: son los famosos sombreros de pensar de Edward de Bono.

El objetivo, una vez más, es evitar el pensamiento espontáneo, y centrarnos en direcciones donde es altamente probable que haya soluciones nuevas. En este caso, empleamos la metáfora de que tenemos seis sombreros, uno de cada color, y el que llevemos puesto nos indicará cómo debemos pensar en el problema que nos ocupa.

Los seis sombreros (y sus correspondientes formas de pensar) son:

- Azul: trata sobre el proceso de pensar, controla el tiempo, las fases y el orden. Por tanto, es el sombrero que se cuestiona: ¿qué procedimiento seguiremos para resolver el problema?
- Blanco: simboliza los hechos y la información disponible. Pretende ser neutro, objetivo. Nos preguntaremos: ¿qué sabemos objetivamente?, ¿qué información es clave y nos falta, y de dónde la podemos obtener?
- Rojo: son nuestras emociones y sentimientos, nuestra respuesta visceral. Este es un sombrero inmediato, y nos sirve

para decir qué se nos pasa por la cabeza sobre el asunto en cuestión sin necesidad de justificarnos.

- Negro: representa aspectos negativos, defectos, puntos débiles, peligros, carencias. Para cada uno de ellos, se buscan razones lógicas a fin de explicar por qué suceden.
- Amarillo: simboliza aspectos positivos, ventajas, oportunidades. Como en el sombrero negro, se trata de razonar lógicamente por qué ocurren.
- Verde: encarna ideas nuevas, creatividad. Este es el momento de usar el pensamiento lateral o divergente, y proponer cualquier cosa loca que se pase por la cabeza.

La forma de llevar a cabo un ejercicio de sombreros de pensar consiste en pactar la secuencia de colores que se van a emplear, de manera que, cuando estamos con un sombrero de cierto color, nos obligamos a pensar como este nos dicta. Normalmente no permanecemos con un sombrero más de dos o tres minutos, para evitar que el cerebro se desvíe y se «vaya por las ramas».

Lo habitual es empezar y acabar con el sombrero azul, ya que es el que regula el proceso. Por ejemplo, supongamos que usted va a hacer un *brainstorming* creativo. Podría pactar la secuencia siguiente:

1. Azul, para decidir el formato y proceso.
2. Blanco, para analizar objetivamente cuál es nuestro punto de partida.
3. Verde, para que todo el mundo proponga ideas.
4. Amarillo, para ver los pros de esas ideas.
5. Negro, para ver los contras de esas ideas.
6. Blanco, para filtrarlas con objetividad según las fases anteriores.
7. Rojo, para evaluar cuál es nuestra emoción o instinto hacia la idea propuesta.
8. Azul, para documentar la solución planteada.

Pongamos un ejemplo: usted trabaja en una empresa de lácteos. Con el sombrero azul, decidiríamos que vamos a hacer un *brain-*

storming de dos horas para proponer nuevos productos para la gama infantil.

Pasaríamos después al sombrero blanco, y veríamos datos sobre nuestros productos existentes de esa gama: ventas, resultados de encuestas, productos de la competencia. Como tenemos el sombrero blanco, esperamos datos fríos y objetivos.

En esta fase, en mi ejemplo, veríamos que el mercado responde muy bien a las novedades, así como al *packaging* espectacular. Y que, en cambio, los productos orientados a la salud y el bienestar no generan ventas significativas (que conste que esto es solo a modo de ejemplo: no tengo ni idea del sector de los lácteos).

A continuación, pasaríamos al sombrero verde, y basándonos en lo que hemos visto en el blanco, propondríamos productos nuevos. Pongamos que se plantean seis (P1-P6):

- P1: un nuevo tipo de natilla con sabor a turrón.
- P2: una colección de yogures con *packaging* en forma de animales.
- P3: un lácteo con temática de Halloween con sangre falsa para los niños pequeños.
- P4: un nuevo tipo de envase de material biodegradable.
- P5: un novedoso yogur que no requiere frío para su conservación.
- P6: una colección de yogures con sabores exóticos del mundo.

Acto seguido, pasaríamos al sombrero amarillo, listando los pros de los seis productos.

Comprobaríamos que P2 y P3 triunfan en *focus groups*, del mismo modo que P6: a los niños les encanta.

Luego, con el sombrero negro, haríamos lo contrario, listar las contras de los productos, de P1 a P6. Así, comprobaríamos que P1 no ha funcionado bien —a los niños no les gusta el turrón— y que P5 genera desconfianza en los padres.

Basándonos en estos datos, pasaríamos al sombrero blanco, donde cribaríamos los seis productos y nos quedaríamos con los tres más prometedores, que resultan ser P2, P3 y P6.

Acabando ya, presentaríamos una vez más P2, P3 y P6 para anotar cuál es nuestra respuesta visceral a cada uno de ellos. Hecho eso, volveríamos al sombrero azul, momento en que anotaríamos las conclusiones del *brainstorming* en un breve informe, que contendría:

- La definición de los productos elegidos, esto es, P2, P3 y P6.
- Sus pros y contras.
- La respuesta visceral sobre cada uno de ellos.

Como puede ver, los sombreros de pensar no son más que formalismos de pensamiento estructurado, diseñados para evitar la espontaneidad y maximizar el *focus*. Con lo cual, su forma de proceder es muy similar a SCAMPER, solo que empleando otras metáforas. Con la práctica aprenderá qué tipo de problemas prefiere afrontar con SCAMPER y cuáles con los sombreros de pensar.

En mi experiencia, SCAMPER es un método «ancho», y los sombreros, un método «profundo». Me explico: emplear SCAMPER es como lanzar una red de pesca muy grande, en todas las direcciones. Usted probará a sustituir, eliminar, combinar... y al hacerlo, explorará mucho espacio mental. Por ello, para mí este método es preferible en fases iniciales, de búsqueda ciega de innovación, cuando deseamos muchas ideas muy rápido. Los sombreros de pensar, al constar de diferentes pasos, permiten un análisis de mayor profundidad: tomar un problema e ir desmenuzándolo, etapa a etapa, sombrero a sombrero. Así que este segundo método sería ideal para cuando no estamos en un periodo tan exploratorio, sino que deseamos profundizar.

Por otro lado, si bien es cierto que los dos métodos se pueden emplear de forma individual o en grupo, tenga en cuenta que los sombreros de pensar funcionan muy bien en entornos con varios participantes y que SCAMPER, aunque se puede usar con varias personas, es muy eficiente cuando uno está solo y necesita innovar. Espero que estos criterios le ayuden a elegir su arma para cada ocasión.

¿QUÉ HARÍA X?

Si se fija, todo lo que estamos haciendo es encontrar formas de sacar nuestro cerebro de su rutina y llevarlo a lugares concretos que pensamos que son buenos caladeros de ideas.

El próximo consejo es especialmente útil cuando se halle encallado en un problema. Lleva horas o días pensando. Es posible que haya una solución en algún lugar. Pero, por el motivo que sea, no es capaz de verla.

Pues bien, le desvelaré el truco: usted está encallado, pero quizá otra persona, en su lugar, no lo estaría. Por eso, a veces, cuando estamos bloqueados, llamamos a un amigo por teléfono o le contamos nuestro problema a alguien con la esperanza de que ese asunto que a nosotros nos parece irresoluble no se lo parezca a esa persona. Un poco por aquello de que, con frecuencia, los árboles no nos dejan ver el bosque: nos falta distancia y perspectiva.

Así que, en lugar de llamar a un amigo, le propongo una alternativa: imagine que el problema no lo tienen usted, sino otra persona. Barack Obama. Lady Gaga. El capitán de un buque pesquero. Un niño de cinco años. Una vez en ese supuesto, piense: ¿qué haría él o ella?

Porque, muchas veces, lo que para nosotros es irresoluble es trivial si se afronta desde un punto de vista diferente. Y, haciendo eso, podemos dar con la solución.

Le pongo un caso: trabaja en una empresa que lleva años haciendo zapatos. Y necesita ideas nuevas. Y no se le ocurre nada. Lleva semanas y semanas «seco», creativamente hablando. Pues bien, imagine que es Obama. Y, de este modo, forzando a su cerebro a ser él, igual le viene a la mente que el expresidente de Estados Unidos está muy concienciado en la sostenibilidad y el medioambiente. Y de ahí puede tirar del hilo y pensar en cómo hacer zapatos con materiales reciclados, y que así sean más sostenibles.

Siguiendo esa idea se le ocurre empezar un proyecto de I+D donde la suela del zapato, al impactar con el suelo, cargue energía y, mediante un cable, podamos cargar nuestro móvil al caminar con la energía de nuestros pasos.

¿Ve? Solo con cambiar el sujeto de nuestros pensamientos ya llevamos al cerebro a un nuevo lugar. Y en ese lugar quizá viva una idea interesante.

Obviamente, para que este método funcione la elección de los personajes es clave. Pongamos que yo digo «Pensaré como Julio César». Pues bien, la pregunta instantánea será: «Vale, ¿y cómo pensaba Julio César?».

Por eso, las personalidades elegidas tienen que poseer ciertas características para que el procedimiento sea útil. Deben ser:

- Personajes con un carácter marcado y definido. En el caso de Obama, sería la conciencia medioambiental; en el de Gandhi, la resolución no violenta de los conflictos.
- Personas que conozcamos bien. Si no sabemos cómo pensaba Abraham Lincoln, no lo usemos: nos quedaremos igual de atascados.
- Individuos muy distintos a nosotros. Claro, si el personaje elegido es demasiado parecido, la información nueva que conseguiremos será mínima.

Así que busque personajes marcados, a los que conozca bien y que sean muy distintos a usted. Ellos resolverán sus problemas cuando se quede sin ideas.

Mi personaje favorito para esta técnica es un niño anónimo de entre cinco y diez años. Se sorprendería de la cantidad de veces que lo uso, y lo útil que me resulta. Es sencillo: a medida que nos hacemos mayores, tendemos a perdernos en las complejidades de los problemas, en los detalles, cuando, si los reducimos al máximo, son más simples de lo que parecían.

TABLAS DE RELACIONES

Queda un método más dentro de mi arsenal habitual de maneras de provocar ideas.

Esta técnica es práctica cuando tenemos un problema o un sistema con múltiples partes o componentes, y queremos desarrollar nuevas relaciones entre ellos. Esas partes pueden ser personas, objetos o cualquier tipo de entidad.

El método es simple, pero la mejor forma de explicárselo será con un ejemplo.

Supongamos que nos han encargado repensar cómo funciona un resort de vacaciones familiar, de esos de playa. Debemos encontrar nuevos servicios para ofrecer o procesos que mejorar. Nosotros decidimos hacerlo mediante tablas de relaciones. Pues bien, veamos los pasos:

Paso 1: listar a los actores

Haremos una relación de todos los componentes del sistema, intentando ser exhaustivos. Para mi ejemplo del hotel, tendríamos:

- Cliente.
- Hijo de cliente.
- Recepcionista.
- Conserje.
- Personal del restaurante.
- Personal de limpieza.

Me gustaría que quedara claro que esto es solo un modelo que usaré para explicar la técnica. Cada análisis tendrá su propia lista. Lo importante es que no nos dejemos a nadie, ya que este listado nutre los tres pasos siguientes.

Paso 2: crear la tabla de relaciones

Aquí colocaremos a esos actores en una matriz, situándolos en la primera columna y la primera fila, y dejando el resto vacío, tal que así:

	Cliente	Hijo de cliente	Recep-cionista	Conserje	Personal del restaurante	Personal de limpieza
Cliente						
Hijo de cliente						
Recep-cionista						
Conserje						
Personal del restaurante						
Personal de limpieza						

La tabla nos permite, de una forma muy visual, repasar qué relaciones existen y cuáles podríamos añadir.

Paso 3: rellenar la tabla

Rellene la tabla con aquellas relaciones que ya existen. Para encontrarlas, tome cada fila y, para cada columna, pregúntese: ¿qué pasa cuando X coincide con Y?

Por ejemplo, para la casilla 1.1, la pregunta sería: ¿qué sucede cuando un cliente adulto habla con otro? Por ahora, nada, así que lo dejaremos en blanco.

En cambio, para la casilla 1.2, la pregunta sería: ¿qué ocurre cuando un cliente adulto habla con un niño? Seguramente, sean familia. Escríbalo.

De paso, aproveche para colocar una cruz en las casillas que sabe con seguridad que no desea explorar, por ser relaciones imposibles. En mi caso, sería así:

	Cliente	Hijo de cliente	Recep-cionista	Conserje	Personal del restaurante	Personal de limpieza
Cliente		Familia	*Check-in* o *check-out*	Pide consejo		
Hijo de cliente	Familia	✗				
Recep-cionista	*Check-in* o *check-out*		✗	✗		
Conserje	Pide consejo		✗	✗		
Personal del restaurante					✗	
Personal de limpieza						✗

Paso 4: enriquecer con relaciones nuevas

Como puede comprobar, la tabla actual nos ayuda a visualizar quiénes somos ahora. El siguiente paso es, apoyándonos en la tabla, crear relaciones nuevas.

Para conseguirlo, revise las celdas vacías y piense, para cada una de ellas: ¿se podría añadir algo?, ¿tendría sentido? Cada celda que rellene es una nueva relación y, por tanto, una oportunidad de mejorar el producto o servicio.

Por ejemplo, a mí se me ocurre enriquecer la relación entre niños y personal de cocina. Se trata de un resort de vacaciones, así que podríamos pensar una actividad de clases de cocina para críos, como enriquecimiento de la relación entre los niños hospedados y el personal del restaurante. Seguramente, fuera de las horas de servicio (comidas y cenas), ese personal está disponible, y se podría montar una experiencia para niños en el complejo hotelero. Lo añado a la tabla, en mayúsculas.

Sigo: ¿por qué no montar un servicio para que los padres con niños puedan pasar más tiempo juntos y se realicen actividades entre los chavales? Al registrarnos, como progenitores suyos, facilitaremos la edad y sexo de nuestros hijos, y otros padres pueden hacer lo mismo, como en una de esas apps de búsqueda de parejas. Y si los dos padres están de acuerdo, los hijos pueden ir a la piscina del hotel juntos, por ejemplo. Añado eso también.

No he acabado. Si estamos mejorando un resort, una idea sería que el conserje, que es quien más trato tiene con los clientes, pueda conocer sus gustos culinarios. Y, hecho esto, se coordine con el personal de restaurante para subir a las habitaciones pequeños bocados o bebidas, por sorpresa, acorde con sus gustos. Venga, a la tabla. Llamemos a este servicio «Bocaditos».

Así de sencillo. En diez minutos tenemos tres ideas de mejora para nuestro resort de vacaciones. Evidentemente, no sabemos si son buenas o malas, ya hablaremos de eso en el siguiente capítulo. Pero el método funciona.

	Cliente	Hijo de cliente	Recepcionista	Conserje	Personal del restaurante	Personal de limpieza
Cliente	CLUB PARA HIJOS	Familia	Check-in o check-out	Pide consejo		
Hijo de cliente	Familia	✗			CLASES DE COCINA	
Recepcionista	Check-in o check-out		✗	✗		
Conserje	Pide consejo		✗	✗	BOCADITOS	
Personal del restaurante		CLASES DE COCINA		BOCADITOS	✗	
Personal de limpieza						✗

Y podría seguir, pero supongo que la idea ya se entiende:

1. Hacemos una lista con los actores de nuestro producto o servicio.
2. Los ponemos en una tabla.
3. La rellenamos con las relaciones existentes entre esos actores.
4. Enriquecemos la tabla, pensando nuevas relaciones.

Las tablas de relaciones funcionan porque proponen un proceso lógico y previsible. Me explico: si yo le digo «Mejore esto», usted no sabrá ni por dónde empezar. Las tablas le dan un «cómo», unos pasos que cualquiera puede seguir y que nos presentan, de una forma muy visual, qué áreas podemos mejorar.

Yo recomiendo hacer estas tablas con un ordenador, en algún programa tipo Excel. Solo lleva cinco minutos crear una, y las ideas que salen de un análisis así pueden ser valiosas.

Una ventaja de hacerlo con ordenador es que, con frecuencia, en el paso 4 se dará cuenta de que necesita actores nuevos. Ser capaz de volver al paso 1, rehacer la tabla y seguir el análisis es importante. Por ejemplo, volvamos al caso del resort. Imagine que llega un momento en que se percata de que desea separar los clientes en hombres y mujeres, porque se le ocurren relaciones diferenciadas para cada uno de ellos. No se preocupe. Vuelva al paso 1, rehaga la tabla y siga con el ejercicio. Recuerde que nuestro objetivo no es seguir una técnica a rajatabla, sino lograr resultados. Y si, para eso, debe alterar algo el método, no tiene la menor importancia.

REGISTRAR IDEAS

A lo largo de este capítulo le he explicado cómo crear muchas ideas rápidamente. Es obvio que un buen número de ellas son un desastre. Pero ahí, entre todas, está la que vale dinero. Y, por tanto, es esencial anotarlas correctamente para luego poder revisarlas y filtrarlas. Este último apartado del capítulo trata de eso, de técnicas de registro.

La primera —y muy evidente— idea es no fiarse de la memoria. En una sesión creativa de un par de horas, quizá se me ocurran entre veinte y treinta ideas. Es imposible recordarlas todas. De este modo, tengo métodos de registro. Muchos. ¿Por qué? Porque nacen de diferentes situaciones. En general, el método depende de qué estoy haciendo cuando se me ocurre la idea.

Una rutina creativa muy frecuente en mí es caminar. Para ello necesito un método que funcione bien mientras estoy en marcha. Para estas situaciones, suelo apuntar notas en el móvil o grabarme notas de voz. Así puedo registrar la idea sin siquiera dejar de caminar.

Al grabar las ideas, recuerde siempre que es posible que tarde en revisarlas unos cuantos días, por lo que es importante ser generoso en detalles. Esto es lo que suelo grabarme:

- La idea en sí.
- Por qué me ha parecido interesante, qué aporta.
- Cómo he llegado a ella, el camino que me hizo descubrirla.

De esta forma, al cabo de unos días puedo «retomar el hilo» y volver al mismo punto donde me quedé, como si no hubiese pasado el tiempo.

Otra forma de registrar una idea, si su germen fue visual, es con una foto. Si algo me la ha sugerido, le hago una foto. Y tengo la disciplina de, cada noche, repasar mi carrete en el móvil para revisar imágenes y escribir las ideas en un formato más permanente.

Sigo con otro consejo muy básico pero efectivo: envíese un WhatsApp a usted mismo con la idea. Esto me lo descubrió mi mujer. Es muy sencillo. De esta manera, tendrá un «canal» privado para almacenar buenas ideas (incluso con fotos, notas de voz o marcas de GPS).

Otro momento creativo clásico se da cuando uno está sentado a la mesa: intentas estar solo, pensar sobre un problema, y se te ocurren soluciones. Para estos casos, empleo dos métodos. El primero es usar notas tipo pósit. Las compro a miles, si puede ser, de las que son coloreadas, y asigno colores a diferentes aspectos: las amarillas son ideas, las rosas son problemas, las azules son riesgos...

Como guardar los pósits es bastante incómodo, lo que hago es engancharlos todos en la mesa, para formar mi mapa de ideas, y luego le saco una foto con el móvil y listos. Hoy en día, con el nivel de resolución de las cámaras, se leen francamente bien. Y así puedo tirar todos los pósits, pues en sí no tienen ningún valor. Lo que quiero es quedarme con la información útil que contienen.

De forma similar, puede usar cualquiera de los softwares para diagramas o mapas mentales que hay por ahí. Últimamente me he aficionado a Miro (<www.miro.com>), que es rápido de aprender y además permite colaborar con otros usuarios en la nube. En otros momentos de mi vida he usado Trello, MindMup y muchos más.

Mi consejo es que busque un software que sea ágil, que no pierda demasiado tiempo en los detalles. La clave es maximizar el tiempo que pasamos pensando y minimizar el de documentación. El programa informático no es importante: lo es el trabajo.

A veces la gente me pregunta si prefiero sistemas físicos (tarjetas, por ejemplo) o digitales. La respuesta es que siempre mejor físico, si es viable. Por más que las herramientas digitales sean muy rápidas, no pueden competir con la sensación táctil de las tarjetas, la facilidad para colocarlas en el espacio, priorizarlas, etc. Llevamos toda nuestra vida usando objetos físicos. Es algo que nuestro cerebro hace realmente bien.

9

Filtrar ideas

Si ha leído los capítulos anteriores, a estas alturas es usted una máquina de generar ideas. Y lo más importante: ha descubierto que el proceso de fabricación requiere poco talento. Es un músculo que se puede activar a voluntad. Todo lo que necesita es algo de tiempo y alguna de las técnicas explicadas para rellenar una hoja con un buen número de ideas aparentemente prometedoras.

Por supuesto, no todas serán buenas. De hecho, es exactamente al revés: la inmensa mayoría no valen la pena. Pero igual que un jardinero que poda un arbusto, nuestro objetivo ahora es filtrar docenas de ellas para quedarnos con las mejores. De eso, de la selección de ideas, va este capítulo.

CUESTIÓN DE EGO

Empecemos con un ejercicio sencillo: ahora mismo, trate de imaginar un momento reciente en el que tuvo una idea. A continuación, intente recordar cómo se sentía, qué se le pasó por la cabeza en el momento en que se le ocurrió. Seguramente, usará palabras como «orgullo», «satisfacción», «confianza» o «placer». Tener ideas nos encanta: nos hace sentir inteligentes y útiles.

Justo por eso, la creatividad es una espada de doble filo. Por un lado, tener ideas nuevas nos abre el camino a un futuro mejor: cualquiera de ellas podría, potencialmente, cambiar el mundo. Ese es el lado bueno.

Pero por ese motivo, porque nos encantan nuestras ideas, a veces nos es difícil distinguir las buenas de las malas.

Nuestras ideas son como nuestros hijos, y a nadie le gusta llamar «feo» a un hijo suyo, y menos cuando acaba de nacer. De hecho, la creatividad es una actividad promovida por el cerebro en el ámbito neurológico. Cuando entramos en conductas de búsqueda, de actividad y descubrimiento, nuestro cerebro segrega dopamina, un neurotransmisor relacionado con la sensación de recompensa y el placer. Es el clásico «subidón».

Si lo quiere ver desde un punto de vista más emocional, cuando tenemos ideas aumenta nuestra autoestima: nos sentimos inteligentes y mejora la percepción de nosotros mismos.

Por todo ello atacar nuestras propias ideas nos es difícil: al hacerlo, arremetemos contra algo que nos es muy valioso. Y por tanto, es fácil que la sensación de recompensa se vea reducida y afecte a ese subidón de autoestima que acabamos de generar.

Pruébelo: hable con un creativo y, solo para ver su reacción, ataque una de sus ideas. Comprobará cómo, al momento, se pone a la defensiva. Y no es porque esa persona crea que su idea es genial, sino que, si criticamos su idea, su percepción de sí mismo queda puesta en duda.

Pero no nos engañemos: para progresar en cualquier disciplina es imprescindible descartar ideas. Es ingenuo creer que todas son geniales. Bueno, salvo que sea usted político: ¡los políticos nunca se equivocan! Pero, el resto de los mortales, los que tenemos ideas mediocres, necesitamos mecanismos rápidos y objetivos de descarte.

Y digo que el mecanismo tiene que ser rápido porque lo cierto es que vamos a filtrar muchas ideas.

Y digo que el criterio para separar ideas buenas de las malas tiene que ser objetivo porque no nos podemos permitir el capricho de salvar una idea de la quema solo porque sea nuestra, o porque le hayamos cogido cariño.

Dos escuelas de pensamiento

Validar y descartar ideas es la base de la ciencia moderna. Nuestros científicos poseen hoy un conocimiento superior a los del Renacimiento porque han ido desarrollando unas nuevas y descartando las antiguas. Así que, si deseamos hacer descartes con rapidez, un buen punto de partida es analizar cómo se opera en la ciencia.

A lo largo de la historia, han existido dos corrientes básicas de construcción de conocimiento científico: el inductivismo y el falsacionismo. Lo sé, son dos palabrejas espantosas, pero usted tranquilo, el concepto es tremendamente simple.

El inductivismo se basa en creer que el conocimiento se consolida a base de encontrar ejemplos favorables a nuestra teoría. Así, cuantos más tengamos, más probable será que la teoría sea correcta. Venga, un ejemplo simple: si mi teoría es «Todos los vasos del mundo son de cristal», un inductivista se alegrará cada vez que vea un nuevo vaso de cristal. De hecho, pasará días buscando vasos de ese material porque, al ver más y más muestras favorables, creerá más en su teoría.

Recuerde: los inductivistas crean teorías por acumulación de ejemplos a favor. En el fondo, el inductivismo tiene todo el sentido del mundo, por dos motivos principales. Primero, por lo que se llama «principio de uniformidad». Partiendo de la base de que las leyes de la naturaleza son las mismas en todo el universo, es lógico pensar que tenderán a generar idénticos fenómenos de forma repetida. En otras palabras: para que haya objetos que se salgan de la norma, esta debería variar. Como sabemos que la norma es universal, lo razonable es que sus manifestaciones (los objetos) sean uniformes. Lo cual apoya el inductivismo.

Segundo, porque es obvio que, salvo casos muy especiales, no podemos ver todos los ejemplos de un fenómeno. Pongamos que usted afirma que «Todos los patos tienen plumas». El inductivista verá diez patos y dirá: «Vamos bien, todos cumplen la norma». Pero ¿cuál es la alternativa? ¿Puede usted meter todos los patos del universo en una jaula gigante, y prescindir así del principio de inducción y afirmar a ciencia cierta que todos los patos tienen plumas? No, ¿verdad?

La crisis del inductivismo se produce cuando nos damos cuenta de que, al margen de cuántos ejemplos favorables encontremos, nunca podremos estar completamente seguros de que la idea sea cierta.

Volviendo al ejemplo. ¿Cuántos vasos de cristal necesita para estar seguro de que todos son de cristal? ¿Diez? ¿Cien? ¿Mil? ¿Un millón? No importa la cifra. Aunque fuesen mil millones, ¿quién le garantiza a usted que el siguiente vaso que encuentre no será de un material distinto como, por ejemplo, cerámica?

Es decir, el inductivismo nos lleva a validar una teoría de forma estadística, pero ya sabemos que la estadística valora muy mal las excepciones. Incluso tras miles y miles de vasos, puede surgir uno distinto.

Por eso surgió el falsacionismo, liderado por Karl Popper en el siglo XX. Un falsacionista sabe que buscar ejemplos favorables no lleva a nada, porque siempre podríamos encontrar un caso desfavorable en el futuro.

Porque, sí, las frutas son todas dulces hasta que prueba el pomelo. Las galaxias son todas espirales hasta que observa una que no lo es. Los mamíferos no vuelan hasta que ve un murciélago. Y todos los pájaros pueden volar hasta que un día comprueba que un kiwi no puede. ¿Ve? ¡El mundo está lleno de situaciones excepcionales que escapan al principio de inducción! Por eso, el falsacionismo dedica todo su esfuerzo a buscar ejemplos desfavorables. Lo cual es más rápido y útil.

Vuelvo al ejemplo anterior: ¿cuántos vasos de cristal necesito para estar seguro de que todos son de este material? Infinitos; por tanto, es imposible demostrarlo.

Seamos falsacionistas. Para probar que todos los vasos son de cristal, buscaré uno de un material distinto. ¿Cuántos de esos vasos necesito para saber que mi teoría es falsa? Con uno basta. Si, pasado un tiempo, no encuentro un solo vaso de material distinto al cristal, seguramente sea porque la teoría es cierta.

De este modo, el inductivista se tirará la vida tratando de demostrar que algo es cierto, y jamás estará seguro al cien por cien. El falsacionista irá más rápido: como un láser, se centrará en encontrar un solo ejemplo negativo. Y, cuando lo halle, sabrá que la teoría es falsa.

Por eso se suele decir que un inductivista pensará que la idea es correcta mientras encuentre ejemplos favorables. Sin embargo, un falsacionista cree que algo es provisionalmente cierto porque aún no ha logrado encontrar el ejemplo que tumbe la teoría. Si sabemos, hoy en día, que la teoría de la relatividad está muy bien verificada es porque llevan un siglo buscando ejemplos negativos que la invaliden y nadie lo ha logrado aún.

¡SUS IDEAS SON UNA MIERDA!

La misma dinámica se puede aplicar al filtrado de sus ideas. En general, el resumen es: piense en negativo. No intente demostrar por qué son geniales (como haría un inductivista). ¡Claro que esa idea tiene muchos puntos a favor! Asumiendo que usted es inteligente, ¡seguro que es razonablemente buena! Lo que debe hacer es ser falsacionista: intente probar por qué esa idea es un horror. Atáquela con saña. Trate de tumbarla. Y solo con aquellas con las que esto sea imposible, con las que por más que lo intente no encuentre defectos, empiece a pensar que quizá haya encontrado algo valioso.

Supongamos que usted, con toda la buena intención, quiere fabricar teléfonos móviles en los que los componentes sean reemplazables, por aquello de evitar residuos. Así, la cámara, la memoria, la pantalla todo ello se tiene que poder cambiar como si fuese un LEGO. ¡Qué buena idea!, dirá el inductivista. Y añadirá: es buena porque se reducirán los recursos. Es buena porque los móviles durarán más años. Es buena porque podemos adaptarnos al consumidor. Lo que decíamos: todas las ideas son, en apariencia, buenas.

Por eso una vez más le digo: esta forma de proceder es errónea. Adopte un perfil falsacionista. Empecemos a atacar esa idea del móvil modular para buscarle defectos.

Al hacerlo, dirá que cambiar continuamente las piezas de un móvil probablemente haga que sea frágil y rompible.

Dirá que un móvil por piezas no es un buen negocio, ya que los terminales completos valen más dinero.

Dirá que eso de configurar dispositivos a medida es mala idea, porque la gente puede optimizar el coste tomando solo lo que le conviene, al contrario que un móvil «cerrado».

Dirá que si el usuario toquetea el dispositivo, es posible que lo rompa, lo que creará problemas de garantía y atención al cliente.

¿Lo ve? El falsacionista ataca las ideas. Y si realmente llega el momento en el que se queda sin argumentos, entonces empieza a pensar: «Oye, pues quizá eso del móvil por piezas no es mala idea».

El falsacionismo se puede implementar de dos formas. Una, si tiene mucha disciplina, puede hacerlo usted mismo. Distanciarse de su idea y atacarla de forma cruel. Si eso le causa un problema, un método más simple es recurrir a dos personas: una defiende la idea y la otra la «reta» para buscarle puntos flacos. Sería lo que comúnmente llamamos jugar a ser el abogado del diablo.

Sea como sea, ya tiene aquí la primera técnica de filtrado: ataque sus ideas, busque debilidades.

El Festival de Eurovisión

Como toda persona de bien, yo soy fan del Festival de Eurovisión. Ya sabe, ese evento musical que se suele celebrar en mayo y en el que representantes de países europeos compiten a ver cuál tiene la mejor canción. Es un espectáculo delirante y encantador. Pero, por el tema que nos concierne, nos da una pista de cómo filtrar ideas rápidamente.

Fíjese: cuando uno ve la tabla de clasificación, donde se reflejan los puntos que ha obtenido cada país, se observan dos fenómenos curiosos. El primero es que, si se detiene en varios países que vayan seguidos en la tabla de puntos, seguro que pensará: «Oye, pues este ha quedado por encima de ese otro, pero en el fondo son similares, yo igual los habría puesto al revés».

El segundo fenómeno es que, si compara los últimos en la tabla de clasificación con los primeros, sí suele estar claro por qué. Usted dirá: «Es normal, es que la canción de Suecia es mucho mejor que la de Alemania».

Vamos, que cuando la diferencia son diez puntos, igual podríamos discutir. Pero cuando son doscientos, no hay debate posible.

El mismo principio lo podemos aplicar para filtrar ideas con rapidez: las clasificaremos numéricamente y usaremos sus puntuaciones como técnica de descarte rápido. Es lo que llamamos «ranking y descarte de ideas».

Ranking y descarte de ideas

Esta es una técnica muy simple para ayudar a tomar decisiones, descartar ideas y clasificarlas según su potencial.

El sistema se puede resumir en cuatro pasos, que explicaré con un ejemplo completo tras enunciarlos. Estos son:

1. Decidir criterios de valoración.
2. Decidir el peso de cada criterio.
3. Puntuar las ideas.
4. Descartar cualitativamente.

El propósito es simple: puntuaremos nuestras ideas con un valor numérico objetivo (donde un valor alto es «mejor» y un valor bajo es «peor»), y usaremos ese valor numérico para descartar las malas ideas.

Venga, vamos con el ejemplo. Usted trabaja en una fábrica de coches, y han llevado a cabo el proceso de ideación SCAMPER, que hemos visto en el capítulo 7, para mejorar el flujo de trabajo. Tienen cuarenta propuestas que han salido de ese proceso de ideación, donde ha participado toda la plantilla. Pero, claro, no se pueden aplicar todas. Así que toca filtrarlas: averiguar cuáles son mejores y cuáles peores.

El primer paso consiste en pactar los criterios de valoración. Un criterio de valoración es una característica medible numéricamente que separa las ideas buenas de las malas. Es, en resumen, algo valorable sobre estas ideas.

Así, si está valorando restaurantes, podría detenerse en el precio y la calidad; o en la duración, si están valorando viajes en avión; o en la estatura o la edad, si están valorando personas. ¿Lo ve? Buscamos criterios sobre los que podamos ordenar las ideas de forma objetiva.

Volvamos al ejemplo. Si estamos pensando en mejoras en una planta de coches, se me ocurren los siguientes criterios:

- Tiempo que se tardará en ejecutar esta medida (+ es peor).
- Espacio en la planta que ocupa esta medida (+ es peor).
- Mejora en el ritmo de fabricación de coches (+ es mejor).
- Riesgo de que la medida no se ejecute por su complejidad (+ es peor).

Como puede ver, las ideas no son buenas ni malas, sencillamente tienen características diferentes. Así, comerse un entrecot no es bueno o malo, tiene varias dimensiones:

- Es caro, por tanto, es malo.
- Está rico, por tanto, es bueno.
- Comer carne roja no es especialmente sano, por tanto, es malo.
- Pero comerse un entrecot es comparativamente más sano que ingerir embutido, por tanto, es bueno.

Entonces ¿el entrecot es bueno o malo? ¡Depende!

Hay varios criterios, que nos presentan la complejidad de lo que estamos analizando. Nuestro deber es pensar cuáles son esos criterios para las ideas que tenemos entre manos.

El segundo paso, una vez elegidos los criterios, es decidir el peso de cada uno de ellos. Para que nos entendamos: debe valorar cuán relevante es cada uno de esos criterios en su opinión global. ¿Son todos igual de importantes? ¿Hay alguno que lo sea más que otro?

Volviendo a nuestro ejemplo, supongamos que nuestra planta de coches se nos ha quedado pequeña. Por tanto, ocupar espacio es un aspecto muy importante, y deseamos darle más importancia que a los demás.

En ese caso, nuestros criterios (y su peso) quedarían así:

- Tiempo que se tardará en ejecutar esta medida (+ es peor), que vale 10 puntos.
- Espacio en la planta que ocupa esta medida (+ es peor), que vale 20 puntos.
- Mejora en el ritmo de fabricación de coches (+ es mejor), que vale 10 puntos.
- Riesgo de que la medida no se ejecute por su complejidad (+ es peor), que vale 10 puntos.

Decididos los criterios, y establecidos los pesos, podemos pasar a la tercera parte, más fácil y divertida: puntuar las ideas. Es simple: tomamos cada idea, la analizamos en cada una de las dimensiones y le otorgamos puntos, desde cero hasta el máximo de cada criterio, que hemos pactado anteriormente.

Por supuesto, esta asignación de puntos tiene que ser lo más objetiva e imparcial posible, por eso recomiendo llevar a cabo este paso entre varias personas y calcular la puntuación media para evitar el efecto de la opinión de cada cual.

En nuestro ejemplo, la puntuación mínima sería cero, y la máxima, 50 puntos. Y un valor más alto significa que la idea es más interesante.

Bien, si ha seguido los pasos, ahora tiene una preciosa tabla con ideas y puntuaciones. Estamos, pues, en el cuarto paso del proceso: descartar cualitativamente.

Ya le oigo decir: «Vale, pues ahora tiramos todas y nos quedamos solo con la primera». ¡No! Recuerde el Festival de Eurovisión: con puntuaciones cercanas, el resultado es discutible. Con puntuaciones lejanas, no lo es.

Por tanto, recomiendo observar la tabla y pactar un punto por debajo del cual las ideas se descartan. Mi consejo es que descarte aproximadamente dos tercios, y se quede con el tercio restante que ha obtenido mejor puntuación, porque ese tercio superior puede ser interesante.

Por eso decía con anterioridad que el descarte es cualitativo, no cuantitativo: no se trata de ser inflexible y cargárselo todo. Se trata de ser flexible y entender que la tabla de rankings solo nos da una orientación de que, a partir de cierto valor y hacia abajo, las ideas seguramente no valen la pena.

Como fase final, conviene revisar los resultados y plantearnos si estamos de acuerdo con ellos. Puede que haya gente descontenta que alegue que se han descartado ideas de forma errónea porque los criterios no son justos. Eso es muy posible: un modelo matemático es tan bueno como los parámetros que le ponemos. Si los parámetros están mal, el resultado también estará mal.

Si le sucede esto, es sencillo: haga el proceso una segunda vez desde el comienzo, corrigiendo los criterios, añadiendo nuevos, eliminando otros que quizá no deberían haber estado ahí, revisando los pesos de cada uno. Y, hecho eso, vuelva a puntuar las ideas. A veces no acertamos a la primera.

Minimax

Voy a explicarle ahora una técnica parecida a la anterior, pero probablemente más rápida y visual: el minimax.

El proceso es, una vez más, simple: partamos de la base de que cualquier idea tiene aspectos que hay que maximizar y otros que minimizar. Cuanto más tengamos de «lo bueno» y menos de «lo malo», mejor será la idea. El minimax nos proporciona una forma rápida de visualizar todo eso.

Se lo cuento, de nuevo, con un ejemplo que todos conocemos: elegir un restaurante para ir a cenar.

Como en el sistema de rankings, piense en características clave. Pero ahora céntrese en si cada característica es positiva o negativa.

En la elección del restaurante es sencillo: queremos maximizar la calidad de la comida y también minimizar el precio, ¿correcto? Todos buscamos el clásico «bueno y barato», el tipo de restaurante que guardamos como un tesoro y al que vamos una y otra vez. Yo conozco alguno de estos en Barcelona, mi ciudad. La próxima vez que nos veamos, se los enseño.

Así, si piensa en esas características como ejes, le saldrá una matriz de minimax que tiene este aspecto:

Precio *vs.* calidad	Precio bajo	Precio alto
Calidad baja	Minimin	Maximin
Calidad alta	Minimax	Maximax

Parece un trabalenguas pero, si lo llevamos al ejemplo, verá que es simple. Le explico los cuatro cuadrantes, en el sentido de las agujas del reloj:

El minimin es un restaurante de calidad baja y precio bajo, como un *fast food* o un bar.

El maximin es lo peor de lo peor: acaba usted de pagar mucho dinero por cenar mal. Sería el clásico restaurante sobrevalorado al que no volverá, pues se ha sentido estafado.

El maximax es un tipo de restaurante muy frecuente: es el clásico establecimiento de lujo, donde se come bien, pero tiene el inconveniente de que es caro.

Finalmente, el minimax es el diamante: es ese restaurante que, siendo económico, ofrece buena comida. Es el clásico sitio al que iría una y mil veces.

Pues este mismo proceso se puede hacer con cualquier idea, clasificándola en si es minimin, minimax, maximin o maximax.

Recomiendo dibujar cuadros minimax, ya que suelen ser muy gráficos y visuales y nos permiten comparar rápidamente las ideas. Una vez rellenado el cuadro, toca aplicar el criterio de decisión o descarte de ideas en función de qué lugar ocupen.

Obviamente, las ideas minimax son las que más nos interesan. Son aquellas que ofrecen todo lo bueno sin nada negativo, y deberían ser aceptadas siempre. Por el contrario, las ideas maximin son todo lo contrario, y las tiraremos a la basura directamente: contienen todo lo malo y nada de lo bueno. Aquí no hay nada que hacer.

Estos dos cuadrantes eran los fáciles. Ahora, con los otros dos, entramos en un ámbito más difuso.

Cuando una idea sea maximax, quiere decir que es una rosa con espinas: tiene lo que queremos, pero seguramente también inconvenientes, como el coste, la complejidad, etc. Pero cuidado con descartarla: a veces hay ideas que tan solo son intrínsecamente complejas o caras, pero no por ello malas. Por ejemplo, un restaurante caro pero bueno no es algo que debamos descartar.

Cuando tenga un maximax, olvide el segundo «max» y céntrese en el primero. Recuerde: queríamos un minimax. Estudie por qué esta idea tiene factores en contra. Analice cuáles son. ¿Son reducibles? ¿Existe alguna alternativa que los evite? Porque si tiene una maximax y consigue mejorar aquello que le preocupa, será una minimax, que es precisamente lo que buscamos.

En segundo lugar, incluso si es un maximax puro, y no puede reducir el primer «max» a un «min», plantéese esto: ¿vale la pena la idea a pesar de su coste? Porque, mire, enviar un hombre a la Luna fue un hecho histórico, pero fue carísimo. ¿Y sabe qué? Que no existía la alternativa barata: si se iba a la Luna, había que pagar el precio.

Solo nos queda el minimin. Tenga en cuenta que hablamos de aquellas ideas que tienen pocos inconvenientes, pero también pocos factores a favor. Son ideas «meh», pero que, al menos, tienen pocos defectos. Aquí su proceso debe ser el inverso al de las maximax. En un minimin, el primer elemento es un «min», que ya es lo que buscamos. El problema es que el segundo elemento también lo es. Así que piense: ¿existe alguna forma de volver el segundo «min» en un «max», de desarrollar y fomentar parámetros de calidad que hagan esta idea deseable?

Como resumen del apartado, le dejo un cuadro con las cuatro regiones y flechas que indican qué conviene y qué no:

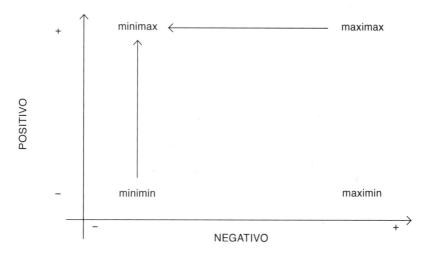

- Si es minimax: aceptar.
- Si es maximin: descartar.
- Si es minimin: mejorar lo positivo para ser minimax.
- Si es maximax: reducir lo negativo para ser minimax, y asumir que hay que aceptar el coste si la idea vale la pena.

A modo de colofón, le propongo un ejemplo divertido que seguro que le resulta familiar: marcas de moda. Una vez más, los dos criterios serán calidad y precio. Ahora entenderá a la perfección la estrategia de las marcas de moda, desde Zara a Dior. Veamos los cuatro cuadrantes:

En primer lugar, en el espacio del minimax, tendríamos aquellas marcas que, sin ser especialmente caras, ofrecen buena calidad. No quiero citar ninguna, pero seguro que le vienen algunas a la cabeza. Es la clásica ropa fiable que da pocos problemas.

En el espacio del maximax tendríamos marcas de lujo que son caras pero de buena calidad. Hay personas que se las pueden permitir, otras no. Pero lo que me interesa es, como comentábamos antes, el paso de maximax a minimax. Cada dos por tres alguna de estas marcas se alía con un mayorista de *fast fashion* para ofrecer prendas en una colección «exclusiva» pero de bajo coste. ¿Por qué? Porque están intentando pasar de maximax a minimax. Cuando

Burberry (es tan solo un supuesto, no sé si lo ha hecho realmente) presenta una colección exclusiva para H&M o Zara (es otro ejemplo inventado) está dando un paso de maximax a minimax de manual: tratar de reducir el coste manteniendo la calidad. ¿Cómo lo hace? Normalmente, al aliarse con un gran mayorista de *fast fashion*, estas casas de alta gama pierden algo de margen, que compensan con volúmenes de ventas muy superiores por el gran mercado de la *fast fashion*.

Bueno, sigo: en el espacio del minimin tendríamos cadenas de moda femenina de bajo coste y baja calidad. Seguro que le suena alguna.

Una vez más, recuerde la receta: aquí la idea es incrementar la calidad para convertir un minimin en un minimax. Por eso casi todas las marcas de *fast fashion* económicas tienen una segunda marca «premium»: al crearla están diciendo: «Sí, nuestras tiendas son minimin, pero en estos otros establecimientos apostamos por el minimax».

¿Ve como todo cuadra con el modelo? Solo nos queda el cuadrante de maximin, esto es, marcas que ofrecen mala calidad a precios desorbitados. De estas hay muchas, suelen ser aquellas que solo explotan el valor de marca, a veces apelando al nombre de un diseñador que ya no está en activo. No invierten en diseño: te colocan un logotipo con su nombre en una camiseta y te la cobran a precio de oro. Podrán engañar al consumidor algún tiempo, pero no demasiado.

Como puede observar, el minimax nos da un marco muy simple para colocar las ideas y saber qué hacer con ellas en función de en qué parte del cuadro van a ir a parar.

EN RESUMEN: EXPANSIÓN Y COMPRESIÓN

Como ha visto en estos capítulos, la creatividad sigue un paradigma de expansión y compresión: primero empleamos distintas técnicas para fabricar ideas (como SCAMPER, hiperestimulación sensorial, etc.). Esta sería la fase expansiva.

Hecho esto, tendrá muchas ideas, y seguramente un ego hinchadísimo: ¡se creerá un genio! Entonces llega la compresión: partiendo de la afirmación de que la mayoría de ideas no valen la pena, toca descartarlas de la forma más objetiva y rápida posible. Y ahí entra toda la artillería de este capítulo: minimaxes, falsacionismo...

Nuestro objetivo es tecnificar el proceso creativo, en línea con la afirmación central del libro: que la inteligencia tiene mucho de técnica y poco de talento.

Por ello, creo que este es un momento ideal para que haga una prueba. Ahora usted dispone de un método. Así que deje el libro a un lado, tome una situación de su entorno cercano y aplique el método. Quizá le lleve un par de horas, puede que un día. Si al final siente que sus ideas son mejores que al empezar a leer, es que vamos bien.

Venga, continuemos.

10

Prototipaje

Ojalá todas las ideas fuesen analizables y validables sobre el papel; ahorraríamos mucho dinero. Sin embargo, usted y yo sabemos perfectamente que no es así. Cuando una idea está relacionada con un producto o servicio aún por inventar, con frecuencia no podemos valorarla sin probar antes dicho producto o servicio. Pero, oh sorpresa, estos aún no existen. Entonces entra en acción el prototipaje rápido.

Un prototipo es un producto experimental, de bajo coste, desarrollado en poco tiempo, pero que contiene todas las características clave del producto final, de forma que podemos valorar si es bueno o malo.

Supongamos que su idea es un nuevo diseño del cambio de marchas de un coche. ¿En serio cree que puede valorar si el nuevo diseño tendrá éxito sin prototiparlo?

Imaginemos ahora que ha creado una nueva forma de gestionar las colas en una oficina de la Administración. ¿Piensa de verdad que funcionará sin probarla?

En ambos casos, y en muchos otros, un prototipo es la mejor manera de descartar la idea. En lugar de crear el producto completo, lo cual es caro y lento, creamos un prototipo. Y, evaluando este, decidimos si la idea que hemos tenido es buena o no.

Los prototipos son una espada de doble filo. Bien usados, son una gran forma de filtrar ideas. Mal usados, acaban siendo una pérdida de tiempo y dinero enorme.

El problema de un prototipo es, como sucede con las mismas

ideas, nuestro ego. Es fácil embarcarse en uno, perder de vista qué estamos intentando validar y tirarse meses y meses trasteando, tanteando, porque trastear y tantear es divertido, nos aporta autoestima. Hasta que un día usted se da cuenta de que se ha gastado una fortuna y aún no tiene la certeza de si la idea valdrá realmente la pena.

Como sabe, me dedico a diseñar videojuegos, de modo que prototipar es para mí el pan nuestro de cada día. Por ello he desarrollado una serie de criterios para aprovechar la potencia de los prototipos y no perder el tiempo. Se los resumo en unos mandamientos del prototipaje rápido.

Mi primer consejo es: no prototipe el producto, prototipe su característica clave. Recuerde que la producción de un prototipo tiene que ser rápida y barata. No se trata de construir el producto entero, sino de validar algo que lo hace especial. Así que defina claramente cuál es esa característica y piense la mejor forma de validarla. No sea que vaya a hacer un prototipo gigantesco, con docenas de funciones, y que ninguna sea la que en realidad había que examinar.

Por ejemplo, en videojuegos, cuando estamos prototipando unas nuevas reglas del juego, no invertimos un segundo en gráficos bonitos ni en música: para decidir si algo es divertido o no, no hace falta que sea bonito.

Una forma de buscar la característica clave es pensar en lo que llamamos el «MVP» (minimum viable product). Para definir el MVP, haga una lista de las características y funciones que usted cree que debe poseer su prototipo. Después examínelas una por una, tratando de decidir si cada función es imprescindible para validar ese producto. Si no lo es, elimínela. Tenga en cuenta dos cosas: bajo coste y rapidez. Quédese solo con un breve listado de características imprescindibles. Eso es su MVP.

Mi segundo consejo es: desconfíe de los prototipos lentos. Cuanto más tiempo lleve validar una idea, mayor es el riesgo si el prototipo falla. Pongamos que usted tiene dos ideas. Una la puede prototipar en dos semanas, y la otra en dos meses. El coste de equivocarse en una y en otra es muy diferente. Por tanto, desconfíe de los prototipos lentos, y sea muy consciente de qué se puede permitir usted en cuanto a tiempo y coste.

Y cuidado, no estoy diciendo «no haga prototipos largos»: en ciertas industrias, como por ejemplo la farmacéutica, se pueden tirar años en procesos de prototipaje. Lo que digo es que sea muy consciente del riesgo que lleva asociada su duración.

Mi tercer consejo es: aproveche todos los atajos posibles y, si es necesario, desconfíe de los ingenieros. Una vez más, la clave de un prototipo es su rapidez y bajo coste. Por esta razón, use cualquier técnica para que el proceso sea más ágil. Emplee productos existentes, prototipe de forma no profesional, lo que sea, para llegar a conclusiones pronto. Hablando en lenguaje de la calle, un prototipo cutre puede ayudarle a tomar decisiones muchas veces. No es necesario dedicar tiempo a pulir el producto.

Con frecuencia me toca hacer prototipos de escenarios para videojuegos: decidir por dónde pasará el personaje, cuánto medirá tal o cual cosa... Si hiciese caso a los ingenieros, tomaría un paquete 3D y me tiraría días y días haciendo pruebas. Pues bien, yo prototipo estas cosas con cajas de medicamentos, muñecos de LEGO y un teléfono móvil. Voy tanteando como un niño pequeño, con las cajas y los muñequitos, cosa que es sumamente rápida. Me monto escenarios, apilo cajitas sobre una mesa, hasta que obtengo lo que buscaba. En una tarde igual hago cien pruebas. Y cuando me gusta lo que veo, saco una foto con el iPhone y se la envío al equipo por WhatsApp. Luego, desmonto el tinglado y a otra cosa.

¿Ve a lo que me refiero? Huya de cualquier solución sofisticada o que requiera ingeniería. El prototipo valida el qué, no el cómo. Hay que centrarse en demostrar la idea, no en las herramientas necesarias para crear el prototipo.

Y digo «desconfíe de los ingenieros» sabiendo bien de qué hablo: soy ingeniero. Y precisamente porque lo soy puedo decirle que su objetivo y el de la empresa tal vez no coincidan. Un ingeniero es, por definición, un buscador de soluciones a problemas. De ahí viene «ingeniar». A estos profesionales les entusiasma sumergirse en las contrariedades para al final vencerlas. Medirse con el obstáculo.

Pero nuestro objetivo no es ese: nuestro objetivo es validar un producto en el mínimo tiempo posible. Con frecuencia, los ingenieros se enfrascan en prototipos excesivamente complejos, por la sencilla razón de que les encanta, cuando con soluciones mucho más cutres y simples se puede llegar a la misma conclusión, y mucho antes.

Mi cuarto y último consejo es: durante todo el proceso de desarrollo del prototipo, tenga clarísimo el criterio objetivo desde el que se evaluará. Una vez más, inventar nos encanta. Y es muy fácil dejarse cegar por la novedad de un prototipo: solo por eso ya nos parece la bomba. Por eso le recomiendo, antes de entregar el prototipo, establecer cuáles son los parámetros de evaluación, para evitar ese efecto de sobrevaloración solo porque este sea novedoso.

Supongamos de nuevo que usted diseña una nueva forma de gestionar colas. Obviamente, el parámetro de su éxito es el tiempo medio de espera. Y cuando valide el prototipo, eso es lo único que debe valorar. Todo el resto es irrelevante.

Testeo con usuarios

Hemos visto criterios para filtrar ideas sobre el papel, como son los rankings y el minimax. Asimismo, hemos analizado cómo prototipar ideas para validarlas con mayor seguridad. Pero ¿qué pasa cuando nosotros no somos los mejores evaluadores de nuestras propias ideas?

Yo, por ejemplo, me he tirado la vida diseñando videojuegos. Pero existen muchos tipos. A veces he hecho diseños para niños pequeños, como *Invizimals*. Recuerdo una anécdota que ilustra perfectamente por qué hay que testear con usuarios.

En un momento de uno de nuestros juegos, pedíamos al jugador que silbase una melodía. Era una de esas ideas muy innovadoras: el juego tenía un micrófono y, por tanto, podíamos captar el sonido. En la pantalla aparecía una cobra. Y la cobra «bailaba» al ritmo de los silbidos del jugador.

Dentro de nuestra empresa, esta era una idea que nos parecía genial. Pensábamos: «A los chavales les va a encantar». Además, había una gran complejidad técnica: analizábamos el sonido del silbido con el micrófono, sacábamos la frecuencia, y con eso éramos capaces de detectar si la melodía era la correcta; una virguería técnica.

En aquella época hacíamos testeo con usuarios reales en Londres. Total, que se montó una sesión de testeo. Y ahí estábamos, con unos cincuenta chavales de unos ocho años, con sus respectivos padres. Se pasaron la mañana jugando, y puntuaron diferentes secciones. Una de ellas, la de la cobra y el silbido. Y cuál fue nuestra sorpresa al ver que esa sección recibía la peor puntuación de todo el videojuego.

Una vez reunidos los ingenieros, se nos ocurrieron todo tipo de teorías: igual la cobra les daba miedo, tal vez fuera demasiado difícil… Al final, decidimos revisar los vídeos de las sesiones de testeo para ver qué había ocurrido.

Ese día aprendimos que, al diseñar cualquier cosa nueva, es básico testearla con los usuarios reales. Resulta que, al visualizar las grabaciones, descubrimos sencillamente que un alto porcentaje de niños de ocho años no sabe silbar. Y por eso odiaban esa sección.

Uno habría pensado que los niños dirían «No sé silbar», pero por un tema de autoestima no lo hacían: no querían parecer «niños pequeños». Así que, tras intentarlo varias veces, los chavales aseguraron simplemente que esa parte del juego era horrible.

¿Lo ve? Cuando el usuario no somos nosotros, testear es fundamental. El testeo con los posibles consumidores es una técnica profunda, existen libros enteros sobre el asunto. Aquí le voy a resumir mis consejos, tras docenas de sesiones dedicadas a ello a lo largo de mi carrera.

1. Defina bien a los testeadores

Si quiere saber si algo va a funcionar, testéelo con la gente adecuada. Si es un juego infantil, necesita niños. Si son correas para perro, necesita perros. No escatime en este punto o puede llevarse la impresión equivocada. Como ha visto en el ejemplo anterior, nosotros diseñamos una mecánica (el silbido) porque somos adultos. Si hubiésemos pensado como niños, no lo hubiésemos hecho. Sea específico: ¿qué características debe reunir el testeador perfecto?

2. No queme a los testeadores

Cuando testeamos, normalmente buscamos la primera impresión, esa forma de actuar espontánea que solo se da en una ocasión, al enfrentarte al producto por primera vez. Y recuerde el dicho: no existe una segunda oportunidad de crear una primera impresión. Así que, tras cada ronda de testeo, cambie al equipo de test. Si los hace repetir, su perspectiva estará distorsionada.

3. El poder del A/B testing

Cuando quiera comprobar si una idea produce cambios respecto a una versión anterior, aquí va una técnica: el A/B testing.

Invite a un número amplio de testeadores (pongamos, veinte personas). Divídalos en dos grupos de diez. El primero de ellos (llamémosle grupo A) testeará una versión sin el cambio. El segundo (llamémosle grupo B) testeará una versión con el cambio. Evidentemente, los usuarios no saben si están en el grupo A o B. Así, después de valorar las respuestas, podremos saber si el cambio introduce mejoras o no.

Por poner un ejemplo, supongamos que usted produce chocolate, y en la factoría están sopesando la idea de sustituir un edulcorante artificial por estevia. A diez personas les dan el chocolate con edulcorante y a otras diez, el chocolate con estevia. Luego, les preguntan qué les ha parecido, independientemente de cuál fuera su grupo.

De este modo, si las personas que han comido chocolate con estevia hacen una valoración positiva del producto, significa que el cambio en la receta ha obtenido buenos resultados.

El A/B testing no deja de ser una versión moderna de los test clínicos, donde siempre hay un grupo de test y otro de control. Al primero se le proporciona el producto (digamos una vacuna) y al de control un placebo (agua). Así se testaron, sin ir más lejos, las vacunas de la COVID-19.

4. No pregunte opiniones: observe conductas

Cuando empezamos a hacer testeo con usuarios reales, siempre realizábamos encuestas, entrevistas y sesiones de debate tras las sesiones. Pero, con los años, nos dimos cuenta de que era una mala idea y abandonamos esa práctica.

Ya fuera por timidez, por cortesía o por no ofender a la persona que les había invitado las respuestas de los testeadores tenían un sesgo positivo: todo les parecía bien. Incluso cuando el producto era espantoso. La gente no dice lo que cree: a veces dice lo que queremos oír.

Así que, con el tiempo, dejamos de hacer encuestas y sencillamente observábamos las conductas. Si está testeando chocolates, no necesita preguntar nada: deje a la gente en una sala, con una cámara oculta, y fíjese en sus caras, las conversaciones que se producen entre ellos cuando no saben que están siendo observados. Eso será una fuente de información mucho más fiable que cualquier encuesta.

Vale, es mala idea. Y ahora... ¿qué?

En el capítulo anterior le he dado un auténtico arsenal de cómo detectar malas ideas. Ya sea con rankings, minimaxes, prototipos o testeos, a estas alturas seguramente ya sabe que muchas de sus ideas son malas. Y ahora... ¿qué? ¿Las tiramos a la basura? ¡No! Eso nunca. Incluso en medio de la basura hay cosas útiles.

Por ello, en lo que queda de capítulo trataremos qué hacer con esas ideas que parece que no tienen valor. Porque, cuidado, ¡entre el carbón se encuentran los diamantes!

Aprender de lo malo

Que una idea sea mala no quiere decir que sea inútil. De hecho, se aprende más de las ideas malas que de las buenas. El caso clásico es el de Dyson, la famosa empresa de aspiradoras sin bolsa.

James Dyson desarrolló 5.127 prototipos (muchos de ellos, en cartón) de su aspiradora ciclónica hasta dar en el clavo. En una entrevista para el pódcast de Tim Ferris, Dyson dijo: «No se trata de ser brillante, se trata de ser lógico y persistente... Tienes que empezar desde el principio con lo más básico y simple, y luego hacer un cambio para ver qué efecto genera». Innovar es un proceso iterativo. Así que no piense en tirar cada idea «mala» que tenga: piense en aprender. Quizá a partir de esa idea pueda...

- Determinar mejor el problema que quiere resolver.
- Definir por qué esa solución no es correcta, lo que puede ayudarle a encontrar ideas nuevas.
- Modificar esa idea fallida (por ejemplo, usando SCAMPER) y generar otras nuevas.
- Convertir esa mala idea en buena en un contexto distinto.

Imagine sus ideas como un proceso evolutivo. Su primera idea podría tener una puntuación de 3, por lo que la descartaría. Pero, en lugar de eso, aprenda de ella, y desarrolle cuatro o cinco ideas que sean las «hijas» de la primera. Quizá estas tengan una puntuación de 4. Si itera el proceso, descubrirá el poder de la composición (puede leer más sobre esto en el capítulo sobre Kanban y Kaizen): un 10 por ciento de mejora, acumulado muchas veces, nos llevará al éxito.

Un ejemplo histórico es la invención del pósit, esas notas autoadhesivas que están en todas las oficinas. ¿Cómo se queda si le digo que vienen de una idea nefasta? Le cuento.

Estamos en 1968. La compañía 3M, en Estados Unidos, está inmersa en un proceso de prototipaje para desarrollar un nuevo pegamento superfuerte. Uno de sus científicos, Spencer Silver, ideó una sustancia que tenía la característica de ser pegable varias veces. Sin embargo, ¿qué puntuación obtuvo la capacidad adhesiva del prototipo? Una malísima. Pero en esa idea se hallaba la semilla de algo grande.

No fue hasta 1974 cuando un colega de trabajo, Arthur Fry, pensó en añadir ese adhesivo imperfecto a notas para crear los famosos pósits. ¿Ve? Es un caso clásico de mala idea que se puede reciclar para brillar en un contexto diferente al previsto inicialmente.

Si es malo, es bueno

Cuando tenga una idea mala otro truco es negarla. Ahora que ha conseguido hacerlo mal, mirando en la dirección opuesta seguro que ve cómo hacerlo bien, y encontrar así nuevas ideas no evidentes.

Le pongo un ejemplo: supongamos que usted quiere mejorar una cadena de cafeterías para gente joven. Siguiendo un proceso de ideación como los del capítulo anterior, decide que sería interesante ofrecer wifi gratis a los consumidores, porque así atraerá a esa clientela y se diferenciará de la competencia. Así que lo prototipa y testea con usuarios reales usando el A/B testing: en una cafetería instala un repetidor de wifi y en otra, no. Al cabo de un mes, analiza la cuenta de resultados de ambas cafeterías para ver si el cambio ha valido la pena.

Muy para su sorpresa, se da usted cuenta de que el local con wifi gratis ha ganado menos dinero. Y llega a la conclusión de que, al haber internet disponible, los clientes permanecen más tiempo, ocupan las mesas y se hace menos caja.

Bien, hasta aquí su primera idea, que claramente no ha funcionado. ¿Qué hacemos, tirarla? ¡No! ¡Ni de broma!

Vamos a hacer el ejercicio de negarla, y ver adónde nos lleva. Como hemos visto, el wifi genera estancias más largas, y por tanto menos facturación. Gracias a este prototipo nos hemos percatado de que el tiempo es un factor clave de nuestras cafeterías: cuanto más tiempo estén los clientes, peor para nosotros. Disminuye la rotación y, por ende, la facturación.

Vale, diseñemos entonces nuevas ideas de segunda generación negando la anterior. Es decir, queremos ideas para reducir el tiempo que una persona esté en la cafetería.

Por ejemplo, eliminemos las mesas y sirvamos en barra. O usemos una inteligencia artificial que nos prediga qué tipos de café se piden a ciertas horas, para ya tenerlos preparados y reducir tiempos de espera.

Como puede observar, negando una idea fallida hemos descubierto una nueva dirección para seguir investigando.

Conclusión: un mundo saturado de ideas

Compartimos el planeta con más de ocho mil millones de personas. Es normal, por tanto, que muchas de nuestras ideas no sean originales y ya las haya tenido alguien antes. Y es también normal que, de las que quedan, la mayoría sean malas por motivos diversos.

Me ocurre mucho que se me acerque alguien y me diga algo así como: «Oye, se me ha ocurrido una idea, es X, ¡y nadie lo ha hecho antes!». Mi respuesta instantánea es: «Pregúntate por qué». La mayor parte de las cosas que se nos ocurren son o bien copias de otras anteriores, o bien un desastre.

Pero eso no debe frenar nuestra capacidad de inventar. En un mundo en constante cambio y evolución siempre hay espacio para cosas nuevas. Basta repasar los últimos veinte años para darse cuenta de que la tasa de innovación no se está frenando, como sería de esperar: se está acelerando.

La telefonía móvil, las apps, la inteligencia artificial, el trabajo en remoto, nuevos servicios y productos... Vivimos en una época de una explosión creativa e innovadora sin igual. Espero que este capítulo, junto con el anterior, le hayan dado un arsenal para innovar más en su trabajo, y en su vida.

Y ahora, pase de página. Vamos a aprender a resolver mejor los problemas.

11

Tengo un problema

Pasemos ahora a uno de los modos de pensamiento más frecuentes. Se le ha roto la cafetera. El niño saca malas notas en el cole. Lleva meses pidiendo una subida de sueldo y su jefe no le hace caso. No practica deporte desde hace meses. En resumidas cuentas, tiene un problema. Y no sabe qué hacer. Por más que piensa, no consigue resolverlo.

Bien, no se preocupe: este capítulo y los siguientes van a darle todo un arsenal de técnicas para entender sus problemas, comprender por qué no los ha resuelto aún y aplicar la mejor medicina para acabar con ellos de una puñetera vez. No puedo prometerle que arreglaremos la cafetera. Ni que el niño sacará mejores notas. Su jefe igual no le sube el sueldo y usted no puede correr más de un minuto. Pero voy a intentar colocarle en la mejor situación posible para que gane algunas de esas batallas incómodas a las que todos nos enfrentamos a lo largo de la vida.

¿Por qué?

Me han oído decir muchas veces que la única pregunta que importa en la vida es por qué. Con frecuencia hacemos cosas sin saber la causa por la que estamos haciéndolas, asumiendo que la motivación es «tan evidente» que no es necesario investigarla. Es un grave error. Carentes de una motivación clara, nuestro ánimo de afrontar el problema durará poco, y pronto abandonaremos sin ser capaces de entender por qué lo que estábamos persiguiendo era importante.

Por eso, antes de empezar, quiero comentar dos ideas simples que responden a la pregunta de por qué queremos resolver problemas. Mi objetivo es explicarle que hacerlo es necesario y que además es deseable. Dos ideas fundamentales, y distintas. Vamos por partes.

Primera idea: métase en la cabeza que resolver su problema es necesario e inevitable. He comentado varias veces que somos seres de costumbres y, a menudo, nos hemos acostumbrado a convivir con nuestros problemas. Tuve una vez una amiga llamada Anna que era logopeda. Su especialidad consistía, por tanto, en arreglar problemas del habla: gente que seseaba, pronunciaba mal las erres y cosas así. Y me comentaba cómo su tasa de éxito en el tratamiento era del cien por cien, pero, al mismo tiempo, muchas veces fracasaba. Yo no entendía nada: ¿cómo puede ser que arregles el problema pero fracases?

Resulta que llegaba el señor X, con un problema del habla, y Anna, a base de prácticas y esfuerzo, mejoraba su dicción. Sin embargo, en un porcentaje significativo de los casos, los pacientes volvían a las andadas y acaban hablando mal de nuevo. Mi amiga, desesperada, les preguntaba: «¿Por qué lo hacen?», a lo que los pacientes contestaban: «Es que si cambio mi habla me siento raro, a estas alturas de mi vida mi defecto es parte de mi personalidad».

Por eso los logopedas insisten mucho en arreglar estos problemas en la infancia. ¿Qué quiero decir con este ejemplo? Que esas personas no sentían que resolver su defecto de habla fuese necesario e inaplazable. Por eso no lo hicieron.

Pongo un ejemplo contrario: supongamos que yo fume, lo que no es cierto, y mañana mismo me diagnostican cáncer de pulmón. ¿A que dejaría de fumar al instante? Claro, porque el cambio es innegociable e inaplazable.

Con lo cual, lo primero que tiene que hacer es estudiar al enemigo. ¿Resolver su problema es algo necesario e inaplazable? Si es así, vamos bien: la posibilidad de éxito es mayor. Si no, deberá trabajar más duro para convencerse de que sí es necesario hacerlo, o caerá en el desánimo.

115

Le planteo un caso personal: he perdido peso varias veces en mi vida, para estar más o menos en forma. A veces he fracasado, a veces he triunfado. Pero es evidente que, cuando he triunfado, ha sido porque me he podido convencer de que debía perder peso, que era urgente e inevitable. Este es mi truco: como he comentado anteriormente, soy asmático crónico. Y es cierto que, cuanto menos peso, mejor respiro. Ese es mi truco: «Dani, debes perder peso, es mejor para los pulmones». ¿Lo ve? Estoy creando una necesidad, y me estoy autoconvenciendo de ella.

Otro motivo por el que resolver problemas es que los enquistados son una fuente de frustración y le pueden afectar psicológicamente. ¿Cuánta gente conoce que ha sido incapaz de superar alguna situación, y ha quedado «tocada» a nivel psicológico o anímico? A veces, es mejor parar máquinas, y pensar: «Vale, este problema está pasando de castaño oscuro» y reaccionar antes de que sea tarde. Normalmente, un problema afrontado a tiempo será más pequeño que si lo dejamos crecer, y por tanto su solución será también menos traumática.

Pero he dicho que tenía dos ideas: que resolver problemas es necesario y que es deseable. Centrémonos pues en lo segundo.

Cuando usted haya resuelto su problema, pasarán tres cosas. En primer lugar, ya no lo tendrá. No, si es que cuando me pongo a pensar soy un genio. Ahora en serio: obviamente, eliminar un problema quiere decir que ya no está ahí: usted ha dejado de fumar. Está sano. Ha pagado la hipoteca, felicidades. Recordemos que ese problema era algo suficientemente importante para que le preocupase y, como mínimo, para que leyese este libro. Con lo cual, el primer impacto será la eliminación de la frustración.

Recuerdo una vez que tuve un problema digestivo serio: todo me sentaba mal y tenía dolores de barriga. Durante un tiempo estuve preocupadísimo: pensaba que igual era una úlcera o, aún peor, un cáncer. Imagine la tensión que fui acumulando. Hasta que un día me dije: «Dani, tienes que ir al médico. Porque si es algo serio, cuanto antes lo detecten, mejor». Me metieron una cámara de vídeo por la garganta. Me analizaron del derecho y del revés. Ni que decir tiene que se me ocurren muchas formas de pasar una mañana mejor que aquel día. Pero ¿sabe qué? No era nada: tenía una bacteria en el estómago llamada *Helicobacter pylori*, común en gente que ha viajado a los trópicos, que me estaba dando problemas. Tres días de antibióticos, y problema resuelto. Fíjese: me había causado una frustración innecesaria. Con lo cual, sí, resolver problemas es deseable para reducir la frustración.

Además, accedemos a estados de bienestar superior. Esto es evidente: cuando yo tenía mi problema digestivo, claro está, hacía mal la digestión. Una vez me encontré mejor, no solo eliminé la frustración, sino que pude volver a comer de todo con tranquilidad. Cada problema que resolvemos nos hace vivir algo mejor, así que es totalmente deseable aplicar nuestros esfuerzos a eliminarlos.

Y en tercer lugar, resolver problemas es deseable porque incrementa nuestra autoestima. Nuestra opinión sobre nosotros mismos está muy relacionada con la percepción que tenemos de qué somos capaces de conseguir y qué no. Si soy incapaz de calzarme las zapatillas y de hacer dieta, mi opinión sobre mí mismo se verá afectada: creeré que soy ese tipo de persona. En cambio, en el momento que lo consiga y baje cinco kilos, seré otra: la que ha podido perder peso, y por ello mi autoestima subirá. Eso ya lo decía Virgilio en la *Eneida*, no es nada nuevo. Venga, le regalo una frase preciosa: «Possunt quia posse videntur», «Pueden aquellos que creen que pueden», a veces también traducida como «Eran invencibles porque creían serlo».

Por todo ello, cuando mire su problema a la cara, métase esto en la cabeza:

- No desaparecerá solo.
- Es inaplazable.
- Tenerlo rondando causa frustración.
- Si no se afronta, probablemente se agrandará.

Es deseable resolverlo porque:

- Eliminará la frustración.
- Al no haber frustración, vivirá usted mejor.
- Resolverlo aumentará su autoestima.

Acabo este apartado con otro ejemplo sobre la autoestima y los problemas. Estados Unidos, 1962. El país anda metido en mil problemas: la Guerra Fría, la crisis de los misiles, la invasión de bahía de Cochinos, en Cuba. Un nuevo y joven presidente, John F. Kennedy, acaba de asumir el poder tras Dwight D. Eisenhower. Es importante recordar que este último fue uno de los generales clave en la Segunda Guerra Mundial. Del mismo modo que con Eisenhower Estados Unidos miraba al pasado, con Kennedy, en los sesenta, debía mirar al futuro: era joven, guapo, proyectaba ilusión.

En estas, Kennedy quiso anunciar uno de esos objetivos de futuro, el viaje del ser humano a la Luna. Recordémoslo: estamos en 1962 (el alunizaje se produciría en 1969, con Kennedy ya muerto, después de su asesinato). Es muy ilustrativo revisar su discurso anunciando el programa Apolo, pronunciado en la Universidad de Rice:

> Pero ¿por qué, dirán algunos, la Luna? ¿Por qué la elegimos como nuestro objetivo?
>
> [...]
>
> Elegimos ir a la Luna. Elegimos ir a la Luna a lo largo de esta década y hacer todas las otras cosas no porque sean fáciles, sino porque son difíciles, porque ese objetivo servirá para organizar y medir nuestras energías y mejores aptitudes, porque ese es un reto que estamos dispuestos a aceptar y no estamos dispuestos a posponer, y en el que tenemos la intención de vencer, al igual que en los otros.

Preste atención: no dice «iremos a la Luna para hacernos ricos». No dice «iremos para descubrir tesoros». Ni siquiera dice «iremos para que no lleguen los rusos antes» (lo cual era cierto). Dice, con otras palabras: «Iremos porque es difícil. Y así, consiguiéndolo, nos pondremos a prueba».

Esta alocución de Kennedy es considerada uno de los grandes discursos del siglo XX, y reitera la misma idea que he mencionado: nos enfrentamos al problema porque, al vencerlo, nos crecemos.

Por cierto, Kennedy no fue quien creó esta idea: de hecho, la tomó prestada de Antoine de Saint-Exupéry (sí, el autor de *El Prin-*

cipito). En otro de sus libros, *Tierra de hombres*, el francés escribe: «El hombre se descubre cuando se mide con el obstáculo». Y, si necesita otra inspiración, recuerde a George Mallory, alpinista, muerto escalando el Everest en 1924. Al preguntarle, en una entrevista en el *New York Times*, por qué quería escalar esa montaña, Mallory, resolutivo, contestó: «Porque está ahí».

Resolver problemas no solo es necesario ni deseable: nos eleva y nos define. Así que, armados de valor y de razones, afrontemos ya la tarea. Resolvamos problemas.

Conozca al enemigo

Si tiene más o menos mi edad, seguramente su padre o madre son ya mayores. Le cuento una situación a la que me enfrento cada cierto tiempo. Llama mi madre con un problema tecnológico. Puede fallarle el móvil, o la tele, o cualquier cachivache doméstico. Y acude a mí buscando, lógicamente, una solución. Lo interesante son sus descripciones del problema, que suelen ser del estilo de: «No funciona nada», «La pantalla está en negro», «Antes iba, ahora no va», o el gran clásico «No sé qué le pasa, yo no he hecho nada».

Como pueden imaginar, así no avanzamos mucho. De modo que yo tengo que empezar la ardua tarea de, sin visualizar la escena, tratar de entender qué pasa. Empiezo con indicaciones como: «Explícame paso a paso lo que haces y qué ves»; «¿Exactamente qué has tocado para provocar el problema?», «¿Puedes provocarlo adrede?». Es muy curioso porque, cuando seguimos este tipo de rutinas, la solución se vuelve evidente.

¿Qué quiero decir con esto? Que en muchos problemas lo complejo no es resolverlos, sino comprender cuáles son. Con frecuencia, las contrariedades se eternizan no porque no las resolvamos, sino porque no identificamos bien cuál es de verdad el origen y, por tanto, nos centramos en causas incorrectas, mientras el problema sigue ahí, mirándonos, riéndose. Centrémonos ahora en cómo podemos saber de verdad cuál es el problema que usted tiene.

INSIGHTS: VISIÓN OCULTA

Partamos de una base: usted no sabe qué problema tiene realmente. Lo que ha notado es un síntoma. Como la punta del iceberg, ve algo fuera del agua, pero ignora todo lo que se oculta bajo la superficie.

Pongamos un ejemplo: yo podría decir «Duermo poco», y sería cierto, y, basándome en esa definición del problema, llegar a la conclusión, tremendamente simplista, de que lo que debo hacer es tan solo dormir más.

Pero si rasco la superficie, veré que duermo poco porque suelo trabajar de noche. Y si sigo rascando, descubriré que trabajo de noche porque durante el día estoy casi siempre metido en reuniones, en actividad social. De este modo, es por la noche cuando puedo hacer el trabajo pendiente en solitario.

Fíjese: de afirmar que el problema es «Duermo poco», hemos pasado a decir que el problema es que «Durante mi jornada laboral, no reservo tiempo para trabajar sin interrupciones».

Si trato de resolver el problema aparente, no servirá de nada: dormiré más unos días, pero como seguiré necesitando hacer trabajo yo solo, más pronto que tarde volveré a las andadas. En cambio, puedo ir a por la causa profunda, y tratarla. Así, podría establecer dos horas al día durante mi jornada laboral para trabajar sin interrupciones. Haciendo eso, necesitaré menos horas nocturnas. Y, por tanto, dormiré mejor.

Bien, pues esa información oculta, que define cuál es el problema real, eso que se esconde bajo la superficie y es el enemigo real que batir, eso, es una *insight*, de las que ya he hablado en el capítulo 6.

La *insight*, que podríamos traducir como «visión oculta», es eso: información no evidente de un sistema que debemos adquirir a través de cualquier método para afrontar cambios de verdad. Una vez hemos desvelado las *insights* de un problema, proponer soluciones duraderas en el tiempo suele ser más fácil.

Con lo cual, vamos a centrarnos en técnicas para desvelar *insights*. Nuestro objetivo es llegar a poder definir el problema con una frase del siguiente formato:

A _____ le sucede _____ porque
_____.

Por ello, debemos detectar el sujeto del problema, el síntoma del problema y la *insight* que causa el problema. En mi caso anterior, el texto completo sería:

A *Dani* le sucede *que duerme poco* porque *de día no tiene tiempo reservado para hacer trabajo en solitario, y por eso lo hace de noche.*

Por tanto, la primera pregunta que debe hacerse es: ¿quién tiene este problema? ¿Es un problema propio o le han encargado resolver una situación que no le afecta directamente? Si el problema es externo, asuma que su opinión no vale para nada. Eso es típico de pensadores arrogantes e inmaduros: llegan a una situación e inmediatamente se ponen a opinar sobre lo que creen que está pasando, y a proponer soluciones. ¡Como si tuviesen la menor idea de cuál es de verdad el problema! Una persona más madura y paciente no dirá nada, y pasará tiempo intentando entender de quién es el problema y cuál es su *insight*. Veamos cómo.

DISEÑO CENTRADO EN EL USUARIO

Esta técnica, en inglés *user-centric design*, pone al usuario en el centro del proceso de análisis, no al analista. La idea clave es que las personas que hacen uso del sistema son nuestra mejor fuente de información, no nosotros mismos, que acabamos de llegar. Y, por tanto, nuestro objetivo como pensadores es sencillamente observarlas y extraer información de ellas. De este modo, nos volveremos expertos y podremos empezar a opinar.

Así que, si está estudiando un problema que sucede en aeropuertos, vaya a aeropuertos, hable con sus empleados, observe a los pasajeros. Piense en lo que ellos sienten, no en lo que usted piensa. Solo de esta forma sabrá lo suficiente para opinar.

Una vez más, como he comentado en otros capítulos, el ego nos juega una mala pasada: tendemos a sobrevalorar nuestro parecer. Y, al cabo de un par de minutos, ya nos envalentonamos y nos vemos en posición de opinar desde nuestra torre de marfil sobre si el problema es tal o es cual. Y lo único que estamos haciendo es el ridículo: quien realmente conoce el problema no somos nosotros, son los usuarios.

¿Cuántas veces ha estado en una de esas reuniones de empresa infumables, donde el típico jefe visionario da su perspectiva de lo que el usuario desea o necesita, cual oráculo de sabiduría? Todo ello en lugar de callar, cancelar la reunión y ponerse a observar a los usuarios, y así entender lo que de verdad necesitan. Veamos cómo conseguirlo.

¡Inmersión!

La primera técnica de *user-centric design* para encontrar *insights* sobre problemas es la inmersión. Esto es útil cuando usted no está afectado directamente por el problema, pero podría estarlo. Se trata de situaciones que puede llegar a experimentar. Pues bien, la receta es sencilla: experiméntelas. Por ejemplo, si debe rediseñar la experiencia de ir al dentista, vaya al dentista. Grabe en vídeo la sesión y analícela después. Si tiene que generar más visitas a un museo visítelo, viva la experiencia, tome notas de lo que percibe.

Las inmersiones tienen la ventaja, por un lado, de darnos información muy fiable, ya que la recopilamos nosotros mismos. Pero, por el otro, esta información es poco general, ya que se basa en la opinión de un solo usuario, usted. No obstante, un analista entrenado puede identificar muchos problemas únicamente experimentando la situación unas cuantas veces.

Recuerdo un hilo que escribí en Twitter hablando sobre dinámicas sociales en manifestaciones y protestas cívicas: trataba sobre manifestantes pacíficos y violentos. Sobre antidisturbios, cargas policiales y pelotas de goma. Lo que poca gente sabe es que ese hilo nace de mi propia experiencia, en las protestas violentas en Barcelona relacionadas con el movimiento independentista. Yo podía describir con precisión qué ruido hace una bola de goma. Qué porcentaje de manifestantes eran violentos. Las tácticas de uno y otro bando. ¿Y sabe por qué? Porque estuve allí. No hay nada más ridículo que una persona opinando sobre un problema o sistema que no conoce: se le nota a la legua.

Y usted dirá: Dani, estás loco, ¿qué hacías en una manifestación violenta? Si me conociese, sabría que la respuesta es obvia: quería formarme una opinión de primera mano, sin distorsiones, sobre qué era aquello. Los años del independentismo en Cataluña fueron, desde el punto de vista de un analista de la realidad, tremendamente ricos e interesantes. Así que hice una inmersión, y me resultó muy útil.

Observación

Una segunda técnica que puede usar es la observación ininterrumpida del problema en su contexto. En este caso, no vamos a participar nosotros, sino que provocaremos el problema y, como meros observadores, documentaremos los procesos y las dinámicas que sucedan. Un ejemplo de este método es el *user testing*, que se utiliza para testear videojuegos, comidas, productos de consumo, etc.

Para hacer un *user testing*, se dejará a los usuarios interactuar con el producto o servicio sin saber que están siendo observados, y se tratará de documentar el problema: cuándo sucede, cómo, por qué. Es importante no interrumpir: queremos interacciones espontáneas, y nuestra intervención puede afectar al experimento.

Pongamos que usted tiene que rediseñar una batidora de esas que se usan en cocina. Podría hacer una inmersión, pero como hemos visto nos daría una opinión sesgada. En su lugar, observe: organice un concurso de cocina e invite a usuarios a preparar sus platos, evidentemente eligiendo recetas que requieran un uso de la batidora. Desde una sala anexa, grabe todo en vídeo. Por norma general, este tipo de sesiones requieren un contrato, ya que los usuarios nos están cediendo su tiempo y su imagen.

Bien, pues le aseguro que si reúne entre cinco y diez personas y las pone a cocinar con su batidora, en un día tendrá una muestra clarísima de qué problemas tienen los usuarios con este instrumento. Verá si se calienta demasiado. Si le falta potencia. Si los botones son difíciles de usar. Si fregarlo es un incordio.

Dese cuenta de que he insistido en que no se debe interrumpir. Usted podría tener la tentación de hablar con los usuarios, de preguntarles su opinión. ¿Sería buena idea? ¡No! ¡No necesitamos que nos digan lo que ellos «creen» que opinan! Si usted ha grabado la sesión en vídeo, sabrá perfectamente dónde residen los problemas. A menudo, al explicarse, los usuarios son confusos, priorizan mal y tienden a querer «quedar bien». En cambio, un vídeo de una sesión real es mucho más ilustrativo.

Les pongo otro ejemplo: a mí me encanta el chocolate, me vuelve loco. Recuerdo cómo, hace muchos años, participé en un *user testing* de chocolates con mi mujer. Andábamos por la Rambla de Cataluña, una calle popular de Barcelona, y entonces se nos acercó una chica educada y nos dijo: «Hola, ¿tenéis veinte minutos para participar en un testeo de producto?». Fue mencionar que el producto era chocolate y para allá que fuimos mi mujer y yo. Tendríamos veinte años, y poco o nada que hacer aquel día.

Como ya he dicho, me chifla el chocolate, en concreto una marca, que no diré por aquello de la propaganda. Y soy sumamente fino con los temas relacionados con el chocolate: sé reconocer a la perfección los distintos tipos y calidades.

Total, que nos dieron a probar e inmediatamente después mi mujer y yo nos miramos y dijimos: «Mierda», pues era un tipo de producto que odiamos y cuya marca somos capaces de reconocer. Así que allí estaba la pobre chica haciendo todo tipo de preguntas: ¿preferís este?, ¿ese otro?, ¿cuál es mejor?, cuando, para nosotros, todos eran horribles.

Por esa mezcla de sensación de culpa y educación, tratamos de no ser muy duros. Pero, en el fondo, la información que obtuvieron de nosotros no fue especialmente valiosa. Si en lugar de preguntarnos nuestra opinión nos hubiesen grabado con cámara oculta, habrían visto al momento que no nos gustaba.

Extracción de información

Ojalá siempre pudiésemos hacer inmersiones u observar. Pero a veces no es tan sencillo. Cuando el problema que resolver es específico, a menudo lo más simple es hablar directamente con los afectados. Por ejemplo, supongamos que el problema ya ha sucedido: usted está hablando con una persona que ha tenido un accidente de autobús. Como es evidente, no puede hacer una inmersión y vivir el suceso: ya ha ocurrido. Tampoco puede observarlo. Todo lo que le queda es hablar con los afectados para tratar de entender qué ha pasado.

Por supuesto, extraer información de los usuarios debe ser siempre nuestro último recurso: en todos los casos es mejor vivir algo directamente u observar en directo cómo se desarrolla el problema en cuestión. Pero, si no le queda otra opción, en este apartado le explicaré cómo conducir buenas entrevistas y extraer el máximo de información.

Para empezar, una regla general es que usted debe hablar lo mínimo posible y dejar que sea el entrevistado quien se exprese. Si habla mucho, es probable que condicione al entrevistado o que le inocule su opinión. Por lo cual limite sus palabras y sea breve. Una buena forma es centrarse en preguntas simples: qué pasa, cuándo pasa, por qué cree que pasa, a quién le pasa, con quién está cuando pasa... Es recomendable continuar una pregunta con otra, sencillamente para crear un escenario en el que su interlocutor se vaya abriendo más y más. Le pongo un ejemplo.

Estoy investigando un accidente de autobús por un frenazo brusco que ha dejado dos heridos entre los pasajeros. Empezaría con algo como:

—Descríbame, paso a paso, qué sucedió.

El usuario nos contaría una primera capa de recuerdos, pero es probable que omita detalles sin querer, así que podemos continuar con:

—¿Por qué cree que usted se hizo daño?

Fíjese que estoy tan solo dando vueltas al mismo tema, permitiendo al entrevistado explorar ángulos diferentes de respuesta, sin condicionarle. Otra pregunta podría ser:

—¿Qué considera que habría que cambiar para evitar este problema?

A lo que el usuario daría una propuesta, y podríamos seguir con:

—¿Por qué piensa que eso es una buena solución?

Y a continuación remataría con:

—¿Qué otras soluciones alternativas cree que existen?

O bien:

—¿Por qué cree que esa solución que usted propone no se ha hecho ya?

Si se fija, verá que estas preguntas maximizan nuestra capacidad para extraer información, y al mismo tiempo son muy neutras, pues no distorsionan el mensaje del interlocutor ni lo condicionan.

Otra técnica útil es mantener el *focus* de la entrevista. Cuando hablamos, es fácil derivar de un tema a otro y acabar dedicando mucho tiempo a una conversación que es tan entretenida como estéril. No permita que eso suceda. Sin resultar brusco, porque si lo es, su interlocutor se cerrará en banda, trate de volver a llevar la conversación hacia el núcleo del problema.

De este modo, en el caso del accidente, si la otra persona le dice algo así como: «No, si ya hablé el otro día con mi amigo Jorge de que esto pasaría; mi amigo Jorge es ingeniero y...», lo que usted debe hacer es redirigir la atención como sigue:

—Entiendo, pero no quiero mantenerle ocupado mucho tiempo, volvamos al accidente un momento.

Fíjese que mi planteamiento consiste en cortar la conversación educadamente en beneficio del interlocutor: la mejor forma de que pueda seguir con su vida es que nos centremos y acabemos la entrevista con rapidez.

Mi siguiente consejo es que no tome notas durante la entrevista: grábela entera. Si está haciendo anotaciones, se romperá el ritmo de la conversación, esta se alargará innecesariamente y quedará antinatural. Es mucho mejor explicar que se grabará la charla para que sea más espontánea, y tras ella revisar el vídeo y entonces transcribir las notas.

Lo que sí llevo yo es un pequeño bloc de notas y un boli. No los uso para tomar notas, sino más bien para escribir temas de conversación durante el propio encuentro, y no olvidar un tema clave al que quiero volver. No confíe en su memoria: es probable que en el fragor de la charla olvide de qué estaba hablando hace cinco minutos. A medida que le surjan temas que quiera repreguntar, tome notas con agilidad y así las recordará.

12

El fantástico señor Ishikawa

A estas alturas, sabemos por qué queremos resolver un problema. Sabemos qué son las *insights*. Y hemos aprendido que debemos, o bien sumergirnos en el problema para vivirlo nosotros mismos, o bien observarlo como un cazador vigila a su presa, o bien intentar entenderlo a base de entrevistas y extracción de información de los que lo sufren.

Aclarado el qué, pasemos al cómo. Y para hablar de cómo encontrar la causa de nuestros problemas, voy a introducir una técnica muy simple pero útil: los diagramas de Ishikawa, llamados así en honor a su creador, el profesor de ingeniería de la Universidad de Tokio Kaoru Ishikawa (1915-1989), uno de los padres de la teoría del análisis de problemas y calidad.

Un diagrama de Ishikawa es una representación gráfica de nuestro problema y nuestra búsqueda de causas profundas. También se losconoce como «diagrama de espina de pescado», como es evidente en la imagen siguiente:

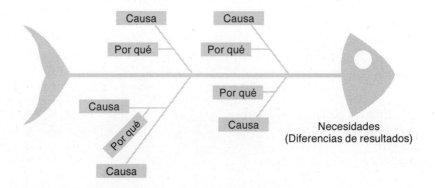

En un Ishikawa, un extremo (en mi caso, el derecho) representa el problema. Y hacia la izquierda vamos profundizando en causas, causas de esas causas, y así hasta llegar a la *insight*: la causa profunda. Le recomiendo hacer estos diagramas con alguna herramienta gráfica, como puede ser PowerPoint, o incluso a bolígrafo en una hoja de papel.

Empiece por la derecha, pregúntese por qué, y vaya a la causa inmediatamente anterior. Hecho eso, pregúntese si esa causa ya es satisfactoria. Si lo es, ya ha terminado. Si no, pregúntese otra vez cómo ha llegado a esa causa intermedia, y así hasta que descubra el origen real de sus problemas.

Voy a poner un ejemplo de sobra conocido: la respuesta de España a la pandemia de coronavirus. Quiero entender qué ha causado una alta mortalidad en nuestro país. Así que voy a hacer un diagrama de Ishikawa, empezando por el problema, que es: «España ha tenido un índice de mortalidad por la COVID-19 superior a la media de los países de su entorno».

En un primer porqué, identificaré tres causas:

1. Nuestro país tiene una esperanza de vida elevada, lo cual hace que haya mucha gente mayor, que es el colectivo más afectado por la COVID-19.
2. España tiene menos camas de UCI que la media europea.
3. El Gobierno tardó en tomar medidas.

Pero no nos quedemos ahí, preguntémonos ahora por el porqué de cada una de estas tres causas. Sobre la primera de ellas:

1.1. La combinación de dieta, clima y ausencia de muertes por la Segunda Guerra Mundial explica, en parte, la gran cantidad de gente mayor en España.

En este punto no creo que valga la pena profundizar más en la primera causa. Sigamos con las otras. En cuanto a la segunda:

2.1. España tiene menos camas UCI porque los presupuestos destinados a Sanidad no dan para más.

Y sobre la tercera:

3.1. Nuestro país reaccionó tarde porque su clase política no tiene experiencia en gestionar crisis.
3.2. España no actuó con celeridad porque su sistema de gobierno por niveles dificulta las decisiones rápidas.

Pero no nos quedemos ahí, sigamos con una tercera capa de porqués sobre las causas 2.1, 3.1 y 3.2:

2.1.1. Los presupuestos destinados a Sanidad no dan para más porque la recaudación de impuestos es insuficiente.
3.1.1. Los políticos no tienen experiencia real porque los procesos de selección no se basan en el mérito de los candidatos.
3.2.1. El sistema de gobierno por niveles dificulta las decisiones rápidas porque este es empleado para beneficios partidistas, no para el bien común.

Y podríamos dejar el diagrama de Ishikawa ahí. Con lo cual, sobre el problema «España ha tenido un índice de mortalidad por la COVID-19 superior a la media de los países de su entorno», llegamos a las causas profundas, que son:

1. Nuestro país tiene una esperanza de vida más alta, lo cual favorece una mortalidad más elevada.
2.1.1. La estructura económica española no permite tener una infraestructura sanitaria como la de nuestros vecinos.
3.1.1. Nuestros gobernantes reaccionaron tarde porque no son elegidos de forma meritocrática.
3.2.1. Los políticos no actuaron con celeridad porque, al haber un Gobierno por niveles, se dedican a pelearse entre ellos y no a buscar el beneficio del país.

Es un ejemplo simple, pero creo que explica con claridad qué es un Ishikawa.

A la hora de buscar las causas de su problema, este método le ayuda facilitándole varias pistas sobre dónde buscarlas.

PARÉNTESIS: ¿POR QUÉ EXPLOTÓ EL CHALLENGER?

Como recordará si es de mi generación, el 28 de enero de 1986 el transbordador espacial Challenger explotó un minuto y trece segundos después de su despegue. Toda su tripulación murió en el accidente, que sacudió con una poderosa onda de choque a la NASA, a la sociedad norteamericana y al mundo en general: la agencia espacial estadounidense, que había sido capaz de poner hombres en la Luna y traerlos de vuelta, había sufrido un accidente catastrófico.

Tras el suceso, se llevó a cabo una investigación acerca de las causas del siniestro. Seguramente haya oído la historia: una junta de plástico falló, dejando escapar combustible, que prendió, y en pocos segundos se destruyó la nave. Dado que ya sabe cómo me las gasto, a estas alturas imaginará que esta fue tan solo la causa aparente.

Si fuésemos analistas poco rigurosos, nos detendríamos ya: daríamos la orden de cambiar esas juntas y aquí no ha pasado nada. Pero ¿sabe qué ocurriría? Que al cabo de unos años habría otro accidente en un subsistema diferente de la nave. Y parecería que ambos sucesos no estarían relacionados. Pero sí lo estarían, y mucho: la causa real del accidente del Challenger sería la misma que la de ese segundo accidente. Le cuento por qué lo sé.

En un inicio, la NASA se centró, como haríamos todos, en las causas aparentes: que la junta de combustible de los propulsores falló. Se la acusó de secretismo, de poca transparencia con la prensa.

Por suerte, el Gobierno estadounidense fue más allá: creó la Comisión Rogers para investigar qué había pasado realmente. Entre sus miembros había nombres destacados, como Neil Armstrong, pero también Richard Feynman, premio Nobel de Física, profesor en Caltech y, en general, persona de un nivel intelectual difícilmente discutible.

Si desea leer una crónica de las aventuras de Feynman en la NASA, le recomiendo su libro ¿*Qué te importa lo que piensen los demás?* Inciso: todos los libros de Feynman son una maravilla. Léalos, le harán mucho bien y son sorprendentemente divertidos.

Bien, resulta que Feynman, científico de convicciones profundas, prometió llegar al fondo de la cuestión y aplicó, de forma sistemática, el método que he explicado en el apartado anterior. Su argumentación fue más o menos la siguiente:

Primero se dio cuenta de que la causa estaba en las válvulas. Cosa rápida de averiguar: se puede ver claramente en los vídeos a cámara lenta del día del accidente.

Tras preguntarse por qué fallaron, averiguó en poco tiempo que las válvulas tenían un rango de temperaturas bajo las cuales no eran seguras. Estaba muy estudiado que la temperatura ambiente no debía ser inferior a 10 °C; el día del lanzamiento era inusualmente frío, 2 °C.

Feynman pensó: es extraño que los científicos no viesen algo tan evidente. ¿Cómo se llevó a cabo el lanzamiento en unas condiciones que con toda claridad no cumplían los márgenes de seguridad de la nave? Es más, ¿por qué se usó una válvula con un rango térmico tan restrictivo para algo tan importante y sensible? ¿No había válvulas más tolerantes a fallos?

Por tanto, fíjese, hemos pasado de «el Challenger ha explotado por la válvula» a «ha explotado porque hacía frío», y luego a «ha explotado porque la válvula es demasiado sensible al frío». Pero sigamos.

Lógicamente, Feynman buscaba respuestas, y sabía quiénes las tenían: los ingenieros. Intentó hablar con los técnicos a cargo del diseño de la nave, pero le costó muchísimo, ya que la NASA puso muchas trabas a su labor. Feynman supo entonces que seguramente se estaba acercando a algo importante.

Tras mucho insistir, consiguió reunirse con los ingenieros. Y cuál fue su sorpresa al enterarse de que el defecto de las válvulas no era un problema nuevo: existían ya documentos de 1977 (nueve años antes del accidente) que avisaban de ese riesgo para la NASA y Thiokol, los fabricantes de los cohetes propulsores. Es decir, la agencia espacial estadounidense sabía que podía ocurrir un accidente.

Y eso nos conduce más lejos aún. Feynman se formuló en ese momento la pregunta clave: si los ingenieros eran plenamente conscientes de ese problema, ¿por qué no se hizo nada en los nueve años anteriores?

Y llegamos así al final de esta historia: los ingenieros respondieron que, al ser la NASA un organismo sujeto al liderazgo y al control políticos, muchas veces había fallas que se descubrían en el nivel de ingeniería que o bien no se comunicaban a la dirección, o bien se notificaban pero eran ignoradas por presiones políticas o administrativas. En otras palabras, había una desconexión entre los ingenieros y sus jefes que hizo que ese problema, conocido, fuese ignorado en las más altas esferas de toma de decisiones.

Deténgase un instante en la cadena de causas:

¿Por qué sucedió el accidente?

Porque se rompió una válvula.

¿Por qué se rompió la válvula?

Porque hacía frío.

¿Por qué había válvulas que no resistían el frío?

Porque no se había cambiado el diseño inicial del transbordador.

¿Por qué no se modificó ese diseño si se sabía que era peligroso?

Porque los ingenieros y los políticos no hablaban entre ellos.

No creo que pueda encontrar un mejor ejemplo de búsqueda de causas profundas de un problema, y uno con unas consecuencias de mala praxis más evidentes. Siete muertos, millones de dólares perdidos y el desprestigio de todo un programa espacial.

Como colofón de esta historia, Feynman preguntó a ejecutivos de la NASA cuál era, en su opinión, la probabilidad de accidente de un transbordador espacial. Le contestaron que, según estudios rigurosos, era de un accidente catastrófico por cada cien mil vuelos.

Tras su propio examen, y habiendo hablado con los ingenieros, Feynman recalculó la cifra, dejándola en valores mucho más modestos: estimó un accidente por cada cincuenta o doscientos vuelos, en función de varios parámetros. Visto con la perspectiva que nos da el tiempo, los transbordadores sufrieron dos accidentes catastróficos hasta su retirada, el del Challenger y el del Columbia, de un total de ciento treinta y cinco vuelos. Ergo, el número experimental fue de un accidente por cada sesenta y siete vuelos, similar, de hecho, a lo estimado por Feynman y muy por encima de lo calculado por la NASA.

El método Ishikawa es tan popular que existen variantes. En los apartados siguientes le explicaré las dos más habituales: los diagramas para identificar problemas de fabricación y los destinados a los problemas de ventas.

ISHIKAWAS DE FABRICACIÓN. LAS 8 M's

Si usted está fabricando algo, podrán serle útiles las 8 M's, que forman parte del método de producción de Toyota. Cada letra es un «camino» para buscar causas; sígalas y dará con la raíz de sus problemas. Las enumero primero, para a continuación ilustrarlas en un ejemplo que todos conocemos: el hundimiento del Titanic. Son estas:

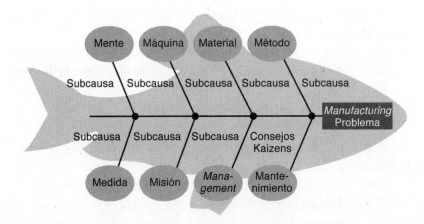

1. Mente: ¿Es la causa del problema algo relacionado con sus trabajadores, su equipo y su capacidad?
2. Máquina: ¿Es su causa algo provocado por una máquina, su uso o mal uso, o defectos en su diseño?
3. Material: ¿Es su causa algo ocasionado por un material o su ausencia?
4. Método: ¿Es su causa algo producido porque el método para llevar a cabo un proceso es erróneo?
5. Medida: ¿Está su problema originado en no disponer de las medidas o métricas correctas?
6. Misión: ¿El problema nace de no tener clara la misión u objetivo que se pretende conseguir?
7. *Management*: ¿El problema surge porque el liderazgo de la compañía no es el idóneo o no toma decisiones correctas?
8. Mantenimiento: ¿Es su problema algo derivado del mantenimiento del producto o de su proceso de producción?

Como puede ver, las 8 M's son trucos mentales para buscar causas de forma rápida. Son aplicables sobre todo a entornos industriales, fábricas o proyectos, pero se pueden emplear en casi cualquier otro contexto. Observe cómo puedo mapearlas con facilidad en mi análisis de la respuesta española a la COVID-19.

Causa por mente: la elevada edad de nuestros mayores los hacía especialmente vulnerables.

1. Nuestro país tiene una esperanza de vida elevada, lo cual hace que haya mucha gente mayor, que es el colectivo más afectado por la COVID-19.

Causa por materiales: no tenemos los medios necesarios para luchar contra la COVID-19:

2.1.1. Los presupuestos destinados a Sanidad no dan para más porque la recaudación de impuestos es insuficiente.

Causa por *management*:

3.1.1. Los políticos no tienen experiencia real porque los procesos de selección no se basan en el mérito de los candidatos.

Causa por misión: los políticos no entienden cuál debería ser su objetivo:

3.2.1. El sistema de gobierno por niveles dificulta las decisiones rápidas porque este es empleado para beneficios partidistas, no para el bien común.

Pero tomemos el ejemplo al que he aludido: el hundimiento del Titanic. No, no vamos a discutir sobre si DiCaprio cabía o no en la tabla. Centrémonos en por qué se hundió. Recuerde las 8 M's:

- Mente
- Máquina
- Material
- Método
- Medida
- Misión
- *Management*
- Mantenimiento

Le recomiendo un repaso de la página de Wikipedia sobre el Titanic para que estemos coordinados en este análisis.

Empezando por el comienzo, un problema obvio de mente fue la poca formación de los marineros para situaciones de emergencia en el mar. Como todo el mundo sabe, gran parte de los botes salvavidas se lanzaron al agua medio vacíos, con la consiguiente pérdida de vidas.

En cuanto a la máquina, se han escrito libros enteros sobre los defectos del Titanic: desde los compartimentos estancos que no lo eran hasta que no hubiera botes salvavidas suficientes. Estos dos, sumados, presagiaban el desastre que sucedió.

En cuanto a los materiales, se ha comentado mucho sobre la baja calidad en algunos de los remaches, que hizo que el casco no aguantara el choque con el iceberg.

Como puede ver, el Ishikawa está destrozando el Titanic. Pero llegamos al método y la cosa no mejora: ¿a quién se le ocurre ir a toda máquina, en una noche sin luna, en zona de icebergs y además habiendo recibido avisos?

Bien, pues no todo tiene que ser horroroso: en el apartado de medidas, el Titanic, en mi opinión, se salva. De hecho, inmediatamente después del choque, y habiendo evaluado los daños, el propio arquitecto del barco, Thomas Andrews, calculó cuánto le quedaba al barco a flote, y tan solo se desvió en unos pocos minutos.

Volvamos a los desastres: misión. Está documentada la presión impuesta por el dueño de la naviera White Star Line, Bruce Ismay, sobre el capitán Smith: había que batir récords de velocidad. Claro, la misión debería haber sido otra: garantizar la llegada de todos los pasajeros sanos y salvos y con el máximo confort. Si cambiamos la misión, los resultados cambian, en este caso, a mucho peor.

El apartado de *management* viene a ser una reiteración del anterior: en un barco, la máxima autoridad debería ser el capitán. Si está a bordo el dueño de la compañía, quizá el *management* no está cumpliendo con su función.

Y acabo con el mantenimiento, que en el caso del Titanic, al ser un barco nuevo, no sería relevante.

Con lo cual, observe cómo el Ishikawa de producción nos ha permitido identificar rapidísimamente por qué se hundió el Titanic. A modo de resumen:

- Mente: Tripulación poco entrenada.
- Máquina: Barco mal diseñado en varios frentes.
- Materiales: Remaches defectuosos.
- Método: Se navegó de forma imprudente.

- Misión: Tratar de lograr un récord de velocidad.
- *Management*: El dueño de la compañía a bordo metía presión.

A ver, cuando sucede un drama como lo del Titanic, lo habitual es que haya múltiples causas, no solo una. Un solo problema se sobrelleva. Cuando hay seis a la vez, es un desastre. No es casual que tras el hundimiento se revisasen las medidas y la legislación naviera a escala internacional.

ISHIKAWAS DE VENTAS. LAS 8 P's

Si lo suyo es vender, aquí le resumo en 8 P's las causas más habituales de los problemas. Una vez más, pregúntese uno tras otro sobre estos ocho tipos de causas, y llegará a su *insight*. Como siempre, primero enumero y luego le pongo un ejemplo ilustrativo.

1. Producto: ¿Es su producto el correcto o tiene defectos que dificultan su venta? Es difícil vender algo mediocre: es mejor gastar más tiempo en mejorarlo y solo cuando está listo, buscar las ventas.
2. Precio: ¿Cuál es el precio adecuado para su producto? ¿Es caro o barato? ¿Habría que modificar el modelo de negocio? Por ejemplo, el *carsharing* es un cambio de modelo de negocio.
3. *Place* (lugar): ¿Está vendiendo ese producto en el lugar adecuado? Recuerdo a un amigo que una vez hizo un videojuego de fútbol para el mercado estadounidense. Ni que decir tiene que logró poca aceptación.
4. Promoción: ¿Cómo lo está promocionando? ¿Es posible que su producto sea correcto, así como su precio, pero que sus consumidores no lo estén descubriéndolo por falta de promoción? ¿Cuál es su marketing, relaciones públicas, estrategia en redes sociales, viralidad?
5. Personas: ¿Aquellas encargadas de la venta son las correctas? ¿Tienen una formación adecuada? ¿Son sensibles a las necesidades del cliente? ¿Están dando el soporte adecuado?

6. Proceso: ¿Es la cadena de ventas, desde la fábrica hasta el servicio al cliente, adecuada? ¿Se está ejecutando en la práctica eficazmente?

7. *Physical evidence* (pruebas físicas): ¿Es el espacio físico de ventas el mejor, respecto a diseño, usabilidad, señalética, instalaciones, almacenaje, etc.?

8. *Performance* (rendimiento): ¿Tenemos los indicadores de rendimiento que nos permiten diagnosticar problemas en el proceso de ventas? ¿O estamos ciegos por falta de datos y no sabemos qué nos pasa?

Venga, vamos con otro ejemplo clásico: la cadena de ventas de Apple, específicamente la de sus iPhones. Es una historia de cómo reinventar el proceso de principio a fin.

Todo empieza con el producto. A nadie se le escapa que Apple gasta cantidades descomunales de dinero en investigación y desarrollo. ¿Cuánto? Bueno, en 2014 fueron seis mil millones de dólares. Pero es que en 2022 esa cantidad ascendió a los veintiséis mil millones. Mantener un producto en la cresta de la ola tiene un precio. Por eso, generación tras generación, los iPhones van incorporando más y más funciones, como si de una navaja suiza digital se tratara: cámaras que están volviendo casi obsoletas las cámaras digitales convencionales; velocidades de procesado que hace poco requerían un ordenador completo, y un sinfín de aplicaciones, desde la de salud a la del control del hogar.

Cuando el producto «tira» uno se puede plantear cuál va a ser la política de precios. Esto se lo explicaré con un caso distinto: el grupo automovilístico Volkswagen AG. Como sabrá, tiene distintas marcas para mercados diferentes: desde Lamborghini, Bentley y Porsche en el segmento lujo hasta Audi en el premium, la propia Volkswagen y Seat en el segmento de gran consumo o Cupra en el joven y deportivo.

Apple tiene clarísimo su posicionamiento en precios. En general, ignora el segmento de gama baja: siempre se vende (sea cierto o no) como si sus móviles fueran los mejores que existen. Pero dentro de esa imagen premium que cultiva, sí cuenta con diferentes series, como Volkswagen. De ahí salen los modelos pro en el rango alto, con el móvil más actualizado, y a partir de ahí ofrece dos o tres modelos anteriores a precios decrecientes, para facilitar posibilidades de precio distintas a consumidores diferentes. Porque no es lo mismo el móvil que necesito yo, que soy un director general de empresa con cuarenta y nueve años, que el que puede requerir mi hija de trece. Tanto es así que, cada equis años, Apple saca al mercado un móvil con la etiqueta de SE (*Special Edition*), destinado al mercado de bajo coste.

Sigamos con el lugar, el *place*. Fíjese: cada vez que usted compra un producto en una tienda física, ese comercio cobra una comisión de punto de venta, que puede oscilar entre un 35 y un 50 por ciento. La idea es que esa comisión financie el establecimiento, su almacenaje, al personal, etc. Desde hace años, ciertas marcas con fuerte identidad han roto esa relación: perder casi un 50 por ciento de ingresos a manos de una empresa externa les parece exagerado. Por ese motivo, Apple gestiona sus propias tiendas, las Apple Stores: así controla toda la experiencia de venta y servicio posventa, pero, no nos engañemos, de este modo también concentra toda su facturación sin cederla a empresas externas.

Apple no para de innovar ahí, sino que sigue en la promoción. A medida que la sociedad de consumo se ha ido expandiendo, digamos, de los años ochenta a esta parte, cada vez hay más productos compitiendo por el mismo espacio de promoción, lo que hace que destacar sea difícil. Observe lo que hace Apple: en lugar de competir de igual a igual con el resto de productos, por ejemplo, en televisión, se inclina cada vez más por inventar nuevos modos de publicidad, donde su marca sea ama y señora. Tomemos como ejemplo las conferencias de Apple, eventos en *streaming* con una cuidadísima producción. ¿Lo ve? Apple no se promociona como los demás. ¿Por qué? Porque no es como los demás: ellos inventan su forma única e inconfundible. Y ya serán los otros, si acaso, los que intenten copiarla.

De esta manera vamos siguiendo la pauta del Ishikawa de ventas para identificar problemas y soluciones. Continuemos pues con las personas implicadas en la venta. En este caso, puedo ser breve: al poseer tiendas propias, los vendedores son empleados de la propia empresa, y conocen a la perfección sus productos. A pesar de ser una compañía notoriamente reservada, a lo largo de los años se han ido desvelando «secretos» de su manual del empleado. Aquí le dejo uno a título de ejemplo: toda interacción en una tienda Apple debería seguir el método Apple, entendido como un acrónimo. Es algo que toda la plantilla debe seguir, y consiste en estos cinco pasos:

A, de aproximarse amistosamente al cliente, con una recepción cálida.

P, de preguntar al visitante para rápidamente hacerse un perfil de sus necesidades.

P, de proponer al futuro usuario el mejor producto de la gama Apple para satisfacer esas necesidades.

L, de escuchar (*listen*, en inglés), para entender y resolver cualquier pregunta que el cliente tenga.

E, de finalizar (*end*), dando una despedida igual de cálida para acabar la interacción.

¿Ve? Este tipo de control sobre la experiencia de compra solo es posible si su equipo es propio y está perfectamente entrenado.

Volviendo al Ishikawa, lo siguiente por revisar sería el proceso, que en este caso creo que ha quedado sobradamente ilustrado en el resto de apartados. Por tanto, podemos pasar a las pruebas físicas (*physical evidence*). Si ha visitado tiendas Apple, sabe que emplean un lenguaje visual común: espacios diáfanos, líneas rectas, colores claros, uso de madera… Todo eso es imagen de marca y nos transmite la idea de que «estoy en una tienda Apple».

Y acabamos el circuito con el rendimiento (*performance*). Si bien no tenemos prueba directa, es obvio que Apple captura muchísimas analíticas de la conducta de sus consumidores, que transmite a su propio equipo de diseño para mejorar la experiencia futura.

Hemos visto pues un ejemplo completo de cómo aplicar un Ishikawa de ventas. Espero que le haya parecido interesante y, a pesar de la diferencia que suponga otro sector, pueda aplicar algunas de estas mismas ideas.

DE VUELTA A LAS CAUSAS

Vistos los ejemplos del Challenger, el Titanic o Apple, espero que entienda que arreglar las causas aparentes frecuentemente no sirve de nada. Pero tengo malas noticias: cuanto más oculta esté la causa real, menos probable es que la pueda resolver. Por lo general, ese tipo de causas «enrocadas» llevan tiempo ahí, y resolverlas no es simple ni rápido.

Volviendo al ejemplo del coronavirus en España, dígame cómo piensa resolver lo de «Es que España tiene mucha población mayor». O lo de «Es que los políticos en España tienen poca formación en gestión de crisis». No es simple. Pero al menos es un punto de partida: resolver las causas profundas puede ser complicado (pero útil).

Le pondré un caso ilustrativo: en las décadas de los ochenta y noventa, en España había muchísimas muertes por accidentes de tráfico. En aquella época, se invertía mucho en campañas de concienciación por televisión: anuncios cada vez más dramáticos, que alertaban del peligro de la conducción. Las cifras mejoraban, pero hacía falta algo más. Hasta que el Gobierno de turno hizo un ejercicio de introspección y se dio cuenta de que la causa principal era otra. El problema no era que la gente no estuviese concienciada, sino que se podían permitir ignorar la ley porque, total, les caería una multa y poco más.

En 2006, tras un análisis en profundidad de otros países, se implantó en España el carnet por puntos. Todos sabemos cómo funciona: cada conductor tiene un número de puntos. Cada tipo de sanción «cuesta» una cantidad de ellos. Si no tiene sanciones, los puntos perdidos se van restaurando poco a poco. Y si se queda sin puntos, retirada de carnet.

Como puede apreciar, se trata de una estrategia claramente disuasoria: si la causa profunda es que la gente ignora la ley, hagamos que eso sea imposible.

¿Resultado? En los quince años posteriores a su introducción, el carnet por puntos redujo a más de la mitad el número de muertos en carretera en España, un éxito sin precedentes.

Así que, sí: atacar las causas profundas puede ser difícil, lento y costoso. Pero es posible.

13

Resolver problemas

Todo el capítulo anterior ha tratado sobre entender los problemas, buscar sus causas y diseccionarlos. Pasemos ahora a la segunda parte: resolverlos. Uno podría pensar que esta es la parte complicada, pero en realidad no es así: una vez se ha profundizado lo suficiente para entender cuál es de verdad el origen de un problema, resolverlo suele ser un poco más fácil. La gente es incapaz de acabar con los problemas no porque sea difícil, sino porque no sabe por dónde empezar.

Así que, si tiene uno, céntrese primero en descomponerlo, entenderlo y analizarlo, hasta que pueda explicar con claridad de qué se trata y cuál es su causa real. Si no ha llegado a ese punto, todo lo que explicaré a continuación será estéril como el agua que cae en un desierto.

PROBLEMAS ATÓMICOS Y PROBLEMAS DE TENDENCIA

Para empezar, hablemos de dos tipos de problemas que requieren dos tipos de soluciones distintas. Trate de identificar el suyo con una de estas dos sintomatologías.

Por un lado, un problema es atómico cuando tiene una única causa, y esta circunstancia posee un carácter binario: o se actúa sobre ella, o no. No existen pasos, ni grados, ni tendencias. Son problemas de blanco o negro, y nuestro objetivo es pasar de un color al otro sin término medio.

Por el otro, un problema es de tendencia cuando sí existe término medio, y nuestro objetivo es empezar desde un extremo (digamos el negro) e ir cambiando poco a poco y de forma gradual hacia el blanco, en pequeños incrementos.

Por poner un ejemplo, si yo digo: «Tengo que dejar de fumar», fumar no es un acto gradual: se fuma o no se fuma. No hay mucho de tendencia aquí. Un fumador me podría contestar: «Puedo fumar más o menos, e ir reduciendo poco a poco». Bien, si esa es su estrategia, eso sí es un problema de tendencia. Pero en mi experiencia con fumadores amigos, todos los que han triunfado lo han hecho de forma atómica: dejándolo directamente (y afrontando las consecuencias; luego hablaremos de eso).

Pongamos ahora un caso de un problema de tendencia. Yo podría decir: «Quiero perder peso». Es evidente que, salvo que me corte una pierna, no perderé kilos de golpe; lo que tengo que crear es una tendencia positiva que, poco a poco, me lleve hacia mi objetivo.

Así pues, reflexione sobre lo siguiente: ¿su problema es una decisión atómica, puntual, discontinua, que le ha de cambiar de un estado a otro, o es algo gradual que quiere ir modificando progresivamente?

La inmensa mayoría de problemas son de tipo gradual: ahorrar más, perder peso, hacer más ejercicio… Si su caso se puede asociar con un número (sus ahorros, su peso, su mejor marca en los diez mil metros), es que es de tipo de tendencia. Si no, es atómico.

La distinción cobrará importancia en un instante, ya que la estrategia es diferente en cada caso.

PDCA

Muchas de las técnicas sobre resolución de problemas proceden de Japón. PDCA es una de ellas, pero tiene una historia curiosa. Recordará que Japón perdió la Segunda Guerra Mundial, y fue inmediatamente después ocupada por Estados Unidos. Durante ese tiempo, se decidió elaborar un censo de la población, labor que se encomendó a William E. Deming, profesor de estadística de la Universidad de Nueva York.

Una vez en Japón, Deming se dedicó a formar a los industriales japoneses en los principios del control de calidad, entre ellos a un joven Akio Morita (sí, el fundador de Sony). De hecho, fue Deming quien introdujo en el país asiático el método PDCA, que luego sería asociado como algo intrínsecamente japonés.

PDCA son las siglas de *plan*, *do*, *check*, *act* («planifica, ejecuta, comprueba y actúa»), y es una filosofía de resolución de problemas basada en pequeños incrementos. La idea de PDCA es que, para llegar a nuestro destino final, hemos de realizar muchos miniciclos de resolución, cada uno de los cuales nos acerca un poco a ese objetivo deseado.

Para que se entienda mejor, es como si yo digo que para subir el Everest solo hay que dar diez mil pasos en la dirección correcta: el objetivo ya no es el Everest, sino cada uno de esos pasos. Pues bien, cada uno de ellos es un bucle PDCA, que consta de cuatro fases:

- Planificar el siguiente paso para producir un cambio positivo pequeño pero medible (P).
- Ejecutar ese paso (D).
- Comprobar si ese paso efectivamente ha producido el pequeño incremento en calidad (C).
- Ajustar el plan en función del resultado obtenido en este ciclo (A).

Es decir, si usted quiere resolver el problema, trate de identificar cuál es ese paso que, repetido muchas veces, producirá el resultado adecuado. Y una vez lo tenga claro, piense cuál es la planificación que requiere, cuál es la ejecución, cuál es la comprobación necesaria y cómo ajustará el siguiente paso.

Pondré varios ejemplos.

Supongamos que mi problema es que quiero aprender chino. Lo consideraré un problema de tipo tendencia, porque es obvio que no puedo aprender chino de golpe. Y por ello reflexionaré sobre cuál es la métrica de mi bucle PDCA. Así, decido que daré clases particulares con un profesor y usaré un libro de texto.

Entonces, un buen bucle PDCA sería:

Cada semana, planificar que hemos de cubrir, pongamos, cuatro páginas del libro de texto con suficiencia, absorbiendo los conocimientos.

Planificado esto, pasaríamos a recibir las clases para cubrir esas cuatro páginas.

Cada semana, realizaremos una comprobación: ver, en un miniexamen, si hemos asimilado de verdad esas cuatro páginas. Esto nos permitirá evaluar si vamos demasiado rápido o demasiado lento.

Y por último, valoraremos las clases de la semana siguiente en función de si hemos asimilado todo o no, para ajustar la velocidad.

Como puede ver, esta técnica me da una plantilla que puedo seguir. Lo que no me aporta es compromiso, el cual tiene que surgir de cada uno. En otras palabras: este libro le puede explicar cómo entender sus problemas y qué métodos seguir para resolverlos; la fuerza de voluntad tiene que ponerla usted.

El PDCA funciona por varios motivos. En primer lugar, descompone el esfuerzo en pequeños incrementos, de forma que nos quita el vértigo del objetivo mayor y lo convierte en objetivos pequeños a corto plazo. Es una versión del «Divide y vencerás».

En segundo lugar, nos proporciona retroalimentación positiva. Cada semana, o cada día, usted disfrutará viendo cómo va progresando, cómo se aleja de su viejo yo y se acerca a su estado deseado.

Gracias al poder de las tendencias, una vez asimile el PDCA y lo convierta en su hábito, el progreso sucederá casi sin esfuerzo. Con un PDCA lo complicado es ponerse. Pero una vez llevemos dos o tres iteraciones del bucle, ya no será un esfuerzo, sino nuestra forma de vida.

Como conclusión personal, he usado PDCA toda mi vida. Es la base de mi estrategia de ahorro. Lo empleo también cuando quiero perder peso. O lo usé para aprender chino (sí, el del ejemplo anterior soy yo). Asimismo lo utilicé para definir mi estrategia en las redes sociales…

CAGADAS

Ocupémonos ahora de cómo gestionar cagadas. Desastres. Meteduras de pata. Sí, hablemos no ya de cómo resolver un problema, sino de cómo salir del agujero cuando ya estamos dentro.

Se lo explicaré con una historia: cuando yo era más joven, trabajé de director técnico de una empresa web. Programamos una *mailing list*, una de esas listas de correo para comunicarnos con la comunidad. La idea era simple: poder hacer *mailings* masivos a nuestros miles de miembros. Esto ocurrió en la era pre-Facebook y pre-Twitter.

Pues bien, había un fallo en el código. Resulta que, cada vez que alguien contestaba a ese correo electrónico, no nos respondía solo a nosotros: le respondía a todo el mundo, sin ser el emisor consciente de ello. Sí, a los miles de miembros. Esa cagada la hice yo. Soy un figura.

Imagine la secuencia: nueve de la mañana, lunes, lanzamos nuestro primer *mailing*. Unos cinco mil correos electrónicos. Bueno, más o menos el 1 por ciento de nuestros miembros responde, pero, claro, cada uno de esos cincuenta correos se envía a cinco mil miembros; vamos, veinticinco mil e-mails. Lógicamente, los miembros se cabrean, y responden. Pero cada una de esas respuestas se envía a los cinco mil, de forma que se produce una especie de reacción en cadena que ríase usted de un reactor nuclear.

Me di cuenta de que algo pasaba porque uno de mis programadores me gritó, a eso de las 9.10: «Dani, corre, algo está pasando en los *servers* de correo». Yo pregunté: «¿Qué ocurre?». Y él me contestó: «Tenemos varios millones de e-mails encolados, y no paran de llegar».

Habíamos metido la pata. Hasta el fondo. Teníamos miles de miembros recibiendo miles de correos y creando una bola de nieve mayor a cada minuto.

Lo que hice a continuación nos costó algo de dinero, pero fue lo correcto: fui corriendo a la sala de servidores (en aquella época, estos estaban físicamente en la oficina) y, sin preguntar, cogí el servidor de correo, busqué el cable eléctrico y tiré de él con fuerza.

Recuerden, niños, no apaguen servidores a lo bruto. Se pueden cargar el disco duro.

Pero ¿sabe qué? Arreglé la cagada. Y es que la gente experta y la novata no se distinguen en cuántas veces la cagan. Se distinguen en cuánto tardan en reaccionar cuando ya la han cagado.

LAS 3 I'S DE LAS CAGADAS

En su libro *Scaling Up Excellence*, el profesor de Stanford Huggy Rao, uno de los mayores expertos mundiales en excelencia, explica cómo detrás de una cagada siempre hay 3 I's: ilusión, impaciencia e incompetencia. Evítelas, y estará más lejos de meter la pata. Vamos por partes.

La ilusión se refiere a la creencia, por parte de quien tomó la decisión, de que algo era más sencillo de lo que realmente era. Cuando Trump dijo «la COVID es poco más que una gripe», fue un iluso. Cuando Jordi Sevilla le dijo a José Luís Rodríguez Zapatero que le podía enseñar lo que necesitaba saber de economía en dos tardes, fue un iluso. Los ilusos lanzan planes que parten de premisas altamente simplificadas o directamente falsas. Luego, con el paso del tiempo, se hace evidente que el plan no es creíble y llega el choque con la realidad. Los escenarios de ilusión son típicos de estructuras muy jerárquicas, y por eso los verá con frecuencia en política o en grandes empresas. Así, un jefe comenta algo absolutamente iluso. Nadie se atreve a decirle que es una estupidez. Y el plan tira adelante. Y claro, al cabo de unos meses, cuando la cosa sale fatal, a ver quién coge al jefe y le dice que metió la pata.

Cuando decimos que tras una cagada se halla la impaciencia es porque, en muchos casos, se saltaron pasos en el proceso de análisis o se omitieron pruebas o informes clave. ¿Cuántas veces hemos leído sobre obras públicas que acaban con tremendos sobrecostes o desastres auténticos, y luego, tras investigar, se descubre que no se hicieron pruebas clave? Un ejemplo que me viene a la mente es el fiasco del proyecto Castor en España. Recordará el caso: un almacén submarino para gas natural en la roca viva a unos kilómetros de la costa de Castellón. El proyecto entero se paralizó primero, para acabar cancelándose después, al descubrir que provocaba movimientos sísmicos, lo que supuso la pérdida de miles de millones. O la salida a bolsa de Bankia, de la que se supo más tarde que los reguladores y el propio banco habían omitido datos financieros clave en el folleto informativo. En España, verá muchísimos casos de cagadas por impaciencia: somos un país en el que obedecer las normas, los plazos y los procedimientos no se fomenta como se debería, y así nos va.

Finalmente, tenemos la incompetencia, una de las mayores causas de cagadas. Interviene en aquellas cagadas que se generan porque la decisión es tomada por gente no preparada. Por supuesto, debido a esta incompetencia la decisión acaba siendo la incorrecta, y de ahí a la cagada hay un paso. Casos de incompetencia hay muchos, pero sirva como ejemplo la diferente gestión de la COVID-19 entre Alemania y España. Si bien es obvio que una pandemia pone a prueba a cualquiera, no es menos obvio que estar bien formado y preparado ayuda a gestionarla mejor. Angela Merkel, canciller germana, es doctora en Química, tiene *papers* científicos a su nombre y, antes de ser política, pasó años dedicada a la investigación científica. Pedro Sánchez tiene un doctorado, pero en este caso en economía. Ver las ruedas de prensa de uno y otro cuando hablan de cuestiones médicas y científicas es francamente esclarecedor. Uno oye a Merkel explicar curvas exponenciales y factores de propagación y casi llora de la emoción. Por el contrario, escuchar a ciertos políticos españoles hablar de la pandemia también da ganas de llorar, pero por otro motivo.

Con lo cual hemos visto que, cuando hemos acabado en el hoyo, seguramente ha sido a causa de una decisión equivocada, tomada de forma impaciente y por gente incompetente.

Pasemos ahora a algo más constructivo: cómo salir del hoyo.

El camino más corto

Si quiere salir de un hoyo, el primer consejo que le doy es que lo haga rápido. Normalmente las cosas solo pueden empeorar, con lo que conviene actuar rápido. Le paso cuatro recetas. Elija la que crea que se adapta mejor a su situación. Las siglas que ha de recordar son, muy adecuadamente, CACA: cancelar, aumentar, convivir, arreglar. Veámoslas.

Primera opción: ¿puede cancelar la decisión? ¿Puede salir del hoyo dando marcha atrás? ¿Es ese problema que ha generado algo invertible? Si la respuesta es no, ¿al menos puede detener la sangría ya mismo? En mi caso del servidor de correo, sí podía cancelarlo: desconectándolo. Si eso es viable en su problema, es la solución más rápida.

Segunda opción: una vez que sabe que no puede cancelar su acción, ¿su cagada desaparece o mejora si aumenta los recursos? Esto es típico de problemas de economía o de personal. Igual la solución pasa por invertir algo más de dinero, o poner más gente, y la cagada desaparecerá. Si es así, ya tiene su solución.

Tercera opción: ¿cómo de viable es, sencillamente, capear el temporal y «cruzar el desierto»? Si su problema se resolverá solo, pero requiere tiempo, ¿dispone de ese tiempo? En tal caso, valore no hacer nada y conviva con la cagada mientras se soluciona por sí misma.

Cuarta opción: si todo lo demás falla, ¿puede arreglar el problema? ¿Es viable coger el toro por los cuernos y resolver la causa de la cagada? Fíjese que dejo esto para el final, y tengo un buen motivo. Las cagadas suelen requerir soluciones rápidas, pues son crisis urgentes. Por tanto, no son el mejor momento para ponerse a diseñar estrategias: resolver problemas es un proceso lento. Y si está dentro del hoyo, la lentitud es precisamente lo que no se puede permitir.

EL *PRE MORTEM*

Hemos visto de dónde nacen las cagadas y cómo gestionarlas cuando ya están hechas. Ahora, pensemos en la solución duradera, esto es, cómo ponemos hoy en marcha los procesos y sistemas que eviten que nos vuelva a suceder lo mismo. Para ello, vamos a presentar una técnica muy útil de Daniel Kahneman, premio Nobel de Economía: los *pre mortem*.

Ante un proyecto o decisión, divida a su equipo en dos grupos. El primero deberá imaginar que el proyecto ha sido un éxito rotundo, que hemos conseguido nuestros objetivos. El segundo trabajará en la hipótesis contraria: hemos cometido una cagada descomunal y el proyecto ha sido un desastre sin paliativos.

Ahora, una vez imaginado eso, cada uno de los dos grupos discutirá internamente las causas profundas (*insights*) de ese éxito y fracaso, y elaborará un informe corto pero exhaustivo de cuáles son las decisiones clave que llevaron, en cada caso, a uno u a otro.

Esos dos informes deberán formar parte de la documentación del proyecto a modo de «aviso a navegantes», y nos permitirán identificar los momentos más importantes del plan y las decisiones correctas e incorrectas vinculadas a cada uno de ellos. Esos informes pueden ser sumamente breves, pero nos han de servir de mapa de navegación que nos lleve a buen puerto, evitando los escollos.

Observe que, al hacer un *pre mortem*, estamos evitando las tres causas de las cagadas.

Primero, evitamos la ilusión, porque *a priori* ya obligamos a toda la organización a pensar en la totalidad del proyecto y su desarrollo en profundidad.

Segundo, impedimos la impaciencia, al imponer precisamente un proceso de análisis y reflexión en cualquier decisión.

Tercero, sorteamos la incompetencia, ya que se entiende que emplearemos a personal cualificado para realizar esos análisis.

Por poner un ejemplo de *pre mortem*, una vez más, podemos acudir a la pandemia por coronavirus: trabajar en un contexto en el que España ha conseguido erradicar el virus, y pensar cuáles fueron las decisiones y causas profundas que facilitaron ese logro; y trabajar en un escenario totalmente desbocado, en el que el virus asola el país, y pensar cuáles fueron las decisiones que no se tomaron y favorecieron ese escenario.

Haber tenido esos dos informes a mano en el día a día de la toma de decisiones durante la pandemia hubiera sido una herramienta consultiva muy poderosa.

Conclusión

Los seres humanos, como animales que somos, tenemos cierta resistencia al cambio. Esto hace que, a veces, prefiramos convivir con nuestros problemas a afrontarlos y solucionarlos. Pero, claro, poco a poco esos pequeños problemas van creciendo y, casi sin darnos cuenta, se vuelven montañas que bloquean nuestro camino hacia la felicidad y el progreso.

Cuando eso sucede, solemos empequeñecernos, asumir que el problema ya es demasiado grande y escudarnos en que no tenemos las herramientas adecuadas para actuar sobre ellos.

Sin embargo, como he intentado explicar en este capítulo, esas herramientas existen, funcionan y son más fáciles de usar de lo que parece. Y separan a las personas entre las que viven sepultadas por sus problemas, abnegadas y sometidas a una vida que no gobiernan, y aquellas que, ante un problema, sacan su arsenal de herramientas y lo afrontan de frente.

No seamos ingenuos: yo, igual que usted, tengo problemas que me superan. Ya le he dicho muchas veces que en este libro no tengo la menor intención de ponerme de ejemplo de nada. Además, sería falso afirmar que con las técnicas de este capítulo usted pueda solucionar todos sus problemas. ¡Ojalá la vida fuese así de sencilla!

Pero lo que sí es cierto es que en estas páginas se dan las herramientas para entender mejor sus problemas, y así, entendiéndolos, seleccionar aquellos en los que confía realmente en lograr un cambio positivo. Y eso es lo que de verdad cuenta. No quiero que acabe estas líneas creyendo que su vida puede ser perfecta: quiero que lo haga pensando que su vida puede ser algo mejor. Ahora es decisión suya pensar en qué ámbitos se ve con coraje y herramientas para aplicar cambios. ¡Buena suerte!

14

Me bajo del mundo

Si nuestro objetivo es pensar más y mejor, uno de los mayores enemigos al que nos enfrentamos en el mundo moderno es la falta de *focus*, esto es, de capacidad de atención. Vivimos en una sociedad saturada de estímulos, enferma de novedades, y todo esto afecta de forma dramática a nuestra capacidad intelectual. De modo que sí, este capítulo es duro, muy crítico con el mundo actual y la sociedad de la distracción. Sin embargo, no todo es culpa de nuestro entorno: nosotros también tenemos parte de responsabilidad en lo que nos pasa. Pero, antes de empezar, viajemos cuarenta años al pasado, a un aula de un colegio de Barcelona donde un niño de pelo alborotado llamado Dani mira por la ventana.

Como se lo cuento: me pasé buena parte de mi educación mirando por la ventana. «¿Cuántos aviones han pasado? Oh, mira qué chulo el patrón de las baldosas del suelo. Ay, Carla, de la tercera fila, es el segundo día que lleva ese peinado. Venga, voy a dibujar un elfo en el cuaderno. ¿Cuánto queda para que se acabe la clase? Dios mío, cuarenta minutos. Qué aburrido». Y así, doce años. Mi infancia era una búsqueda más o menos desordenada de algo con lo que entretenerme en clase.

Llegaba la hora del recreo. Salíamos al patio y se jugaba al fútbol. ¿Yo? Lo hacía fatal. Pero jugaba. Hagamos números. Pongamos que estuviese en el cole y en el instituto entre los seis y los dieciocho años. Pongamos que un año escolar tenga unos doscientos días reales. Pongamos que la mitad de esos días se jugase al fútbol durante una hora. Bien, esas cuatro cifras nos dan que le dediqué mil doscientas horas a aprender a jugar al fútbol. Por hacernos una idea más clara: un máster de posgrado son unas cuatrocientas horas lectivas. O sea, que me tiré tres másteres dándole al balón.

En comparativa, ¿cuántas horas dedicaron mis profesores a enseñarme *focus* y concentración? A ver…, deje que me lo piense… Cero horas. Y algún profesor me dirá: «No, es que los deberes son concentración», «No, es que leer es concentración». Venga, no me fastidie. Decir eso es como afirmar que el sexo se usa para conocer gente; es solo tergiversar las cosas. Si quiere enseñar a alguien a concentrarse, enséñele a concentrarse, no busque caminos indirectos. Y punto.

Pero eso no se hace, porque tratar de «domesticar» clases de treinta y pico niños en el arte de estarse quietos y callados es complicado y estresante. Lo entiendo. Sin embargo, en lugar de formarles a no hacer nada y a concentrarse, les instruimos en hacer cosas, que es exactamente lo contrario de lo que va todo esto. Concentrarse va de vaciarse, no de llenarse.

Pero sigamos en el pasado. Lo que ese niño estaba haciendo al mirar por la ventana y demás entretenimientos es la tendencia natural del cerebro. Como verá en un capítulo posterior, nuestro cerebro adora la novedad porque libera un neurotransmisor llamado dopamina, que nos produce placer. Salvo que nosotros le digamos lo contrario, nuestro cerebro volará por ahí. Porque volando encuentra cosas nuevas. Y encontrándolas siente placer. Es así de simple. Por tanto, al mirar por la ventana yo tan solo estaba haciendo lo que nuestro cerebro pide. Que no es necesariamente lo que nos conviene. Un símil clásico son las golosinas y el pescado. ¿Qué nos conviene comer? Pescado. ¿Qué nos pide el cerebro? Golosinas. Pues esto es lo mismo: nuestro cerebro, salvo que lo eduquemos, no va a concentrarse de forma mágica: querrá golosinas.

Del mismo modo que nos enseñan ortografía porque, sin ella, no sabríamos escribir, un cerebro no educado en la concentración divaga, porque es su tendencia natural.

Esta tendencia se ve incrementada con los años, y con el bombardeo constante por parte de los *mass media*, la sociedad de consumo y más recientemente las redes sociales. El mundo, sabedor de nuestra querencia por la novedad, ha creado millones de distracciones. Productos que nadie necesita. Alimentos diseñados para que queramos más. Servicios en línea que son un pozo sin fondo de novedad. Todo eso son lo que yo llamo «chucherías de dopamina». ¿Alimentan? No. ¿Satisfacen? Mucho. Nunca dejaría de comerlas, ¿verdad? Y luego uno piensa: «Todo esto, ¿para qué me ha servido?». Para nada.

Pondré otro ejemplo clásico. Si usted es mayor, como yo, recordará los inicios de internet. Y le sonará que todas las webs tenían un mismo funcionamiento, llamado «paginar». Consistía más o menos en lo siguiente: ya se tratase de Facebook, Google o de lo que fuese, en una web aparecía una cantidad de contenido. Así, en Google se podían ver diez resultados de búsqueda. Y, al final, debajo de todo, un botón que decía algo así como «siguiente». Lo presionabas y se cargaba la página siguiente, con diez resultados más. Así es como, de hecho, Google sigue funcionando.

Esto se hacía por motivos de simplicidad informática. En fin, llegan las redes sociales y, a base de estudiar el comportamiento de los individuos, inventan algo sutil pero tremendamente maligno: el *scroll* infinito. Métase ahora mismo a cualquier red social. Tire para abajo. ¿Ve un botón de «paginar»? No, ¿verdad? Puede comprobar que mágicamente la red carga más y más y más contenido, en una especie de bucle sin fin.

¿Sutil? Sí. ¿Efectivo? Claro. Ingenieros de estas empresas descubrieron hace años que el botón de «paginar» era una forma de que la gente desconectase, que dijese «Vale, hasta aquí, voy a seguir haciendo algo útil con mi vida». Perdían muchos usuarios por culpa de ese botón.

¡Qué malos somos los humanos, que queremos dejar de mirar Facebook, Twitter o Instagram para hacer cosas útiles con nuestra vida!

Gracias al *scroll* infinito, las redes sociales se vuelven las mejores trampas atrapamoscas, ofreciéndonos novedades sin fin. «Oh, mira, otra foto. Oh, mira, otro tuit». Lástima que las moscas seamos nosotros y ese *scroll* mate nuestra capacidad de concentración.

En suma, nuestra vida, en el siglo xxi, es un curso de doctorado en distracción, cuando, por poco que lo analicemos, los beneficios de la concentración son evidentes: mejor resolución de problemas, mejor entendimiento del mundo que nos rodea, mejores relaciones sociales si estamos presentes en las conversaciones en lugar de divagando, y un largo etcétera.

Por eso este capítulo se llama «Me bajo del mundo». Si quiere progresar intelectualmente, empiece a cerrar la puerta a todas esas distracciones, y céntrese en muchas menos cosas, pero mucho más importantes. Plantéeselo en serio: ¿qué porcentaje de lo que ha consumido en Facebook, Twitter, TikTok o Instagram le ha aportado valor?

Que sí, que hay alguna cosa útil. Por ejemplo, yo conozco un tío que se llama @DaniNovarama que escribe bien. Pero es innegable que la inmensísima mayoría del contenido online es absolutamente inútil: chucherías diseñadas para satisfacer nuestro cerebro, pero no para alimentarlo. Usted necesita comer pescado, no golosinas.

Por tanto, aprender *focus* implica desaprender vicios adquiridos con los años. Esa es mi historia: sé concentrarme muchísimo mejor ahora que cuando tenía, pongamos, catorce o veinte años. Lo he aprendido con la edad. Y es que sí, a concentrarse se aprende. Y tengo una buena noticia para usted: es fácil.

Se lo explico con una historia personal: la habilidad psicomotriz nunca fue lo mío. Pero el año pasado me dije: «Podría aprender algo que sea muy complicado en el ámbito psicomotriz para ver si mi torpeza es innata o tiene arreglo». Semanas más tarde, me compré una batería. No, no es broma. Siempre he admirado la capacidad de coordinación de los baterías de rock.

Durante semanas, le dediqué una hora cada día a practicar. Bien, en dos semanas podía tocar canciones simples («Supersonic», de los Oasis, me queda genial, oiga). Y al cabo de un mes estaba tocando con cierta confianza «Livin' on a Prayer», de Bon Jovi.

¿Qué quiero decir con esto? Que todo en esta vida es entrenable. Es echarle tiempo y estudiar técnica. Ya ha visto en otros capítulos que soy un gran aprendiz de cosas, ya sea apnea, astronomía, batería. Y… ¿sabe qué? Concentrarse es lo mismo. Y, dentro de las cosas que he practicado en mi vida, esta es de las más fáciles de aprender.

LA MENTE Y LA ATENCIÓN

Concentrarse requiere tomar conciencia de dos partes de su estado interior: mente y atención. La mente es el conjunto de todo lo que usted tiene dentro: recuerdos, sensaciones, lo que en este momento ve, oye, siente. La mente es como un grandísimo mapa, donde cada región es una parte de su ser. Una parte de la mente es el trabajo. Otra, la familia. Otra, la película que en estos momentos está viendo. Otra, el recuerdo de unas vacaciones.

Ahora pasemos a la atención. Esta puede imaginarse como una linterna que está iluminando un área concreta de la mente. Ahora usted «piensa» en esto, ahora en esto otro. Lo que de verdad sucede cuando saltamos de tema en tema es que la atención se pasea por nuestra mente.

Esa atención salta por una diversidad de motivos. El primero, por estímulos externos. Por ejemplo, quizá usted ve algo que le estimula, y su atención se dirige a un punto de su mente. Como esta es conexionista, quién sabe adónde irá a parar. Por ejemplo, usted ve un autobús rojo, y fijándose en el rojo piensa en la sangre. Y pensando en la sangre le vienen a la cabeza películas de terror. Todo esto no es más que su atención saltando de asunto en asunto.

La atención puede cambiar de tema por búsqueda de novedad. Como he dicho antes, la novedad nos encanta. Por tanto, nuestra mente va saltando continuamente por defecto solo por generar dopamina gracias a las novedades. Es lo que llamamos «aburrimiento»: nuestro cerebro odia aburrirse, estar centrado en cosas que no son nuevas.

Pues bien: entendidas estas dos partes, concentrarse requiere tomar conciencia de esta separación mente-atención. Y, hecho eso, exige practicar el control voluntario de la atención. Es decir, tratar de gobernarla, manualmente. Huir del estímulo de la novedad y de los estímulos externos para dirigir nuestro interés a un solo punto durante periodos cada vez más largos.

Ahora es muy probable que usted espere que yo me saque de la manga una técnica superinteresante para practicar su atención. Lo siento, no va a suceder. No existe una fórmula mágica, salvo la práctica y la constancia.

Hablando claro: si quiere mejorar su atención, practique su atención. Y no haga otra cosa. Porque, si lo hace, se está distrayendo. Esto es como subir el Everest. No, no hay varios caminos: hay uno. Mirar la montaña y subir.

Para ayudarle en su viaje, le propongo cuatro pasos simples, que no tengo duda de que marcarán un antes y un después en su vida.

Paso 1: Reducción de la distracción

El primer paso para concentrarnos consiste en reducir al enemigo. Con lo cual, sí, toca revisar nuestro día y hacer una lista de todas las amenazas a nuestra concentración. No le sorprenderá saber que muchas son digitales.

Haga un listado exhaustivo de interrupciones de su vida:

- Redes sociales: cuáles son, cuántas veces sucede, qué le aportan…
- Notificaciones en general: SMS, WhatsApp, e-mail…
- Interrupciones de otro tipo: llamadas entrantes, gente que requiere nuestra atención, familia…
- Otras fuentes de procrastinación: navegar por la web, ver vídeos, etc.

No le estoy pidiendo que se convierta en Robinson Crusoe y viva como un ermitaño. Pero empiece por entender cómo de grave es su problema. No se deje gobernar por la distracción: gobiérnela usted. Es difícil encontrar paz mental en medio de un bombardeo.

Es curioso que yo diga esto siendo tuitero. Pero aquí viene mi receta personal, a título de ejemplo.

Tengo una cuenta de Instagram, que solo uso en momentos de aburrimiento (como en el bus). Salvo en esas situaciones, la ignoro. Notificaciones desactivadas.

Sistemáticamente desactivo las notificaciones de WhatsApp. Y, una vez más, solo lo miro cuando «paso por ahí». Mi política es: «Si es urgente, ya me llamarán». El resto no son más que tonterías.

Los mismo pasa con Twitter. Por loco que parezca, no tengo notificaciones de esta plataforma, se lo juro. Hay una razón lógica: con mi cuenta, si las tuviese activadas, recibiría varias por segundo. Lo que hago es que, cuando acabo de publicar algo, estoy pendiente un par de horas, concentrado. Y después me voy y no lo miro más. Incluso cuando publico hilos que tienen bastante éxito, dejo el móvil en casa para evitar la tentación de mirarlo.

Cuando cualquier aplicación para móvil me pide permiso para enviarme notificaciones, la respuesta siempre es no, salvo que haya una buena justificación. Por ejemplo, tengo activos los mensajes de líneas aéreas y temas médicos. Aparte de eso, todo desactivado.

Tengo una fuerte tendencia a distraerme con la web o YouTube. Culpable. Lo gestiono concentrándome mejor (siga leyendo).

¿Ve? La idea no es abandonar la tecnología: todos estos sistemas tienen su valor y su utilidad; sino asegurarnos de que somos nosotros quienes los gobernamos, y no al revés.

Paso 2: Escucha activa

Una de las áreas donde es más fácil mejorar nuestra capacidad de concentración es en la de aprender a escuchar. Este apartado trata de charlas de trabajo, con su pareja o con amigos. Cualquier contexto en el que se intercambie información verbalmente. Con cinco cambios de conducta, debería notar mucha mejora.

Primero, priorice siempre la persona con la que habla respecto a otros estímulos externos. ¿Qué recibe un wasap? Ignórelo. ¿Qué alguien le llama por teléfono? Mire el número y, salvo que sea urgente, no lo coja. Hemos adquirido el vicio de que lo externo es más importante que la persona con la que estamos hablando. Y ese vicio es tan sencillo de eliminar como decir: no caiga en él. De igual modo, nada de hablar con alguien y al tiempo mirar Twitter o estar removiendo los macarrones: cuando se conversa, se escucha. Y se intenta centrar toda la atención en la persona con la que estamos hablando, manteniendo contacto visual y haciéndole notar que se le está escuchando.

Segundo, respete los turnos. Si es como yo (que soy un desastre, lo admito), a veces, cuando el otro habla meramente estoy esperando a que acabe para seguir pegándole el rollo de lo que opino. En realidad no estoy escuchando lo que la otra persona me cuenta: el tiempo en que habla solo es una pausa para seguir hablando yo. Deje de hacer eso. Cuando el interlocutor habla, se le escucha, se intenta entender lo que está diciendo. Y solo se articula una respuesta cuando ha terminado.

Tercero, use la información de la otra persona en sus respuestas. La demostración de que usted está prestando atención es precisamente esa: que es capaz de seguir el hilo de lo que le dicen. Seguro que ha estado en muchas conversaciones a las que llamamos «diálogo de besugos»: la otra persona habla de que ha tenido un mal día en el trabajo y usted le contesta que si esta noche cenarán sopa. Son dos trenes yendo por vías paralelas. Comparten información, pero no están escuchándose. Tampoco haga eso. Cuando la otra persona diga algo, responda a ello. No tiene por qué estar de acuerdo, pero no ignore lo que le están contando.

Cuarto, sea consciente del reparto del tiempo. Mi regla de oro es que los otros hablen más que yo. No es bueno acaparar las conversaciones. Cuando note que se le va de las manos, frene. Deje espacio conversacional a su interlocutor. Déjele explayarse, y aplique los otros tres trucos.

Quinto, si es necesario, tome notas. Esto es muy útil en un contexto de trabajo, aunque menos en conversaciones casuales. Pero tenga siempre a mano lápiz y papel, y escriba palabras sueltas que le recuerden los argumentos principales de su interlocutor. Este tipo de charlas suelen ser largas y complejas. Tomar notas le permitirá plantear respuestas mejor articuladas y más ricas.

¿Se da cuenta de lo que le decía? No hay una receta mágica. Tan solo se trata de ser conscientes de nuestros vicios adquiridos y eliminarlos manualmente. Sea un gran escuchador. Cuesta poquísimo y mejorará su capacidad de concentración global.

Paso 3: Reconectar con la naturaleza

Lo sé: ha leído el título y se espera el clásico apartado hippie de abrazar árboles. Lo cierto es que le voy a proponer algo parecido a eso: que pasee por el bosque. Y no, esto no es una pseudociencia: sabe de sobra que si digo algo, es porque puedo demostrarlo. Pasear por la naturaleza tiene beneficios claros, medibles y objetivos sobre su bienestar general y su capacidad de atención.

Desde inicios del siglo XX sabemos que muchas plantas y árboles segregan unos compuestos volátiles llamados fitoncidas, que emplean para protegerse de los ataques de bacterias, insectos y hongos. Es el caso, entre otros, del cedro, el pino, el roble, la planta de ajo o la de cebolla.

También sabemos que, al respirar fitoncidas por estar en contacto con la flora, nuestro cuerpo incrementa el número y la actividad de sus glóbulos blancos NK, que son los responsables de luchar contra las infecciones. Por tanto, para empezar, pasear por la naturaleza mejora nuestro sistema inmunitario.

En un ensayo realizado en 2006 en Japón, se comparó a dos grupos: uno realizó varias rutas durante tres días en una excursión por bosques de cipreses Hinoki, mientras que el otro grupo pasó tres días paseando durante un tiempo similar, pero en este caso en la ciudad de Nagoya. Las personas que estuvieron en el bosque mostraron tras el experimento y durante treinta días un nivel y actividad más alto de células NK, mientras que las que permanecieron en la ciudad no tuvieron impacto alguno al respecto.

Resultados similares se obtuvieron sencillamente vaporizando aceite de ciprés Hinoki en un tercer grupo, que se mantuvo encerrado en habitaciones de hotel, lo que confirmó la influencia de los árboles sobre el sistema inmunitario.

Pero es que hay más. He dicho que el contacto con la naturaleza aumenta nuestro *focus*. Investigadores de la Universidad de Míchigan (Berman, Jonides y Kaplan) llevaron a cabo un experimento en el que varias personas que pasearon más o menos una hora por un parque se sometieron a una prueba de atención antes y justo después del paseo. Una semana más tarde, se repitió exactamente la misma rutina con los mismos individuos, pero esta vez en una ciudad.

El paseo por el bosque mejoró las puntuaciones en el test realizado posteriormente, mientras que el urbano no tuvo repercusión alguna sobre la capacidad de atención.

De hecho, hoy en día se está investigando el impacto que tienen los conocidos como «baños de bosque» en pacientes con trastornos de déficit de atención e hiperactividad y como forma de control de la compulsividad en adolescentes.

Fíjese si las consecuencias son positivas que existen estudios en los que incluso se afirma que contemplar un bosque a través de una ventana posee efectos positivos. En otro estudio llevado a cabo en un hospital de Pensilvania entre 1972 y 1981, se realizó el seguimiento del posoperatorio de pacientes de colecistectomía, la operación de extracción de la vesícula biliar. Se dividió a los voluntarios de la prueba —a todos ellos se les practicó la misma intervención— en dos grupos. A una mitad se los colocó en habitaciones con vistas a un bosque y en dormitorios que daban a un patio interior sin vegetación. Pues bien: el primer grupo pasó menos tiempo en el posoperatorio y requirió menor dosis de medicación que el grupo cuyas habitaciones no tenían vistas. Claramente, una vez más, constatamos que la naturaleza tiene un impacto positivo en nosotros.

Paso 4: *Introspección y presencia*

Si se para a pensar, los tres primeros pasos son «hacia fuera»: no distraerse, escuchar, acudir a la naturaleza. Controlado eso, podemos continuar con el cuarto paso, que nos lleva «hacia dentro», a nuestra mente. Recuerde: atención y mente. Debemos controlar nuestra atención.

Para este paso necesita solo una cosa, de la cual andamos escasos en el mundo moderno: tiempo. Canceladas las distracciones y los estímulos externos, pase tiempo consigo mismo. Para ello, le recomiendo un plan de cuatro fases muy simples.

1. Trate de fijar su atención en aquello en lo que quiere pensar. Recuerde la linterna, la atención. Si es como yo, pasados unos cinco segundos, su cerebro derivará en alguna dirección al azar.
2. Tome conciencia de esa deriva, obsérvela. Comprenda qué le distrajo, hacia dónde fue su cerebro.
3. Como si tuviese una correa, «tire» de su atención de vuelta al tema inicial.
4. Vuelva a empezar. Trate poco a poco de incrementar el tiempo que es capaz de estar solo, sin distracciones, pensando en algo.

Intente encontrar momentos a diario para desconectar de todo y de todos, y estar solo con sus pensamientos. Puede hacerlo sentado, o adoptar una de las múltiples rutinas de meditación. Yo lo hago paseando, sencillamente camino mientras el cerebro ataca algún problema denso. Con el tiempo, como el que aprende a escribir o a dibujar, notará una mejora. Nos falta práctica: el mundo moderno nos ha llenado la cabeza de prisas, estímulos y estrés. Y no ha dejado espacio para todo lo demás.

En relación con estos ejercicios, le hablaré sobre un experimento llevado a cabo en la Universidad de Virginia, que demuestra hasta qué punto hemos degradado nuestra capacidad de estar solos pensando.

En este ensayo, se encerró a los participantes de la prueba en una sala vacía. Al comienzo, se les administró un leve electroshock, suficiente para resultar incómodo, pero no peligroso. A continuación, se los dejó solos en la habitación, pero con el aparato de electroshock aún conectado en la pierna, y un pulsador. Y se les dijo que debían permanecer allí, sentados en una silla, durante un cuarto de hora, pensando en sus cosas. Eso sí, si el participante lo deseaba, podía pulsar el botón y provocarse un nuevo electroshock. No tenía por qué hacerlo: tan solo era una opción.

Pues bien, en el cuarto de hora que duró el experimento, un 67 por ciento de los hombres y un 25 por ciento de las mujeres se administró al menos un electroshock, a pesar de saber perfectamente que sería desagradable. Lo cual viene a demostrar que, cuando estamos inactivos o aburridos, una experiencia desagradable es mejor que no hacer nada. Odiamos estar a solas con nosotros mismos. Como dicen las palabras atribuidas al físico Blaise Pascal: «Todos los problemas de la humanidad provienen de no saber estar sentado en una habitación, solo, en silencio».

Una forma de combatir ese «terror a estar solos» es desarrollar la sensación de presencia. La presencia es la capacidad de estar, mentalmente, aquí y ahora. ¿Cuántas veces está en un lugar, pero su mente se halla en otro sitio? ¿Cuántas veces está aquí físicamente, pero ya está pensando en lo que tiene que hacer después, anticipándose y abandonando el momento presente?

Desarrolle su capacidad de presencia, de anular todo lo que no sea el aquí y el ahora. Le explicaré dos ejercicios muy simples.

El primero es el clásico ejercicio de control de respiración. Respire lento, tranquilo. Existen infinidad de patrones de respiración controlada, pero en general cualquiera de ellos le permitirá reducir el estrés y la ansiedad. Por ejemplo, un buen patrón es el 4-7-8, consistente en cuatro segundos de inhalación, retención de aire en los pulmones por siete segundos, seguidos de exhalación tranquila durante ocho segundos. Mientras respire (trate de tener los ojos cerrados) concéntrese solo en la respiración. Aíslese del mundo completamente, durante uno o dos minutos. Escuche el sonido del aire al entrar y salir. Sienta el movimiento del diafragma. Dirija toda su linterna de atención, con la máxima potencia posible, a su respiración. Tras un par de minutos, verá cómo ha controlado su ansiedad, pánico o estrés.

Otra forma de presencia parecida es dirigir toda su atención a alguna tarea que le haga desconectar. Hace años yo practicaba aikido, y hacíamos un ejercicio de presencia interesante: alternábamos la postura estándar de estar de pie con la de puntillas. Y, al hacerlo, dirigíamos toda nuestra atención al movimiento. Nos levantábamos muy lentamente hasta ponernos de puntillas, durante unos cinco segundos. Nos fijábamos en cada micromovimiento de cada articulación del pie, en cada minúsculo desequilibrio o imperfección. A continuación, aguantábamos la posición varios segundos, y luego descendíamos de forma controlada. Y todo ese rato, con la atención fijada en la postura: dónde está exactamente cada dedo de los pies, cómo es el equilibrio de la cadera, de qué forma tenemos colocadas las manos. Repasando la postura mentalmente te aíslas del mundo exterior y de cualquier problema.

Un último ejemplo de tarea sencilla pero observable es algo tan simple como beber un vaso de agua. Tome un vaso y beba el agua que contiene de forma exageradamente lenta. Con exageradamente lenta quiero decir que dedique unos buenos veinte segundos a beber el agua. Sienta su temperatura. La temperatura del cristal. ¿Tocan el vaso sus dientes o solo sus labios? ¿Tiene el agua algún sabor? ¿Sabe metálica, alcalina, salada? Deténgase en su lengua, en cómo se mueve al beber. Pase a su glotis, al gesto de tragar. Sienta cómo el agua fluye en su garganta.

¿Lo ve? Todo esto son ejercicios de control extremo de la atención, que le llevarán, poco a poco, a una mayor sensación de autocontrol y presencia.

FOCUS DESDE LA INFANCIA

El *focus* puede trabajarse desde la infancia. Y siento decir que es una batalla que estamos perdiendo. En parte por la presión brutal de la tecnología y los *mass media*, pero también por dejación de nuestro deber como padres. Le cuento una historia que me pareció terrorífica.

Estaba dando una conferencia en el Círculo Ecuestre de Barcelona. Si no sabe lo que es, se trata de un club privado, digamos, de clase alta, donde a veces se celebran debates. Me invitaron para hablar a un grupo de padres sobre tecnología e infancia. Éramos dos ponentes: la directora de un conocido colegio de la zona alta de Barcelona y yo. Como era de esperar, me tiré media hora sacando estadísticas, explicando cómo debemos limitar estas «chucherías de la dopamina». Cuando acabé mi ponencia, un padre me preguntó: «Dani, has comentado que es importante limitar el tiempo de uso de iPads y consolas en los niños, pero ¿cómo hago para decirle que no a mi hijo?».

Al principio, sinceramente, no entendí la pregunta, así que contesté con educación: «Bueno, es importante explicarle al niño las reglas, y hacérselas cumplir».

El padre me replicó: «Vale, no me entiendes. Mi hijo de ocho años querrá seguir usando el iPad. ¿Cómo le digo que no?».

Yo en ese momento ya estaba alucinando. Total, que le respondí: «Ah, ahora le comprendo. Diciendo que no». Y recalqué esta última palabra. El padre, incansable, me contestó: «Ya, pero se enfada». Entonces, solté una frase que he acuñado y creo que resume muy bien mi filosofía sobre estos temas: «¡Ah, vale, ya le entiendo! Usted debe de ser uno de esos padres que cree que es imprescindible caerles bien a sus hijos. Bien, yo no». Carcajada general del auditorio, pero la clásica risa incómoda que refleja una sensación de culpa.

El mundo moderno y su ritmo endiablado hace que pasemos poco tiempo con nuestros hijos, y que ese tiempo a veces no tenga la calidad que debería. Y claro, las consolas y la tecnología en general son un muy buen recurso para que «el niño no dé la brasa». Decirle al crío que no cuando se quiere tirar cinco horas con el iPad igual requiere hacer otras cosas con él, cosas que nos implican a nosotros. A ver qué adulto descarta la posibilidad de que sus hijos se autoentretengan. Y así nos va, con padres incapaces de negarles el iPad a sus hijos.

Lo diré una vez y claramente: a pocas personas conocerá en su vida tan tecnólogas como yo. En mi casa hay veintiséis consolas, cuatro iPads y todo tipo de cachivaches. Mis hijas no usan las redes sociales (en el tiempo en que escribo este libro tienen nueve y doce años), y evidentemente cualquier tipo de entretenimiento tecnológico está pautado. La frase «Cuando yo diga "apaga eso", tienes diez segundos y, si no, no lo volverás a usar» es de verdad cotidiana en mi casa.

Llámeme antiguo, pero soy de una generación en la que los padres estaban para educar. Y a los de mi generación, no sé, no nos va mal. Alimentar la compulsividad y la ansiedad en la tierna infancia es el primer capítulo de un libro lleno de problemas futuros. Decir no a los cuatro años es la mejor forma de no tener problemas a los quince, veinte o veinticinco. Es mucho más fácil cultivar la autodisciplina en un niño de cuatro años que en un adolescente de dieciséis que lleva toda su vida siendo un consentido.

FOMO

Acabo el capítulo hablando de un fenómeno reciente y algo preocupante. El fenómeno FOMO, siglas en inglés de *Fear of Missing Out*, se da sobre todo en las redes sociales, y consiste en tener que estar siempre «enchufado» a lo que sucede porque, si no, no estás «al día» ni «en la escena». Todos tenemos que ver las mismas series, escuchar las mismas canciones que se han puesto de moda esta semana y seguir a rajatabla todas las micronoticias absolutamente irrelevantes que van surgiendo en el mundo online. O estamos cien por cien al día de lo que sucede, o somos unos perdedores.

Con lo que llevamos hablado usted y yo, me parece que casi puedo saltarme este apartado: sabe perfectamente lo que voy a decirle. Al diablo con el FOMO. La mejor forma de no ser un hámster en la rueda es no entrar siquiera en ella.

Frente al FOMO, le presento a su mejor amigo: el JOMO. Se trata del *Joy of Missing Out*, la alegría de ser el dueño de nuestro tiempo y no necesitar todas esas golosinas para ser feliz.

Prácticamente yo no veo series de esas que se ponen de moda: no, no he visto *Perdidos*, ni *Breaking Bad*, ni *Stranger Things*, ni *Succession*. Veo un pequeño porcentaje de programas, que son los que sí me interesan. No porque «toque» o estén de moda, los veo porque son realmente de mi agrado: *The Terror*, *Expediente X* y unas cuantas series más. Suelo esperar a que pase la oleada de «moda» y si sobreviven en el imaginario colectivo, entonces las veo. Si se sigue hablando de una serie cinco años después, es señal de que vale la pena.

Lo mismo me pasa con los libros. Salvo contadas excepciones, solo leo a autores muertos. Porque, si tras cien años se sigue recomendando tal o cual libro, seguramente sea porque es bueno.

Rara vez juego a videojuegos nada más salen a la venta (y me dedico a eso, ¡imagínese!). Y cuando surge cualquiera de esas polémicas explosivas en las redes sociales, desconecto. Trato de dirigir mi atención a lo que para mí es relevante, no a lo que nos «inyectan» con una falsa sensación de relevancia.

Deje que el tiempo sea juez de lo que vale la pena, y verá que mágicamente se libera una cantidad de espacio enorme que estaba dedicando solo a mantenerse integrado en la vorágine del mundo online.

Conclusión

Si le parece que este capítulo es un bombardeo sistemático a la cultura moderna, tiene usted razón. Creo sinceramente que una pieza clave en nuestro camino hacia pensar mejor es aprender a concentrarnos. Estamos educando generaciones con una capacidad de autocontrol bajísima. Es hora de decir basta. De usar las tecnologías del mundo moderno para que nos ayuden a pensar más y mejor. No que ellas nos usen a nosotros.

15

Foco: priorización

Si ha aplicado algo del anterior capítulo, su cerebro contendrá menos ruido que antes, menos distracciones. Eso es solo la mitad de la solución. Incluso eliminando distracciones, es un hecho que la vida moderna frecuentemente nos sobrecarga con múltiples líneas de actuación, tareas y problemas. Todo ello es fuente de estrés. En las siguientes páginas le quiero enseñar cómo priorizar lo importante y dejar de lado lo que no lo es, y cómo manejar esas tareas de forma óptima. Venga, ¡que nos vamos a la Segunda Guerra Mundial!

LA MATRIZ DE EISENHOWER

Le confesaré una cosa: cuando se trata de técnicas de pensamiento, siempre me decanto por las simples y generales, y por una buena razón: son aplicables en muchos contextos. En cambio, las sofisticadas son demasiado específicas para el esfuerzo que requieren. Aquí va una metáfora: tiene que elegir entre llevar en el bolsillo un bolígrafo o un subrayador fluorescente. ¿A que elige el bolígrafo? Lógico: puede usarse en más situaciones.

Con la técnica que le explicaré ahora pasa lo mismo: es sumamente simple y se puede aplicar en todo tipo de situaciones. Y todo se lo debemos a la Segunda Guerra Mundial.

Si sabe algo de historia, recordará que Dwight D. Eisenhower fue un general del ejército estadounidense, uno de los artífices del

Día D. Tras una brillante carrera militar, se convirtió en presidente de Estados Unidos entre 1953 y 1961.

Cuenta la leyenda que, en una entrevista, Eisenhower dijo: «Lo urgente rara vez es importante, y lo importante rara vez es urgente». Más allá de que esto sea cierto o no (sorpresa: no lo es), la cita logró cierta fama, y años después se desarrolló como técnica de análisis de problemas en las llamadas matrices de Eisenhower.

Una matriz de Eisenhower es una tabla con dos dimensiones: en la vertical, pondremos la urgencia (arriba lo poco urgente, abajo lo muy urgente); en la horizontal colocaremos la importancia (en la izquierda lo poco importante, en la derecha lo muy importante). Obtendrá una matriz como esta:

	Poco importante	Muy importante
Poco urgente		
Muy urgente		

Como puede intuir, ahora la idea es escribir sus problemas o proyectos en la matriz y ver dónde se sitúan en la escala cruzada de importancia y urgencia. Pero antes hablemos un poco sobre estas dos propiedades:

Por un lado, las tareas importantes suelen...

- Ser proactivas: nosotros las perseguimos.
- Ser a largo plazo.
- Permitir reflexión y horas de trabajo dedicado.
- Estar relacionadas con objetivos de alto impacto.

Por el otro, las tareas urgentes suelen...

- Ser reactivas: son situaciones que surgen y debemos resolver.
- Ser de corta duración.
- Requerir decisiones rápidas y subóptimas.
- Estar relacionadas con objetivos de menor importancia.

Lo más interesante viene ahora: cada uno de los cuatro cuadrantes de la matriz nos indica claramente qué hacer en cada caso, cómo tratar un problema en función de en qué cuadrante se encuentre. Veámoslo.

Cuadrante urgente-importante

Estas tareas suelen ser crisis, entregas inminentes, etc. Por tanto, la decisión pasa por atacarlas ya, con intensidad, y debe atacarlas usted. No delegue nunca ninguna tarea de este cuadrante: se puede arrepentir.

Además, si se encuentra con tareas en este cuadrante con demasiada frecuencia, significa que tenemos un problema: se va a sobrecargar de ansiedad.

Para resolverlo, no se deje llevar por el estrés: deténgase a pensar un instante. Antes que nada, pregúntese: ¿es realmente una tarea importante? Lo digo porque, en el mundo moderno, solo por el hecho de que algo sea urgente ya le cuelgan automáticamente la etiqueta de importante. Y muchas veces no es así. Como hemos visto en el capítulo anterior, fenómenos como el FOMO hacen que sobrevaloremos la importancia de las cosas únicamente por el hecho de que sean urgentes. Si no es importante, lea los siguientes apartados, pues esa tarea no debería estar en ese cuadrante.

Ahora bien, supongamos que usted está siempre rodeado de tareas importantes y urgentes. Pues bien, señor mío, tiene un problema y va a acabar estresado, o algo mucho peor. Salvo en periodos cortos, estar sometido de forma continua a la sensación de importancia y urgencia no es sano. Debería plantearse por qué le ocurre esto (revise el capítulo 12, donde he hablado de los diagramas de Ishikawa). ¿Es posible que le falten recursos humanos, y todo eso que le llega debería repartirse entre más gente? ¿O es que usted tiene tendencia a absorber más de lo que es capaz de gestionar de forma saludable? Por ahora, resuelva el problema que tiene delante. Pero, resuelto ese, vaya al fondo de por qué muestra tendencia a acumular problemas prioritarios e importantes, y trate de revertir la situación.

Cuadrante importante-no urgente

Estas tareas son las semillas de su éxito futuro. Obviamente, irán detrás de las importantes-urgentes, pero es fundamental dedicarles la mayor parte de su tiempo. Son faenas normalmente de cocción lenta, pero que un día darán su fruto. Mi consejo es: asígneles un tiempo, comprométase con ellas. No deje que las urgentes les coman el terreno.

Un ejemplo de estas tareas son aquellas «de tendencia», como invertir en bolsa. O alimentarse mejor. O dormir de forma saludable. Nada de eso es urgente. Pero, si lo hace, al cabo de uno, dos o cinco años, notará los beneficios.

Por tanto, no lo postergue: calendarícelo. Este tipo de tareas requieren constancia y compromiso.

Cuadrante urgente-no importante

Cuando algo está en este cuadrante, nuestra solución estándar tiene que ser tratar de delegarlo. Sí, es necesario atacarlo ya, pero no es importante, así que no merece su tiempo, que estará mejor invertido en las tareas de la mitad superior de la tabla. Encuentre a alguien que pueda hacerlo por usted, incluso es posible que genere una sinergia de tipo *win-win*: dándole esta tarea a otra persona tal vez genere beneficios en el futuro.

Cuadrante no importante-no urgente

Estas tareas son las clásicas distracciones que le están robando tiempo. Y encima ni siquiera valen la pena. No tiene sentido que las haga usted y tampoco delegarlas. Aprenda a decir que no, a bajarse de barcos que no llevan a ningún lado. Con frecuencia, nos encontramos en la vida en momentos en los que uno piensa; «¿Qué estoy haciendo aquí?». Si es su caso, es que no debería estar ahí. El *focus* y la priorización no tratan solo sobre ordenar tareas; también tratan, y mucho, de reducirlas.

Si usted es como yo, el mero hecho de tener muchas tareas encima de la mesa puede llegar a producirle vértigo, la clásica sensación de correr de un lado para otro «apagando fuegos». La matriz de Eisenhower es una herramienta rápida para entender qué vale la pena hacer y qué no. Aplíquela.

LA IMPORTANCIA DEL NO

Uno de los principales problemas para priorizar (al menos en mi caso) es la saturación de tareas. Año tras año, nuevas actividades, proyectos y responsabilidades van añadiéndose a la pila, como una pesada carga que debo arrastrar.

Y eso es un problema, porque muchas de las nuevas tareas o actividades son interesantes. Es decir, me meto en líos nuevos todo el rato precisamente porque son nuevos, y eso los hace excitantes. Por ejemplo, escribir este libro. No es que nadie me haya puesto una pistola en la cabeza: lo he hecho encantado y es de lo que más he disfrutado en los últimos años.

Por ello, de vez en cuando, «suelto lastre». Si algo nuevo entra en mi vida, algo se tiene que ir. Porque ni mi capacidad es infinita ni mi tiempo tampoco.

Además, un exceso de tareas produce vértigo. Si usted me da una faena, por difícil que sea, me espabilaré. Y más tarde o más temprano la sacaré adelante. Lo mismo sucederá con dos, tres o cuatro tareas. Pero cuando empezamos a acumular muchas, nos pasamos más tiempo cambiando de tarea que trabajando. Y ese cambio continuo produce esa sensación de falta de control y de vértigo.

Así que, desde el comienzo, sea realista consigo mismo y con los demás: no puede hacerlo todo. Y no, no es un tema de «Ya haré lo otro después»: en realidad no podrá, porque llegarán cosas nuevas.

Por eso le recomiendo «soltar lastre» cada vez que le llegue una tarea nueva. Sencillamente, haga una lista de todo lo que tiene entre manos. Sea exhaustivo. A continuación, ordénela usando una matriz de Eisenhower. Y empiece a cortar por lo sano.

¿Quiere un método? Le contaré cómo prioriza el famoso inversor Warren Buffett, durante años la persona más rica del mundo.

Cuando quiere soltar lastre, Buffet hace un listado con las veinticinco tareas que tiene entre manos. Fíjese, ¡veinticinco! Después, las ordena por importancia, urgencia e interés. Del resultado obtenido, se queda solo con las cinco primeras. Y se compromete a lo siguiente: se vuelca al cien por cien en esos cinco objetivos, ignorando lo demás. Y cuando esas cinco tareas están acabadas, empieza otra lista con las veinticinco tareas más importantes y repite el proceso.

Este método funciona por varios motivos.

Primero, nos hace ver que la mayoría de nuestras tareas son superfluas, y que lo realmente importante son pocas cosas.

Segundo, no admite interrupciones ni un «Hazme esto que me corre prisa»: mientras está en uno de sus ciclos de trabajo, no entra nada nuevo. Obviamente, hay que ser razonables. Si algo de verdad urgente sucede (yo qué sé, un incendio o una crisis), claro está, dejarás de hacer lo que estés haciendo y saldrás corriendo.

Tercero, al quedarnos con una lista corta, ganamos *focus*.

La cultura del no también puede afectar a planes nuevos, no solo a lo viejo. Con frecuencia, nos llegan proyectos y sentimos una extraña tendencia a decir que sí. ¿Por qué? Es sencillo: porque son una novedad. Y, como he explicado varias veces, a nuestro cerebro eso le encanta, son golosinas.

Si está suficientemente aburrido, incluso un plan absurdo como aplicarse un electroshock le parecerá apasionante, ¿recuerda?

Con lo cual, aplíquese el cuento: cuando le llegue un posible plan nuevo, plantéese lo siguiente: ¿qué parte de nuestro entusiasmo es sencillamente nuestro cerebro pidiendo dopamina y qué parte es que el plan de verdad nos interesa? Porque seguro que le ha pasado alguna vez que, sin pensárselo, ha dicho que sí a algún proyecto o actividad que surge de repente para arrepentirse poco después, en cuanto valora las implicaciones. El clásico: «¿Cómo me he metido yo en este lío?».

Recuerde: el *focus* de calidad empieza priorizando. Y priorizar, en el mundo moderno, quiere decir aprender el valor del no.

El egoísmo sano

La vida moderna está llena de compromisos. Algunos los asumimos nosotros. ¿El resto? Nos cae del cielo. Es posible que, como me ocurre a mí, a menudo se sienta como uno de esos muñecos de juguete, de goma elástica, que se estira por cada brazo y por cada pierna en una dirección distinta, hasta que se rompe. No hay día que alguien no nos necesite para algo.

Es lógico. Por un lado, somos seres sociales. Por el otro, la vida moderna es tremendamente conexionista: trabajo, familia, amigos, hobbies..., todos en cola requiriendo de nuestro tiempo.

Entiéndame bien: ser generoso con nuestro tiempo es positivo. Pero si eso se convierte en una carga en nuestra calidad de vida, quizá sea el momento de parar a pensar si no nos estaremos pasando de la raya.

Comparto con usted una receta que a mí, al menos, me funciona. Todas esas actividades de nuestro día a día, al final, pertenecen a cinco tipos. Para recordarlos sin problema, le sugiero un acrónimo: CIGAR. Acuérdese de esa palabra, le será muy útil.

- Compromiso: Algo que tengo que realizar, quiera o no, por deber, trabajo, etc.
- Interés: Me interesa a mí, un hobby, por ejemplo.
- Generosidad: Un acto altruista que quiero hacer porque me genera felicidad.
- Ayuda: La acción no me afecta a mí, sino a alguien a quien aprecio.
- Resto: Todas las actividades que no están en las categorías anteriores.

Simple, ¿verdad? Pues bien, ahora analice su vida y revise cómo va en cada uno de esos ejes. Si hace el ejercicio, verá que las cinco categorías suelen estar desequilibradas.

Muchos de nosotros estamos saturados en la C y en la R: o bien tenemos demasiados deberes, o bien somos arrastrados por motivos diversos a tareas que no nos interesan, en las que nos sentimos utilizados. En cambio, dedicamos menos tiempo del que nos gustaría a la I, a la G y a la A, que son precisamente fuentes de felicidad.

Aprenda a redescubrir su equilibrio interior. En mi caso, con los años he aprendido a decir que no a la mayoría de tareas R. Seguramente más de uno me llamará borde o seco por ello. Pero es fácil caer en una espiral en la que nos sentimos utilizados en temas que ni nos interesan ni nos aportan felicidad. Redescubra el egoísmo en positivo. Su vida es suya.

Yo he trazado una frontera clarísima. Cada dos por tres me implico en proyectos altruistas, porque me dan la vida. Cada vez dedico más tiempo a mis intereses personales, ya sea la astronomía, viajar, etc. Y desde luego trato de ayudar a los que me rodean y aprecio. Pero no dejo que el resto de gente disponga de mi tiempo como si fuese suyo. ¿Que me invitan a un acto? La respuesta por defecto es no. ¿Que alguien intenta generarme sensación de culpa, como si yo tuviese el deber de hacer algo cuando no es así? Sinceramente, me da igual.

Le pondré un ejemplo: de un tiempo a esta parte, rechazo las reuniones de forma sistemática, salvo que me interesen por alguno de los cuatro primeros motivos que he desarrollado. Cada dos por tres alguien nos llama para reunirse con nosotros para algo que, por lo general, ni nos va ni nos viene. Compañías telefónicas. Bancos. Candidatos a proveedores. Mi respuesta siempre es: «Lo siento, tengo una política de no hacer reuniones salvo que sea imprescindible». ¿Borde? Quizá. Pero aprenda a decir que no y comprobará cómo empiezan a aparecer horas que ni sabía que tenía para dedicar a las cosas que realmente le harán más feliz.

¿Quiere un referente? Quién mejor que Edmund Wilson, uno de los mayores críticos literarios del siglo XX, promotor entre otros de la carrera de Ernest Hemingway. Cuenta la leyenda que Wilson, saturado por peticiones que no eran de su interés, redactó una carta para declinar todo tipo de invitaciones, de forma que podía responder de una manera estandarizada y rápida. Puede ver aquí abajo una transcripción de la carta:

Edmund Wilson lamenta que la resulta imposible

sin compensación	leer manuscritos, contribuir a libros o revistas, hacer trabajo editorial, ser juez en concursos literarios, dar conferencias, dirigirse a audiencias, dar charlas en banquetes, retransmitir;
en ninguna circunstancia	contribuir o participar en simposios, participar en poemas encadenados u otras creaciones colectivas, contribuir a manuscritos destinados a ser vendidos, donar copias de sus libros a bibliotecas, autografiar libros para desconocidos, dar información personal sobre sí mismo, proveer fotografías de sí mismo, permitir que su nombre se utilice en membretes, recibir a desconocidos que no mantienen aparente relación con él.

En el texto, el autor diferencia las actividades en dos categorías:

- Aquellas que no aceptará, salvo compensación económica.
- Otras que no aceptará nunca.

Me parece una práctica sanísima. No, nuestro tiempo no es de los demás: es nuestro. Y además, tampoco es gratuito, salvo que nosotros decidamos que lo es para un proyecto concreto. Deje de hacer el primo: si quiere regalar su tiempo, que sea porque lo desea, no por cortesía social.

16

Pensar experiencias

En la vida, lograr diferentes objetivos requiere diferentes herramientas. Si usted quiere clavar un clavo, usará un martillo; en cambio, usará un destornillador si lo que desea es atornillarlo. El pensamiento es similar: cuando pretendemos dirigirlo a un área en concreto, tenemos que usar la herramienta correcta.

Muchas de las técnicas que he explicado son aplicables tanto a productos como a servicios. Por ejemplo, con SCAMPER hemos visto cómo replantear unas gafas o el funcionamiento del vestíbulo de un hotel. Sin embargo, existe un tercer contexto, más allá de todo ello, que cuenta con un método propio de análisis: las experiencias, entendidas como aquellos sucesos planificados de nuestras vidas.

Le plantearé un caso: supongamos que le invitan a impartir una conferencia en una universidad de prestigio. ¿Una conferencia es un suceso planificado? ¡Claro que sí!

Bien, como usted —en este primer ejemplo— es un tipo algo desorganizado, llega diez minutos tarde. No solo eso: resulta que la conferencia la llevaba preparada en su ordenador, pero se ha dejado el cargador en casa, con el resultado de que, en plena conferencia, se queda sin batería y pierde las diapositivas de soporte. Improvisa como bien puede el resto de la sesión. Pero, además, como no se ha planificado bien, no sabía que la conferencia era de alto nivel, y se ha presentado con una ponencia demasiado básica, con lo cual su público se aburre. Y para acabar de redondearlo, se queda sin tiempo y al final no hay turno de preguntas.

La presentación es una experiencia, pero ha acabado por ser desastrosa.

Por el contrario, imagine ahora que una semana antes de la conferencia se informa bien de quién es su público y qué nivel tiene. Además, para asegurarse, un par de días antes envía la presentación a la gente de la universidad para que la revise y proponga mejoras. Usted, que es listo, prepara una ponencia algo más corta, con el fin de dejar veinte minutos al final y así posibilitar un buen turno de preguntas. Y para evitar problemas de última hora, le manda al equipo de la universidad el PowerPoint para que lo proyecte, y no depender así de su propio ordenador. El día en cuestión, llega media hora antes para conocer cómo es la sala y sus características. Como puede comprobar, esta también es una experiencia, en este caso una que irá como la seda.

Recuerdo una vez que el Gobierno español me seleccionó como representante en el acto de celebración del año de España en Japón. Al trabajar para Sony, pensaron que era un buen modelo de colaboración entre los dos países. Total, que ahí estaba yo, en Tokio, dando una charla en la embajada de España sobre la creatividad española y la eficiencia japonesa. Ni que decir tiene que quería hacer un buen papel. ¿Sabe qué hice? Redacté mi texto en inglés y pedí a un compañero de Sony que me lo transcribiese al japonés. Por suerte, el castellano y el japonés son dos idiomas que se pronuncian parecido. Y de repente, ahí me tiene, hablando en japonés. Todos los asistentes se quedaron muy impresionados. ¿Ve? ¡Planificar una experiencia es buena idea!

Muchas cosas que nos rodean son experiencias. Una boda. Una cita. Una entrevista de trabajo. Un parque temático. Un viaje. El primer día en la universidad. Todo eso son experiencias. Y, obviamente, se diseñan. Si se diseñan bien, tendrán mayor impacto y producirán beneficios de diversa índole. Volviendo al ejemplo anterior, el año que viene es probable que la universidad vuelva a invitar a la segunda versión del conferenciante, y además le suba la tarifa, mientras que a la primera no la llamará otra vez.

El diseño de experiencias es una disciplina relativamente nueva, que produce resultados palpables e impregna hoy en día muchas

situaciones que ni se imaginaría. Este capítulo trata de cómo dise-
ñarlas correctamente para así maximizar su impacto, y de los trucos
y las técnicas que harán de sus experiencias algo memorable.

«YO NO CREO EXPERIENCIAS»

Usted, que aún no ha leído este capítulo entero, podría decirme:
«Dani, te estás liando: yo no creo experiencias». Pero estaría equivocado. Todo lo que nos sucede en la vida son experiencias. Lo
único que las distingue es que a unas les hemos dedicado tiempo y
atención, y a otras no. Y cuando no se lo dedicamos, suelen ser
mediocres. Pero no por ello dejan de ser experiencias: sencillamente, salen peor. Le plantearé un caso.

Usted tiene hijos, y una noche les pone un plato de judías ver-
des para cenar y les dice: «Venga, nenes, a cenar, que hay que ir a
dormir». La cena no es especialmente memorable. Su presentación,
tampoco. Por tanto, dudo que sus hijos la recuerden durante mucho tiempo: ha sido algo totalmente prescindible. Pero no por eso
ha dejado de ser una experiencia: tan solo es una experiencia ol-
vidable.

EL MUNDO HIPERASIMÉTRICO

Ahora le pondré el ejemplo contrario. Recuerdo una vez que vi
un documental sobre la difunta reina del Reino Unido, Isabel II.
Entrevistaban a uno de sus asistentes personales. Este señor explicaba el día a día de la soberana, y empleaba el concepto de la hiperasimetría, que se produce cuando una relación social es muy
importante para una de las partes pero no lo es en absoluto para la
otra. De ahí el nombre: lo que para la reina es poco importante,
para otra persona lo es mucho.

¿Cuánta gente cree que conocía la reina Isabel II? Calculemos
entre cinco y diez actos sociales diarios, cada uno con docenas de
personas. Pero como cabeza de la monarquía británica, darle la mano

era con toda probabilidad el momento más importante para todas las personas con las que se cruzaba. Vamos a hacer zoom para ver en detalle una de estas interacciones: el concurso de rosas cultivadas de Coventry (que conste que me lo he inventado, no sé si existe), donde la monarca conocerá al señor Nigel Parish, florista, ganador del certamen.

Para el señor Parish, esos dos minutos con la reina serán el momento más importante de su vida. Lo grabará a fuego en su memoria y lo recordará por siempre. En cambio, ese día, la reina hablará quizá con treinta o cuarenta personas como Parish.

Sin duda, lo que para unos es una experiencia impagable para la otra es pura rutina. Pero la reina no es tonta: sabe que su trabajo consiste en poner toda su atención en esos dos minutos que pasará con Parish, para precisamente hacerlos memorables.

¿Cómo consigue gestionar esta asimetría? Como comentaba en el documental su asistente personal, la reina va por el mundo rodeada de asesores, que hacen un trabajo previo descomunal a fin de preparar cada encuentro, cada interacción. De forma que, cuando la soberana llega al concurso de rosas, uno de sus muchos asesores camina a su lado, y un minuto antes de que se encuentre con el señor Parish, ya le ha indicado su nombre, le ha dicho por qué es relevante y le ha facilitado un par de detalles personales. Así, cuando la reina llega y le dice: «Señor Parish, ¿qué tal está su mujer, Wendy? ¿Se encuentra mejor de su ciática? Oh, qué rosa más bella. ¿Qué tipo es, Gran Gala?». En esos momentos, Parish alucina. Está teniendo la experiencia exacta que él ha soñado: Isabel II, la mujer más importante de la nación, le ha reconocido y le ha dedicado su atención plena. Además, le ha preguntado por su mujer y ha demostrado tener conocimientos e interés sobre floricultura. La experiencia de Parish con la reina cumple y excede las expectativas de este. Cuando, todo lo que hay, es una muy buena planificación. Isabel II, en este ejemplo, es una perfecta fabricante de experiencias memorables.

No necesito a la reina para hablar de hiperasimetría: usted mismo la ha vivido. Probablemente sea padre. Yo también. Y como me fijo mucho en estas cosas, recuerdo a la perfección el día en que nacieron mis hijas. Y allí, en la sala del hospital, viví una experiencia muy bien diseñada e hiperasimétrica. Se la cuento.

Ese día estaba con mi mujer en la habitación. Mi hija iba a nacer al cabo de pocas horas. Entonces entró una enfermera a darnos alguna información. Ahí empezó la experiencia: una pareja primeriza, obviamente inquieta, en un momento de nervios, pero que, al mismo tiempo, debía ser memorable. No nos nace un hijo cada día.

Los hospitales, que son muy conscientes de la importancia del acontecimiento, ofrecen una experiencia que se nota que está bien pensada. Por ello, la enfermera, con una sonrisa de oreja a oreja, nos dijo: «Hola, papis, ¿estáis preparados? Ahora bajaremos a la sala de partos».

Yo, que me dedico al diseño de experiencias, casi me caigo de culo. Pensé: «Joder, qué bien pensado». Fíjese, esa enfermera, hoy, va a asistir muchos partos. Creo recordar que el ginecólogo de mi mujer me confirmó que, en su mismo turno, hubo once bebés. Obviamente, quieren:

- No tener que recordar el nombre de cada uno de ellos; están centrados en el proceso en sí, no en socializar.
- Ofrecer calidez y empatía, y transmitir que todo está controlado.

Bien, esa enfermera tiene dos opciones:

1. Memorizar el nombre y la cara de veintidós padres: que si la habitación 101 son los Pérez; la 102, los Ortega; la 103, los Ayala, y así todos. No solo es cansado, sino estéril. Insisto: su trabajo no es socializar, sino gestionar los partos de forma profesional y cálida.
2. Entrar en la habitación y decirle a una pareja que en unos minutos tendrá un hijo: «Hola, papis».

Genial, ¿verdad? Hiperasimetría otra vez: esa enfermera hablará con cientos de padres esa semana, pero todos son «papis». Llamándoles así se ahorra memorizar nombres. Además, te está diciendo:

«Tío, que vas a ser padre», lo cual genera empatía. No somos padres aún, pero ya nos trata como si lo fuésemos. Eso reconforta y emociona.

Los futuros padres sonreímos. La enfermera lo nota. Sabe que ha hecho su trabajo. Una vez más, una experiencia bien diseñada. Sale por la puerta, entra en la habitación de al lado y, sonriendo, dice: «Hola, papis, ¿estáis listos?».

¿POR QUÉ FIJARNOS EN LOS DETALLES?

Por todo ello, sí, las experiencias se piensan. Desde el acceso a un McDonald's y su gestión de la cola de pedidos hasta la distribución de unos grandes almacenes o una cena en un restaurante caro. Todo eso tiene alguien detrás que le ha dado al seso para intentar mejorar nuestra satisfacción. ¿Por qué? Porque obviamente si la experiencia es satisfactoria, es más probable que repitamos. Es más fácil convencernos de que gastemos más. Y es más probable que se lo contemos a nuestros amigos.

Por ejemplo, yo siempre iba a cenar al mismo restaurante indio, el mítico Shalimar del carrer del Carme, en el Raval de Barcelona. ¿El motivo? La experiencia era maravillosa: el saludo de Saïf, el dueño, al que conocía desde hacía veinte años, la curiosa decoración interior o la calidad de la comida. Todo eso me hacía repetir. Por tanto, primera idea: repetimos las experiencias satisfactorias. ¿Cuántos restaurantes recuerda, en cambio, a los que solo ha ido una vez, por no haberse sentido bien tratado o haber tenido una mala experiencia? Yo, docenas.

Sigo: cuando usted va a un restaurante de esos caros, con estrella Michelin, es muy habitual que al final salga el popular chef a saludar a los comensales. Una vez me invitaron, por mi cuarenta cumpleaños, al restaurante Sant Pau, que regentaba Carme Ruscalleda, en Sant Pol de Mar. Tres estrellas Michelin. Cosa fina. Me acuerdo de cómo, llegado el momento de los postres, salió Ruscalleda a saludar, mesa por mesa, a cada cliente. Y dedicó un par de minutos a cada grupo. Obviamente, todo aquello formaba parte de la experiencia: la gente se hacía fotos con ella, comentaba los platos. En general, los asistentes se sentían especiales. Claro está, un restaurante de este estilo tiene un alto coste. Lo normal es añadir situaciones como esa, porque es lo que esperas por ese precio. Con lo cual, segunda idea: una buena experiencia hará que gastemos más.

Y acabo. Seguro que tiene restaurantes de los que habla a sus amigos. Por motivos de trabajo, pasé años yendo mucho a Londres y tenía allí dos restaurantes favoritos: los míticos Dean Street Townhouse, para desayunos, y Trishna, para cenas. ¿Por qué los recomendaba? Porque había ido muchas veces y siempre me habían tratado genial. Voy a por la tercera idea: una buena experiencia hará viralizar su producto o servicio, generará el boca a boca.

Así que recuerde: piense si todo lo que hace vale la pena diseñarlo un poco, y no se deje llevar por un plan improvisado y seguramente mediocre, pues generará así repetición, mayor gasto y viralización.

LAS EXPERIENCIAS SON VIAJES (Y LOS HAY DE MUCHOS TIPOS)

Imagine una experiencia como un viaje que usted planifica para que otro la disfrute. Por ejemplo, si va a tener una cita, se sucederán una serie de pasos. Como diseñador de la experiencia, pensará *a priori* en los momentos clave: el encuentro, si lleva algún regalo, el restaurante, qué comerán, de qué hablarán, etc. El consumidor de la experiencia será aquel que la disfrute con usted.

Lo interesante de ese viaje que va a organizar es que todas las experiencias, independientemente de en qué consistan, pasan por unas etapas comunes. ¿Verdad que todos los coches, al margen de su modelo, tienen ruedas, volante, motor y puertas? ¿Y eso vale igual para un utilitario económico que para un deportivo carísimo? Con las experiencias sucede lo mismo: aunque sean diferentes y tengan contenidos muy distintos, su estructura, sus pasos clave, es siempre la misma.

Esto es importante, ya que permite que el diseñador sea capaz de crear experiencias de cualquier tipo: más allá de si es una cita, una entrevista de trabajo o un concierto, los pasos y principios que hacen que una experiencia salga bien o mal son siempre idénticos. Es lo que llamamos el «viaje del usuario» (del inglés, *user journey*), y en el siguiente capítulo hablaré de él.

Para entender hasta qué punto el viaje del usuario requiere un diseño, creo que es útil dar algunos ejemplos. No somos conscientes de la cantidad de momentos de nuestra vida cotidiana que están diseñados, que han sido planificados para producir ciertas sensaciones. Le he preparado cuatro ejemplos muy interesantes.

El primero nos lleva a una tienda de zapatillas deportivas caras. Imagine que quiere hacerse runner, como tantos otros cuarentones. Cuando yo era pequeño, las zapatillas valían una cuarta parte de lo que cuestan ahora. Corríamos con lo que había. Pero entonces llegaron las cámaras de aire. Los estilos de carrera. Y mil inventos más diseñados para vendernos cierta experiencia: aquella denominada *prosumer*. *Prosumer* viene de *professional consumer*, y es el tipo de experiencia en la que vamos a convencer a nuestro usuario de que es un crack. Y, por tanto, necesita nuestro producto. Porque, claro, nuestro producto es maravilloso.

Bien. Si es usted runner lo habrá vivido seguro: entra en la tienda de turno, y el dependiente, que intenta venderle unas zapatillas carísimas hechas por la NASA, le pregunta: «¿Es pronador o supinador?». Por supuesto, usted se queda con cara de burro, porque piensa: «Yo lo que estoy es gordo, y quiero correr para adelgazar». Pero en su lugar le preguntan eso, y acto seguido le dicen: «Si quiere, tenemos una cinta para que, si corre encima, analizamos la pisada y le digamos cómo es y qué zapatillas son recomendables». Y, como era de esperar, usted cae. Y sale de allí con unas zapatillas de trescientos euros.

Esto de pronador o supinador solo significa que al pisar apoya más la cara exterior o la interior del pie. ¿Y quiere que le cuente un truco? Llevo corriendo resistencia toda mi vida. Si quiere saber si es pronador o supinador, no necesita unas zapatillas caras. Ni una cinta. Ni a la NASA. Coja unos zapatos viejos que tenga en casa. Mire la suela. ¿Qué lado está más desgastado? Si ambos por igual, tiene pisada neutra. Si la cara exterior está más gastada, es supinador.

Si está gastada la interior, es pronador. Pero, claro, si hace eso, no acude a la tienda y no le venden la moto. ¿Ve? Esa es una experiencia de tipo *prosumer*. Se da con productos caros y altamente especializados que seguramente usted no necesita, pero que alguien le quiere vender: cámaras de fotos, coches, etc.

Un segundo ejemplo: recuerdo hace años un anuncio de Disney en televisión sobre sus parques temáticos. En el spot, grabado con una calidad excelente, se veía a dos niños de unos diez años saltando en una cama, a cámara superlenta, con cara de júbilo. El anuncio era solo eso, y duraba veinte segundos. Al acabar, una voz en off decía: «Disney: la magia empieza cuando se lo explicas». La idea es genial: a esos niños les acaban de decir que irán a un parque Disney. Quizá vayan medio año después. Pero es igual, lo que Disney le está diciendo es que se lo van a pasar tan bien que, solo con decírselo, ya empieza el disfrute. Esto es lo que se llama «campaña de generación de expectativas», el tan de moda *hype* de los anglosajones.

Tercer ejemplo: ¿ha estado últimamente en una Apple Store? No hay lugar con un diseño de experiencia más sofisticado. Se podría escribir un libro entero como este solo analizando el diseño de experiencia de Apple: son unos cracks. Solamente comentaré un ejemplo clásico. ¿Se ha fijado en cómo los dependientes de Apple Store son siempre extremadamente sociables y amistosos? ¿Y en que también tienen looks y actitudes muy marcadas? El que no lleva un tatuaje, tiene un peinado peculiar. Apple elige a sus trabajadores de tienda para que sean interesantes, atractivos, diversos. Y para que, cuando interactúan con nosotros, sean muy amables. Nada de eso es casual, pues lo que están haciendo es implantarnos una idea muy persuasiva. En primer lugar, nos dicen: «Este tío es guay». Cuando ve un empleado de Apple, usted sabe que ese tío mola. No tienen gente tímida, callada, vergonzosa, sino empleados lanzados, extravertidos, positivos. En segundo lugar, esos dependientes son siempre superamistosos con nosotros. Es lógico: ellos son *cool*. Y son nuestros amigos. ¿A que no saben por qué? Porque nosotros también somos *cool*. ¿Se da cuenta de la jugada? A base de emplear a gente atractiva, y a base de hacer que sean sobradamente amistosos con nosotros, Apple nos implanta una idea subliminal: que nosotros somos *cool*. Porque tenemos amigos *cool*, que son los empleados de Apple. ¿Y por qué somos *cool*? Porque consumimos productos Apple. ¿Ve? Toda una experiencia pensada para generar consumo: quiero comprarme el nuevo iPhone porque soy un tío guay. ¿Cómo lo sé? Porque estos tíos de Apple, que son superguáis, me tratan como a uno de ellos.

Un último ejemplo: ¿ha ido últimamente a una tienda *fast fashion*? ¿Ha visto cómo esas marcas han ocupado edificios y tiendas muy señoriales en el centro de nuestras ciudades? Donde yo vivo, en Barcelona, puedes encontrar ese tipo de marcas en los mejores locales del paseo de Gracia, donde antiguamente estaban las boutiques más chic. Curioso, ¿no? Qué va. Es sencillo: estas marcas se han dado cuenta de que sus clientes sueñan con comprar en esos establecimientos lujosos, como Chanel, Louis Vuitton y Valentino, pero no pueden permitírselo. Por eso, venden ropa económica en locales palaciegos: nos están ofreciendo una experiencia de compra de lujo, en un local de lujo, de un producto económico. Porque en el fondo alquilar esos locales les cuesta relativamente poco, comparado con el beneficio que les reporta la venta a gran escala de *fast fashion*. Una vez más, una experiencia diseñada.

Como puede ver, tenemos experiencias por todos lados. Cada una de ellas parece diferente, pero todas buscan lo mismo: impactarnos a nivel emocional para generarnos recuerdos y así producir el deseo de repetir, de gastar más o de contárselo a nuestros amigos.

Ahora sí, visto el rango de experiencias que nos rodean, vamos a plantear cuál es la estructura del viaje del usuario.

17

El viaje del usuario

En general, todas las experiencias tienen una estructura común muy lógica, que se divide en tres fases en el tiempo: antes, durante y después.

Cada una de estas fases se compone a su vez de momentos clave, que es donde «nos la jugamos». A continuación le señalaré estos momentos, y después le mostraré un sencillo diagrama con cada fase y sus momentos:

- Antes de la experiencia:
  - Descubrimiento
  - Elección
  - Momento *I'm in!*
  - *Preshow*

- Durante la experiencia:
  - Experiencia inicial
  - Rituales
  - Actividades clave
  - Muerte y resurrección

- Después de la experiencia:
  - Talismanes
  - Recuerdos y compartición

Ya sé que todo suena muy marciano, pero fíese de mí; cuando haya leído los siguientes apartados todo esto le resultará igual de fácil que montar en bici. Y me juego una cena a que lo usará con frecuencia en su vida.

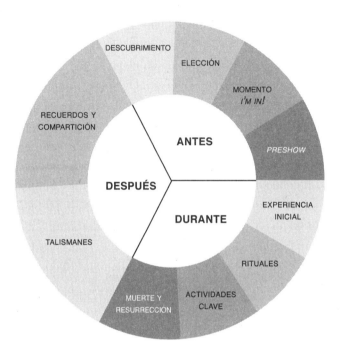

Así que, sin innovar demasiado, vamos a ir momento por momento, estudiando cada punto y viendo cómo acertar al diseñar cada instante.

DESCUBRIMIENTO

El primero de estos momentos tiene lugar cuando descubrimos que esa experiencia, que aún ni siquiera hemos elegido, existe. Un caso clásico es la publicidad: voy por la calle y veo un cartel de una película. Otro ejemplo clásico es el boca a boca: un amigo nos comenta que hay algo que deberíamos probar.

En esta fase, como diseñadores de experiencias, hemos de generar tres sensaciones: reputación, aspiración y, como consecuencia, interés.

Es decir, el usuario ni siquiera sabe si hará esa experiencia. Pero tenemos que comunicarle que tiene una calidad comprobada (reputación). Además, debemos conseguir que el usuario desee hacerla (aspiración). Y, como resultado de haber generado reputación y aspiración, hemos de dejar una huella en su cerebro en forma de interés. Vamos con varios ejemplos.

Usted va por la calle y ve un cartel en el que se anuncian unas nuevas zapatillas. El anuncio podría decir «Las nuevas Predator son geniales». ¿Lo hace? No. Seguramente aparezca un deportista famoso, pongamos Messi, y un rótulo que diga: PREDATOR: LA ELECCIÓN DE MESSI.

Fíjese cómo están estableciendo la idea de reputación: si Messi, el mejor jugador del mundo, las usa, deben ser buenas.

Establecer pronto la reputación es fundamental. De natural somos desconfiados, y vivimos rodeados de impactos de posibles experiencias y productos. Solo aquellos que destacan entre los demás calan en nosotros; el resto nos resbalan. Fíjese en el triunfo de todos los sistemas de críticas online, ya sea para alquileres (Airbnb), cine (Rotten Tomatoes), citas (cualquier app) o para lo que sea: todos son atajos para establecer reputación.

Dice el refrán que se tarda una vida en construir una reputación y un día en destruirla. Así que ¿cómo puede hacer que el primer impacto que la gente reciba con su experiencia establezca reputación? Si es un despacho de abogados, quizá pueda decir «El 95 por ciento de los casos ganados». Si es un médico, puede mostrar títulos y diplomas. Todos generamos reputación. Piense cómo vender la suya.

Un segundo aspecto consiste en crear aspiración, esto es, el deseo de hacer algo. Normalmente, para ello debemos pensar justo al revés: céntrese en por qué uno no va a querer elegir su experiencia, y luche contra eso. Deje al usuario sin argumentos.

Una vez más podemos emplear el modelo de los parques Disney. Toda su publicidad lucha contra nuestra principal percepción: que es algo caro. ¿A que siempre hay ofertas, iniciativas del estilo «los niños comen gratis» o algún tipo de bonificación? Es la forma de Disney, al reducir nuestra fricción, de generar aspiración. Así, ante un anuncio lo primero que se ve es a varias de familias felices (reputación), seguido de algo como: «Y este mes, los niños gratis» (aspiración).

Recuerde, no obstante, que el usuario ni siquiera ha empezado la experiencia. Sea usted un dentista, esté vendiéndose en Tinder o se halle rediseñando un gimnasio, se encuentra en el momento inicial. Le acaban de descubrir. Por tanto, ¿cómo puede vender su reputación y reducir la fricción inicial para generar aspiración?

Esta fase es sumamente importante: nuestro cerebro, ante un alud de impactos, es como un embudo gigante. La inmensa mayoría de experiencias que descubrimos son ignoradas. Deténgase un segundo en considerar cuántos impactos recibe cada día. Es muy probable que cientos, o miles. Dedicar mucho tiempo a pensar cómo generar esa reputación y aspiración iniciales es básico: sin ellas, todo el resto del viaje sencillamente no tendrá lugar.

ELECCIÓN

Pasamos al segundo momento clave en nuestro viaje: la elección. Aquí, el usuario potencial realmente se está planteando aceptar su propuesta. Es posible que, si usted lo hace bien, tenga un nuevo cliente. Una nueva cita. Una nueva venta.

En esta fase, es básico tener un buen mapeo de información sobre cuáles son los criterios clave de decisión del usuario y cuáles sus alternativas.

Recuerdo que hace años fui a comprar un coche. Ahí estaba yo en el concesionario de una marca, mientras el vendedor estaba tirando de argumentario. Básicamente ignoraba a mi mujer y se dedicaba a ametrallarme con datos que quizá suelan impresionar a un hombre: que si tiene tantos caballos, que si tiene tanta velocidad punta, que si el par motor...

La verdad es que yo ni le escuchaba. No tengo ni idea de coches, y si el vendedor hubiese sido astuto, habría empezado preguntando: «Dani, ¿qué es lo que más valoras en un coche?», y se habría dejado de tonterías.

Si lo hubiese hecho, le habría contestado al momento que lo único que en realidad me interesa es el equipo de música. Y lo digo absolutamente en serio: en mi casa, yo no conduzco, lo hace mi mujer. Pero soy un fanático del audio. Para mí, un coche es básicamente una caja con ruedas donde se pone música. Todo lo demás me importa tres pepinos. Me fastidia si la música en un coche suena mal, o si el ruido del motor me impide escucharla bien. Ni se imagina lo sensible que soy a eso, y lo insensible que soy a todo lo demás.

Pero volvamos a la elección.

Resulta que, tras varios concesionarios, en uno de ellos el vendedor captó mis verdaderos intereses, y pronunció las palabras mágicas: «¿Sabe usted que hay una opción para meterle dieciséis altavoces al coche, que son de la marca JBL, y que suena que te mueres? Déjeme que se lo enseñe».

Hala, venta hecha. En segundos, me había convencido.

Supongo que ve por dónde voy: si quiere que le elijan, mapee qué criterios valoran los usuarios y qué alternativas tienen.

Obviamente, la mejor forma de saber cuáles son esos criterios es preguntar, y para eso están los estudios de mercado, los *focus groups*, etc. Sin embargo, un par de avisos. El primero es que tome siempre la información que extraiga de los usuarios con una pizca de desconfianza. Está estudiadísimo que estos a veces mienten en este tipo de actividades. Ya sea por cortesía, ya sea por incomodidad o por cualquier otro motivo, en ocasiones no le dirán la verdad, sino lo que usted quiere oír, o lo que ellos creen que es cierto (que no tiene por qué serlo).

En una de mis múltiples aventuras, acabé en la fábrica del whisky Jack Daniels que, por si no lo sabe, está en Tennessee, Estados Unidos. Ahí estaba yo escuchando atentamente la explicación sobre cómo se elabora este licor. Es bien interesante. Odio el whisky, pero siempre he sido un tipo curioso, como ya se habrá dado cuenta, así que me apunté a la visita por aquello de descubrir algo nuevo para mí.

Una vez finalizado el paseo, nos llevaron a una sala donde podíamos degustar diferentes variedades. El guía nos preguntó si preferíamos uno o el otro. Imagínese mi cara: no, no me gusta nada el whisky. Pero ahí estaba, intentando fingir interés, diciendo cuál me parecía mejor o peor. Sinceramente, me lo inventé, todo me sabía igual de mal.

Con lo cual, en una encuesta, asegúrese de seleccionar consumidores que de verdad sean su público objetivo o no sacará nada útil.

El segundo aviso consiste en que debe mapear las alternativas. Y aquí hay dos estrategias interesantes: ¿quiere ser competitivo o disruptivo?

Competir es intentar hacer algo mejor que otros. Disrumpir es proponer algo diferente, atacar por el flanco. Le pondré algunos ejemplos. Pensemos en cómo promocionar un restaurante. Podría competir diciendo: «Los niños por debajo de diez años tienen un 30 por ciento de descuento». Eso le da una clara ventaja respecto a otra experiencia, y hace que aumenten las probabilidades de que un usuario le elija.

En cambio, podría ser disruptivo: decorar el local como una selva, llenarlo de columpios y toboganes, y anunciar: «No es un restaurante: es la jungla». ¿Ve? Aquí está rompiéndole la cintura a otros restaurantes, atacando con algo que no tiene competencia directa.

Un ejemplo clásico de competencia y disrupción es el mercado de las consolas de videojuegos. Todas ellas, sean PlayStation, Xbox o Nintendo, ofrecen experiencias memorables. Pero no plantean la elección de la misma forma. Microsoft y Sony tienen estrategias claramente competitivas: le dirán que la suya tiene más memoria, o más procesador, o lo que sea. En el fondo, le están diciendo: «Mi consola es mejor que la de la competencia». Queda al criterio del usuario si esa superioridad realmente genera experiencias de juego mejores, o si es solo humo.

Pero veamos qué hace Nintendo. Nintendo sabe que no tiene la artillería de ingeniería de sus competidores, con lo cual ataca por el flanco: cada consola que fabrica tiene algo raro, único, disruptivo. ¿Recuerda la Wii, con sus mandos con los que jugar bailando, luchando con espadas o practicando tenis? Esa consola consiguió que millones de adultos y abueletes se acercasen a un videojuego por primera vez en su vida. Esto es disrupción. Si no puede ganar, no luche; ataque por el flanco.

Le pondré un ejemplo más. Supongamos que usted busca pareja en Tinder, y sabe de antemano que no es el más guapo del barrio. Puede intentar que le elijan por su aspecto. ¿Tendrá éxito? Lo dudo. En cambio, puede ser disruptivo y poner en su descripción que es guía de montaña, y así conseguir citas de una forma diferente, de personas a quienes les interese eso mismo. Las guerras frecuentemente no se ganan de cara, sino por el flanco.

Sea como sea, tiene que facilitar la elección a su futuro usuario: entienda cuáles son sus criterios de decisión, analice de qué alternativas dispone y piense cuándo es mejor competir o cuándo conviene ser disruptivo. Si hace eso, verá que el número de gente que llega a la siguiente fase del viaje de la experiencia empieza a aumentar.

Momento *I'M IN!*

Esta fase la he puesto en inglés porque, sinceramente, no se me ocurría una buena traducción. Se trata de una etapa fundamentalmente celebratoria, que sucede justo en el instante en que el usuario se decanta por su experiencia: ha hecho una reserva en su restaurante; ha pedido una cita con usted; ha comprado las entradas para su cine; se ha apuntado al máster que ofrece su universidad.

Es, por tanto, un momento para reforzar que la decisión que ha tomado es fantástica. Debemos acompañar y reafirmar al consumidor en que ha hecho lo correcto, al tiempo que le permitimos compartir la buena noticia.

Primera idea: el usuario debe tener *feedback* inmediato y claro de que efectivamente está dentro. Nada nos pone más nerviosos que la falta de control. Imagine que usted adquiere una entrada de cine y, por cualquier motivo, no le llega a su teléfono móvil hasta pasada media hora. Esa media hora es un suplicio. Con lo cual, *feedback* instantáneo: que el usuario vea al momento que todo va sobre ruedas.

Segunda idea: intente generar ilusión en esa persona. Se lo va a pasar genial. Asegúrese de que lo sepa, de que lo disfrute. Imagine una vez más que acaba de comprar entradas para ver una película. El correo confirmatorio podría incluir información como: «¡Esta película tiene una crítica media entre la audiencia de 8!». Bien, le están diciendo: ya está dentro, y se lo va a pasar bien. Ha tomado una buena decisión.

Una vez más pensemos en Disney, pues «La magia empieza cuando se lo explicas» funciona perfectamente aquí, pero tengo otro: las invitaciones de boda. Cuando las recibimos y las abrimos encontramos un bonito diseño y algunos mensajes positivos. Dese cuenta: nos están confirmando que efectivamente estamos invitados, al tiempo que nos transmiten cierta idea estética, ya sea lujo, ya sea un aire hippie porque la boda es en la playa.

Última idea: si su experiencia lo permite, cree la oportunidad para que la gente comparta ese momento. Vivimos en la era de la viralización, nos apasiona compartir lo bueno que nos pasa. Y una experiencia es una ocasión ideal. Imagine que usted trabaja en una prestigiosa escuela de másteres y está gestionando admisiones. No le cuesta nada que el mensaje de aceptación incluya un bonito enlace que permita compartir la buena nueva en Twitter, por ejemplo, con un mensaje bien diseñado, que diga: «¡Dani Sánchez-Crespo ha sido admitido en Harvard!».

Recuerde, el *I'm in!* es celebración, jolgorio. No es una fase sumamente compleja de diseñar, solo debe mantener en su cabeza los tres objetivos:

- Dar *feedback* inmediato para que el usuario sepa al momento que está dentro.
- Vender ilusión de la experiencia que viene.
- Permitir compartirlo socialmente.

Bien. Nos han descubierto. Nos han elegido. Están dentro. Toca gestionar la espera. Que empiece el *preshow*.

PRESHOW

El término *preshow* proviene, como mucho de este capítulo, del mundo de los parques temáticos. Como ya se habrá imaginado, gran parte del diseño de experiencias se lo debemos a gente como Walt Disney, que ya hacía eso sesenta años atrás. En el ámbito de los parques, el *preshow* son las colas, esos momentos en los que está esperando a que le suban a la vagoneta de la atracción. Es todo ese tiempo que transcurre desde que ha elegido realizar la actividad (el momento *I'm in!*) hasta que la experiencia efectivamente comienza.

El *preshow* se caracteriza por dos parámetros, y un tercero que gobierna a ambos, como el Anillo Único. Los dos parámetros que hay que gestionar son la experiencia y la ansiedad. Y el que los gobierna y los modula es el tiempo que transcurre entre el *preshow* y el comienzo de la experiencia en sí.

Aquí tiraré de manual, y le pondré un ejemplo manido pero efectivo: la cola de una montaña rusa. Usted está en la cola. Ve la montaña ante sí. Su cerebro va como loco. Por un lado, va segregando dopamina, que es un neurotransmisor relacionado con la anticipación de la recompensa. Digamos que su cerebro le está diciendo «Esto va a ser la bomba», y le va adelantando ya parte del neurotransmisor que segregará cuando empiece la atracción. Eso es la expectativa: estamos anticipando el placer que nos va a producir la experiencia.

Por el otro, está la ansiedad. Es decir, esa sensación contraria, mezcla de miedo y nervios. Nuestro cerebro está emocionado por participar en algo, pero al mismo tiempo eso nos induce a un estado de inquietud.

Fíjese en el efecto que tiene el tiempo en todo este baile de sensaciones. A medida que la cola se reduce, la expectativa aumenta, y la ansiedad también. Nuestro cerebro se va acelerando, y alcanza el máximo cuando se abre la valla y efectivamente da comienzo la atracción.

Ahora bien, suponga que la espera es muy larga. Si es así, llegará un momento en que se nos pase la sensación de expectativa. Nos estaremos aburriendo. Y ahí es cuando puede aparecer otra experiencia en el horizonte, y amenazar la nuestra. Seguro que le ha pasado: está en la cola de una montaña rusa, ve que la cola es eterna, se cansa y se va a otra atracción.

En el mundo anglosajón a todo este tipo de dinámicas se las llama *hype*, que podríamos traducir precisamente por «expectativa». Un caso diferente son los lanzamientos de producto. Le compararé dos *preshows*: el clásico de videojuegos y el de Apple con sus iPhones.

Los videojuegos se anuncian meses, incluso años antes de lanzarse al mercado. Por tanto, los usuarios se enfrentan a *preshows* eternos. Las compañías lo hacen para ir ampliando la base de personas que se lo comprarán cuando salga. Pero es una estrategia arriesgada: a veces puede surgir otro juego antes que nos convenza más. O tal vez pierda fuelle durante la campaña de *hype* y deje de ser tan deseable. Quizá publican un tráiler que nos decepciona. O vemos que los acabados no son tan buenos como esperábamos.

Comparemos eso con Apple. Esta compañía suele lanzar cada iPhone en grandes eventos tipo conferencia. Sale Tim Cook, o en su día el difunto Steve Jobs, y se tira una hora glosando las maravillas del nuevo dispositivo. Si ha visto una de estas conferencias, sabe lo que viene a continuación: el bueno de Cook dice «Y el nuevo iPhone estará disponible... —pausa dramática— ¡mañana!».

No siempre ha sido así, pero Apple se caracteriza por *preshows* supercortos. Eso se lo puede permitir si la base de fans es enorme, y por tanto no necesita hacerla crecer.

Llevando esto a nuestros casos más mundanos, para diseñar su *preshow*, piense siempre:

- ¿Cuánto dura la espera entre el *I'm in!* y el comienzo? ¿Es la idónea o es demasiado tiempo?

- Si es algo larga, ¿qué miniactividades puedo crear para mantener el interés y generar una curva de expectativas sana?
- ¿Cuál es la ansiedad del usuario y cómo la puedo reducir?

Sobre este último punto le daré un ejemplo, de nuevo extraído de los parques temáticos, a la vez que una historia personal.

Yo tengo vértigo. Mucho. Creía (falsamente) que mi vértigo me impediría disfrutar de una montaña rusa. No es así. Al menos en mi caso, estas atracciones no me dan vértigo, al estar sentado en un vehículo que puedo tocar y es sólido. Sí me dan, como a todos, miedo. Pero no vértigo. Total, que por ese motivo hasta los treinta años no me subí a una.

Mi primera montaña rusa fue el clásico Dragon Khan en Port Aventura. Como puede imaginar, mi ansiedad rompía récords. Pero la supe gestionar bien, porque sé de diseño de experiencias y porque soy un tipo racional.

Así, al llegar al final de la cola, que es precisamente donde la ansiedad es máxima, ¿qué es lo que ve? Cierre los ojos, recree la escena. Ve a la gente que acaba de hacer el recorrido. Las ve bajar de las vagonetas. No es algo casual. Observa caras sonrientes. Gente diciendo: «¡Quiero volver a subir!». ¿Alguna vez ha visto a alguien vomitar o llorando? Yo, sinceramente, no. Nunca. Todo el mundo sale contento.

Total, que ahí estaba yo, con la ansiedad por las nubes. Pero durante los últimos cinco minutos en la cola del Dragon Khan, solo veía gente bajar riéndose. Y pensé, racionalizando mis nervios: «Dani, ¿cuántos miles de personas hacen esto cada día? ¿No lo ves? ¡Todos disfrutan, tú disfrutarás también!». Ahí acabó mi estrés y empezó mi idilio con las montañas rusas, que dura hasta hoy.

Así que, cerrando apartado, recuerde: durante el *preshow*, gestione la ansiedad, la expectativa y el tiempo de espera.

Resumen de lo dicho hasta aquí

A modo de cuadro receta, hemos visto que:

- Nos tienen que descubrir; debemos establecer nuestra reputación y generar aspiración y, por tanto, interés.
- Nos tienen que elegir, y para ello hemos de entender los criterios clave de decisión y crear una estrategia competitiva o disruptiva respecto a la competencia.
- Cuando nos elijan, los usuarios esperan un *feedback* inmediato, y desean ilusionarse sobre la experiencia que viene, así como compartirla con su comunidad.
- Mientras aguardan a que la experiencia arranque, se produce un incremento de expectativas y ansiedad, que es mayor cuanto mayor sea la espera. Tenemos que aprender a gestionar ese tiempo para que sea satisfactorio y no frustrante.

Venga, súbase al tren, que empieza la experiencia.

Experiencia inicial

Ahora viene lo bueno. La experiencia acaba de comenzar. Los usuarios están viviendo los primeros instantes de su viaje. No podemos decepcionarles.

En esta fase es importante separar a los usuarios nuevos de los veteranos. Los primeros sentirán intranquilidad y desorientación. Los segundos no. Centrémonos, pues, en los nuevos.

La experiencia inicial tiene mucho de diseño de la usabilidad, lo que los anglosajones llaman *First Time User Experience* (FTUE). La FTUE trata de orientar a los consumidores para que se sientan tranquilos, para darles sensación de control. Aquí entran los tutoriales, pero también muchas otras medidas que reducen la desconfianza del principio. Le pondré varios casos.

En el contexto de un parque temático, el ejemplo clásico de FTUE son los sistemas de sujeción. Usted lo cierra, y después pasa un técnico para comprobar que está bien cerrado. Bien, eso nos tranquiliza. Quizá la atracción dé miedo, pero al menos es segura.

En una cita, es habitual llevar un pequeño obsequio, puede que unas flores. Es obvio que la primera impresión (que de eso va este apartado) es básica y nos suele generar algo de miedo. Si esa persona desconocida aparece con unas flores, seguramente la desconfianza se reduzca.

Si alguna vez ha ido a un hotel de lujo, sabrá que es muy normal que cuando suba a la habitación le acompañe alguien del hotel y le enseñe brevemente cómo funcionan los elementos clave: las cortinas, la tele, el minibar...

Con lo cual, resumiendo, una buena experiencia inicial busca básicamente tres objetivos complementarios:

- Reducir la desconfianza o miedo de los usuarios nuevos.
- Explicar el funcionamiento de los sistemas clave de la experiencia para que las fases siguientes funcionen.
- Minimizar al mínimo el tiempo necesario para empezar la experiencia de verdad.

Pondré ahora un ejemplo completo. Como sabe, uno de mis trabajos es ser profesor de universidad. Como parte de mis funciones, he participado en el diseño del día inaugural del curso, cuando se orienta a los nuevos alumnos. Al ser diseñador de experiencias, trabajé activamente en la creación de una de estas jornadas.

Al llegar, los estudiantes debían hacer un sencillo juego para darles un pin de solapa, que podía ser de cinco colores diferentes. Con esta simple actividad, ya reducíamos la desconfianza inicial, les hacíamos reír.

A continuación, tenían que ir a un aula marcada con el color de su pin, donde un orientador con camiseta de ese mismo color les recibía cálidamente, con lo que les dábamos sensación de control. Luego ese orientador les explicaba el funcionamiento de la universidad.

Finalmente, por colores, los cinco grupos iban participando de forma rotatoria en una yincana por todo el edificio de la universidad. Eran actividades sociales. Con todo ello conseguíamos que se iniciasen conversaciones y vínculos. Y, de paso, les ayudábamos a hacerse un mapa de su nuevo hogar, el campus.

En total esta actividad duraba dos horas, y demostró resultados tangibles respecto a años anteriores en cuanto a satisfacción de los nuevos alumnos.

Seguro que puede aplicar la misma estructura a su experiencia. Piense en un dentista, en un despacho de abogados, en una cita o en una carrera popular. ¿Cómo podemos mejorar la acogida de los nuevos usuarios?

Rituales

Una parte importante de la experiencia requiere que nos sintamos especiales. A fin de cuentas, estamos viviendo esa experiencia y otras personas no. ¿Qué nos distingue de ellas? Muchas cosas, pero una buena forma de visualizar esa diferencia es mediante rituales.

Se lo explicaré. A mí me encanta la arqueología. Andaba yo por el Yucatán mexicano de viaje cuando fui a visitar el conjunto arqueológico de Chichén Itzá. Si no ha estado, le recomiendo que vaya, es una maravilla. Habíamos contratado un guía maya, Reynaldo, encantador personaje, que nos esperaba en la puerta. Eso es el «comienzo de la experiencia». Ya habíamos elegido, hecho el *preshow* y toda la fase previa.

Obviamente, en ese momento la expectativa ante la visita es máxima: acaba de empezar la parte central de la experiencia. Tu cerebro desea sentirse especial. En esas que el guía va y nos dice: «Ahora visitaremos el sitio, pero antes quiero hacer una oración en maya a los dioses de mis antepasados». Y entonces se planta delante de la pirámide principal, conocida como El Castillo, y reza una larga plegaria en maya, pidiendo permiso a los dioses para que nos dejen visitar la ciudad.

¿Tenía alguna utilidad aquello? Ni idea, mis conocimientos de maya son nulos. Pero recuerdo mirar a los miembros del grupo y todo el mundo observaba, totalmente inmerso en el momento.

Acabó la oración, y el guía dijo: «Vale, ahora podemos proseguir». Todos disfrutamos la experiencia muchísimo. ¿Por qué? Porque esa plegaria, fuese útil o no, es un ritual. Es una actividad que solo pueden hacer los que participan de la experiencia, y que les hace sentir especiales.

Disfruté Chichén Itzá por la plegaria.

Disfruto en el campo del Barça porque se canta el himno.

Y disfruto subiendo montañas porque me saco un selfi en la cima.

Los rituales son metáforas de la experiencia, son momentos especiales, absolutamente diseñados, que nos hacen todo el proceso más memorable. Yo estaba allí, frente a la gran pirámide, escuchando al guía orar en maya, y pensaba para mis adentros: «Este tipo sabe lo que hace, está elevando esta experiencia a la categoría de legendario». Así que, cuando diseñe una experiencia, piense: ¿qué rituales puede añadirle? Aunque le parezcan absurdos, la gente los disfrutará.

Un último ejemplo. Recuerdo un exclusivo club de Barcelona, uno de esos lugares donde se entra por invitación. Me invitaron, así que fui. Al llegar, me dijeron: «¿Has pasado ya por el fotomatón?». Y yo, alucinando, pregunté: «¿De qué me estás hablando?». «Sí, es la actividad de bienvenida —me contestaron—. Tenemos una pared con fotos de toda la gente que nos visita. Vas, te haces una foto en un fotomatón y cuelgas la foto en el muro. Es esencial que lo hagas». Recalco la palabra «esencial», pronunciada con ese tono esnob de quien te está contando algo alucinante.

Yo, que me dedico a esto, pensé: «Claro, club privado, sensación de exclusividad, rituales a saco». Pregunté a mi anfitrión: «¿Y la gente lo hace?». Y, obviamente, me contestó: «¿Estás de broma? Todo el mundo, les encanta». Así que ahí estaba yo, posando para un fotomatón y colgando mi foto en la pared del club. Y mientras lo hacía pensaba: «Buah, soy un tío que mola».

Añada rituales a sus experiencias. Piense actividades que sus participantes hagan. Imagine cosas inusuales, memorables, que generen esa sensación de «soy especial». Si le hace falta inspiración, lea sobre sociedades secretas y clubes privados: esa gente lleva toda la vida haciéndolo. Es bueno si los rituales tienen un punto exótico, incluso absurdo. Ese tipo de cosas son las que hace la gente especial.

ACTIVIDADES CLAVE

La actividad clave es aquella que el usuario ha venido realmente a hacer. Es el «núcleo» de su experiencia. Si esta es una atracción de parque temático, la actividad clave es la atracción en sí. Verá que a este apartado le voy a dedicar poco tiempo: es lógico, se supone que usted ya lo sabe hacer.

Si es abogado, sabrá llevar a cabo una defensa en un juicio. Si tiene un parque de atracciones, sus atracciones serán divertidas. Si es músico y da conciertos, sus canciones serán buenas.

Lo que hace el diseño de experiencias es «rodear» este momento, la actividad clave, de otros momentos, tanto antes como después, precisamente para ayudar a que el principal sea el mejor posible. Si su actividad clave es floja, lo que necesita no es un diseñador de experiencias: es un diseñador de producto.

Recuerdo un famoso restaurante de Barcelona, cuyo nombre no diré. Todo el diseño de la experiencia era genial: desde la gestión de reservas a la llegada a las mesas, todo estaba muy bien pensado para que disfrutases al máximo. Tenía unas vistas alucinantes, los camareros eran encantadores... Solo había un pequeño defecto: la comida era horrible. Y claro, por más que diseñes la experiencia, si el producto no está a la altura, el conjunto será un desastre. Por tanto, vigile: el mejor diseño de experiencias difícilmente podrá encubrir una actividad central mal planteada. Como dice el refrán, aunque la mona se vista de seda, mona se queda.

MUERTE Y RESURRECCIÓN

Nuestro usuario ha elegido la experiencia. Está inmerso en ella. Si todo va bien, ha cumplido los rituales y llevado a cabo la actividad principal. Ahora, le contaré un truco de psicología muy útil.

En antropología se dice que toda experiencia, especialmente si supone un reto, es una metáfora del ciclo de muerte y resurrección: nuestro ser previo muere para dar paso a uno nuevo, que es quien ha superado el reto. En cierto sentido, es como subir de nivel o «pasar de pantalla».

Supongamos que usted acude al dentista a que le extraigan una muela. Bien, antes de salir de casa tiene miedo, está nervioso. Pero consigue dominarse, va y le quitan la muela. La idea es que, al hacer la extracción, usted ha «matado» a su yo cobarde para dar paso a un yo más valiente, el que se ha dejado arrancar la muela.

Esta muerte y resurrección metafóricas son importantes: tras pasar la experiencia, usted desea que se le reconozca el mérito, esto es, un refuerzo positivo por su valor. Pero cuidado: esa muerte y esa resurrección también suceden en experiencias que no supongan reto alguno. Por ejemplo, pongamos que usted se casa. Claro está, en el momento de la boda, un yo previo muere metafóricamente. Y nace un nuevo yo, el yo casado.

Veamos un tercer ejemplo: va a alojarse a un hotel de lujo. Es obvio, una vez más, que la experiencia nos cambia: antes de alojarnos somos una persona, pero al pasar por ese hotel somos otra; es como si nuestro viejo yo muriese.

Piense en las experiencias como algo transformador. Trate de identificar y potenciar la sensación de que, después de estas, habremos dejado atrás a nuestro antiguo yo para ser alguien nuevo.

La forma de explicitar estos ciclos de muerte y resurrección es notificándoselo claramente al participante, reforzando su autoestima y su cambio gracias a la experiencia. Por eso, los dentistas infantiles, cuando acaban la consulta, les dicen a los niños: «Has sido muy valiente, ya eres un hombrecito/una mujercita». Están diciéndoles, en otras palabras: «Los críos se asustan en el dentista, pero tú no te has asustado. Felicidades».

Por este motivo, en los hoteles de lujo, cuando nos vamos, hay una persona perfectamente trajeada en la puerta que nos la abre: le están diciendo: «Usted es especial, merece que se le abra la puerta». Claro.

Por eso en un parque de atracciones se venden camisetas con YO SOBREVIVÍ AL TÚNEL DEL TERROR. Las experiencias nos cambian. Asegúrese de que el participante se dé cuenta y disfrute de su transformación.

TALISMANES

La experiencia ya ha acabado. Si lo hemos hecho bien, el participante estará encantado. En ese instante, justo al terminar, es cuando es fundamental darle un talismán.

Un talismán es cualquier objeto físico que esté muy relacionado con se olvide de esta. Lo normal es que, con el tiempo, la persona se olvide de esta, pero que, al ver o tocar el talismán, la recuerde. Un talismán es un atajo a un recuerdo, un objeto que simboliza la experiencia. Más concretamente, nuestra muerte y resurrección.

Es importante crear talismanes: ayudan a preservar el recuerdo de las experiencias. Además, son generadores de conversación: en el futuro, quizá un amigo lo vea, nos pregunte por él y, gracias a eso, lo podamos convertir en participante de esa misma experiencia.

Le pondré varios ejemplos, ya que los talismanes son muy habituales.

Cuando yo era pequeño e iba al dentista, este me regalaba mis dientes de leche. ¿Ve? Es un talismán: mucha gente los guardaba, como recuerdo. Asimismo, en las bodas, comuniones o incluso funerales es tradición dar pequeños regalos: desde una tarjeta del evento a algún tipo de caramelo, chuchería o hasta un regalo barato. El obsequio es lo de menos. La idea es que, con un objeto, estamos diciendo a nuestros invitados: «Si lo guardas, cuando pasen varios meses o años y lo veas, recordarás este evento».

Otro ejemplo muy arraigado son las medallas, diplomas o trofeos. ¿Qué son sino talismanes de nuestro logro en alguna disciplina, deporte, etc.? Yo solo he corrido una media maratón en mi vida, pero aún guardo el diploma que me dieron. Y cuando lo veo, mi cerebro se transporta a aquel día.

Una variante son los souvenirs, esos regalos (habitualmente de gusto dudoso) que se venden en lugares turísticos. Una vez más, se trata de talismanes: cuando usted vea ese espantoso plato decorado que compró en su último viaje, el plato será lo de menos. Y lo de más será teletransportarse, gracias a él, a ese lugar maravilloso que visitó.

Recuerdos y compartición

El usuario ya vivió su experiencia hace tiempo. Tiene su talismán. ¿Qué le queda? El recuerdo. Pero, cuidado, como diseñadores de experiencias nuestro trabajo no ha terminado.

Métase esto en la cabeza: los participantes de una experiencia son los principales prescriptores de sus usuarios futuros. Es decir, incluso aunque hayan pasado años desde que alguien participara, esa persona tiene un valor, que es el de recomendar la experiencia a otros.

En cierto sentido, esto es como cerrar el círculo. Si vuelve atrás unas cuantas páginas, al apartado sobre el descubrimiento de las experiencias, verá que un criterio clave es el de la reputación. El ejemplo de «Messi usa estas zapatillas». ¿Qué mejor reputación que un amigo diciéndole «Esta experiencia es muy buena»?

Por ello, cuide a sus antiguos usuarios: son sus mejores prescriptores. Fíjese, ¿por qué vemos ciertas películas o series? ¿Por qué jugamos a determinados videojuegos o leemos uno u otro libro? Muchas veces porque alguien nos los recomienda. Y ese alguien lo hace porque ya lo disfrutó antes.

Por tanto, en esta fase nuestro objetivo es, una vez más, doble:

- Primero, mantener vivo el recuerdo de la experiencia, sobre todo si es positivo.
- Segundo, favorecer la compartición de ese recuerdo para generar nuevos clientes.

Un muy buen ejemplo de esto son las páginas web que anuncian productos o servicios. Si se fija, cuando usted se aloja en una casa de Airbnb o cuando usa un servicio anunciado en TripAdvisor, es habitual que le pidan (educadamente, eso sí) que deje una reseña. Observe que, al hacerlo, están apelando a nuestro recuerdo. Y nos están invitando a compartirlo.

CONCLUSIÓN

Aquí acaba nuestro viaje por las experiencias. Como ya viene siendo el hilo conductor de este libro, espero que este capítulo le haya dado recetas claras y simples de cómo pensar sobre servicios y productos. Como puede ver, de nuevo todo es técnica. No se requiere ningún talento especial. Con aplicar estos consejos, sus citas, sus reuniones, su restaurante o su viaje dejarán de ser «uno más» para convertirse en memorables.

18

Cómo saber qué es verdad

Usted, yo, la humanidad entera, avanzamos por la vida acumulando conocimiento. Las estaciones del año. Los precios de las cosas. Los nombres de los animales, las plantas. Los tipos de alimentos. Cualquier cosa que aprendemos es conocimiento.

Ahora bien, supongamos por un momento que le digo algo falso. Por ejemplo, le convenzo de que la energía solar alimenta, y que a usted no le hace falta comer ni beber si se tumba al sol un rato cada día. No se ría, esta estupidez se ha promocionado a lo largo de la historia y nos servirá para explicar este capítulo.

Bien, aquí va mi pregunta: al decirle eso, que es falso, ¿ha ganado conocimiento? ¿Es el conocimiento falso también conocimiento? Sinceramente, no me interesa en especial esa discusión. Pero sí, y mucho, afirmar con rotundidad que ese pseudoconocimiento es inútil y podría resultar contraproducente. Por ejemplo, en el caso que nos ocupa, si usted de veras deja de comer y beber, seguramente estará muerto al cabo de unos cinco días, que es lo que puede llegar a sobrevivir una persona sin tomar agua.

Con la aparición de los medios de comunicación de masas, redes sociales, etc., dispersar conocimiento es tremendamente fácil: cualquiera puede ser *influencer*, youtuber, tener un blog u otra forma de divulgar información.

Esta es un arma poderosísima. Creo sinceramente que somos la generación con mayores conocimientos de la historia. Si pudiera explicarle qué es la Wikipedia a una persona nacida en 1900, esta alucinaría. Podemos diseminar una cantidad descomunal de información, al instante, al mundo entero. Pero, claro, también podemos sembrar mentiras: racismo, pseudociencias, *deepfakes*...

Por ello discernir qué es cierto y qué es falso resulta fundamental: vivimos en una era en la que, por saturación de datos, a veces somos incapaces de diferenciar una cosa de la otra. Y por ese motivo nuestra capacidad de avanzar se ve limitada: en lugar de crear piso tras piso de conocimiento útil, nuestro edificio tiene partes poco estables: rumores, medias verdades, *fake news* o directamente falsedades manifiestas.

Pero el problema es que, en apariencia, eso también es conocimiento. Me explico: que el sol alimenta es igual de cierto para un señor que para usted creer que el agua moja. Por tanto, aquel ha creado una estructura de seguridad y control en su vida basándose en una afirmación que es falsa. Por eso es tan difícil discutir las mentiras: porque la gente que las dice, al creerlas, se siente segura. Y al admitir que son falsas, se siente atacada en su estructura de control del mundo.

Haga un ejercicio en un segundo. Imagine por un instante que la Tierra es plana. Quiero que se autoconvenza de que vivimos en un planeta en forma de disco. Piense en la cantidad de verdades que debería replantearse si esto fuese cierto. ¿Toda la carrera espacial? Falsa. ¿La gravedad? Falsa. ¿Los viajes en avión? Falsos. Como puede ver, el conocimiento está interconectado, y si algo resulta ser falso, afecta a muchas otras áreas de este.

Del mismo modo les pasa a los creyentes en falsedades: ese señor que cree que el sol alimenta creerá en muchas otras cosas, también falsas, relacionadas con esa. Quizá esté convencido de que existen energías alternativas a las propuestas por la ciencia. Quizá crea en la sanación por imposición de manos.

Con lo cual, fíjese, cuando usted le dice «El sol no alimenta, eso es falso», le está pidiendo que ponga en duda no solo esa idea, sino muchas otras. Y eso afecta a la sensación de control sobre nuestra vida. ¿A que cuando le he hecho imaginar que la Tierra es plana se ha sentido incómodo e inseguro? Pues a ese caballero que usted intenta explicar que el sol no alimenta le sucede exactamente lo mismo.

Y por eso, antes de ceder y admitir que se equivoca, hará de todo para salvar su edificio de conocimiento: es más el esfuerzo que le requiere asumir que algo es falso que el que le supone convivir con esa mentira.

Le diré una cosa: llevo unos años ya en Twitter haciendo divulgación. Como puede imaginar, me he enfrentado a pseudocientíficos en centenares de ocasiones. ¿Sabe cuántas veces he logrado convencer a uno de ellos? Cero. Ninguna. En cambio, ¿sabe cuántos de ellos, acorralados argumentalmente, me han insultado y llegado a amenazar de muerte? Muchos más de los que se pueda llegar a imaginar.

La gente que vive en la mentira ni se plantea cambiar de opinión; para ellos es una necesidad vital dentro de su esquema del mundo. Por eso, establecer qué es verdad y qué es mentira resulta fundamental para nuestro desarrollo, y más en esta era que nos ha tocado vivir.

Así que, como le dijo Poncio Pilato a Jesucristo, vamos a hacernos una pregunta importantísima: ¿qué es la verdad?

DEFINICIONES ÚTILES

Para abordar el problema será útil tener cuatro definiciones a mano, que luego iremos usando a lo largo del capítulo: opinión, hipótesis, teoría y verdad.

Una opinión es una idea o juicio que se tiene sobre algo. Fíjese que en ningún lugar se dice que deba ser cierta. Por ejemplo, si digo: «Opino que los zurdos son más guapos», esa es una opinión no constatable empíricamente. Y si digo: «Opino que los zurdos son más torpes usando la mano derecha», eso es cierto, demostrable. Con lo cual, recuerde: opinión = idea, independientemente de su validez.

Cuando intento validar una opinión, lanzo una hipótesis, que es una suposición que pretendo comprobar mediante investigación. Por ejemplo, puedo decir: «Todas las frutas son dulces», y a partir de ahí intentar demostrar esa hipótesis. Obviamente, probaré un pomelo y veré que la hipótesis es falsa, pero, a diferencia de las opiniones, las hipótesis son afirmaciones que pretendo investigar. Por tanto, emitir una hipótesis es una forma de, poco a poco, buscar verdades.

Cuando una hipótesis es provisionalmente cierta, es decir, cuando hoy en día se ajusta a la realidad y no hay casos que la contradigan, es una teoría. Aquí la idea clave es provisional: en el mundo no existen verdades eternas, salvo que la Nocilla es un gran invento. Todo lo demás son teorías, válidas mientras no se demuestre lo contrario.

Por ejemplo, en la Antigüedad se creía que la Tierra era el centro del universo. Y esa teoría fue útil durante más de mil años; eso creían muchas civilizaciones antiguas. De repente, se descubrió que no era así, con la revolución copernicana, y pasamos a una nueva teoría en la que el Sol es el centro del universo. Y esta subsiste quinientos años después. Pero, en los años veinte, Edwin Hubble descubrió el universo inflacionario, y ya sabemos que ni siquiera el Sol es el centro de este. Y así con todo: nada es cierto definitivamente, todo son teorías acotadas por nuestro limitado conocimiento del mundo que nos rodea.

Llegamos por fin a la última definición, que es fácil de entender si se han comprendido las anteriores. ¿Qué es la verdad? Claro, hemos dicho que nada es cierto para siempre, y solo provisionalmente, en forma de teorías. Por tanto, el conocimiento más estable y cercano a la verdad son nuestras teorías actuales, de modo que verdad y teoría serían sinónimos. La relatividad es cierta mientras no se demuestre lo contrario. Y lo mismo la evolución. El cambio climático. Y todo nuestro corpus de conocimiento. Si usted consulta un diccionario, verá que se define «verdad» como el conocimiento que coincide con el fenómeno observado. Pero, claro, a medida que nuestra capacidad de observación se enriquece, nuestro conocimiento se hace más sofisticado, y así nacen teorías y verdades nuevas.

Entonces ¿estoy diciendo que jamás puedo decir «Esto es cierto»? No exactamente. Yo puedo hacer afirmaciones inmediatas, completamente ciertas; si digo «Yo soy zurdo», eso es cierto. Pero cuando salgo de los fenómenos inmediatos, objetivamente comprobables, establecer qué es verdad y qué no es mucho más difícil. Por ese motivo debemos cambiar de estrategia. ¿Y si, en lugar de buscar la verdad, buscásemos la mentira?

El falsacionismo

Ya hemos hablado en un capítulo anterior de las bondades del falsacionismo: la metodología para avanzar más rápidamente en ciencia a base de centrarnos en detectar falsedades. Una vez más, se lo recordaré con una parábola.

Había una vez un hombre que creía poder demostrar que las tabletas de chocolate eran todas negras. Y pasó años revisando tabletas, buscando las negras. Cada vez que veía una nueva tableta negra, pensaba: «Estoy más cerca de demostrarlo». Y así pasó larguísimos años, creyendo que cada ejemplo que le daba la razón le acercaba un poquito a su objetivo: la verdad.

Otro hombre, mientras tanto, tomó un camino distinto. Para demostrar que todo el chocolate era negro, se puso a buscar tabletas de chocolate de cualquier color, salvo negro. Al cabo de pocos días había encontrado una, de chocolate blanco, y por tanto descartado la teoría.

Mientras nuestro primer señor buscaba la verdad, para nunca alcanzarla con total seguridad, el segundo buscaba la mentira y, con solo hallar un único ejemplo, demostró rápidamente que algo no era verdad.

El primero representa el método científico tradicional hasta mediados del siglo xx: construir teorías buscando ejemplos que las apoyen, pues, cuantos más ejemplos, más probable es que la teoría sea cierta. El segundo representa la escuela de pensamiento de la ciencia moderna: no hay que buscar ejemplos favorables, es mucho más rápido hallar casos desfavorables, porque con uno que encuentres tumbas la teoría entera. En cambio, aunque cuentes con millones de ejemplos positivos, no sabrás aún si la teoría es cierta.

Así pues, le recomiendo que desplace su foco. Deje de intentar demostrar que algo es cierto: nunca lo conseguirá. Céntrese en demostrar que es falso. Y, si no puede, entonces es probable que esté cerca de la verdad.

Por ejemplo, creo que la Tierra es redonda porque, lo analice por donde lo analice, no puedo decir que eso sea falso. Es decir, yo encantado de que la Tierra fuese plana, pero es que no puedo creer otra cosa.

Me encantaría que fuese plana, pero es que las fotos desde el espacio la muestran redonda.

Me encantaría que fuese plana, pero es que si miramos a través de telescopios, vemos que todos los demás planetas son redondos.

Me encantaría que fuese plana, pero es que cuando viajo en avión y miro por la ventana, veo la curvatura terrestre.

Me encantaría que fuese plana, pero es que una Tierra redonda es la única explicación a la forma de las sombras de las cosas.

Y así sucesivamente. ¿Ve cómo estoy intentando desesperadamente demostrar que la Tierra no es redonda y, al no poder hacerlo, asumo que debe serlo? Ese es el método falsacionista. Y a lo que voy a dedicar el resto del capítulo.

Así que vamos a olvidar el título de este. Volvamos a empezar.

Segundo intento: cómo saber qué es mentira

Así es como debería llamarse este capítulo. Y por tanto, debería ser una lista de métodos y criterios útiles para detectar mentiras con rapidez. Y, en la medida que no pueda, asumir que algo es provisionalmente cierto.

Falacias argumentales

El primer criterio consiste en revisar aquello que usted desea validar contra una lista de falacias argumentales. Una falacia es un patrón de razonamiento que sabemos a *priori* que es falso. ¿Cómo?

Porque a lo largo de la historia del pensamiento se han identificado y documentado «patrones de mentira» para así poder descartarlos cuando aparezcan. Uno de los primeros en dedicarse a ello fue el propio Aristóteles, quien en sus *Refutaciones sofísticas* identificó trece tipos de falacias. Son como un huevo podrido: no nos hace falta comerlo entero para saber que está en mal estado. Con verlo y olerlo, ya lo detectamos y evitamos.

El problema de las falacias es que están sumamente extendidas, sobre todo entre la clase política y la prensa. Con frecuencia se emplean argumentos engañosos que, a base de repetirse, pueden parecer veraces, pero no lo son.

Existen docenas de falacias argumentales. De hecho, hay libros enteros dedicados a la materia. Aquí voy a listar las más habituales, de forma que usted pueda desactivarlas tan pronto como aparezcan. Para cada una, le daré la definición formal y algunos ejemplos en el mundo cotidiano.

Afirmar el consecuente

Supongamos que si A, entonces B. La falacia es afirmar, por tanto, que si B, entonces A. Esto es un argumento incorrecto porque, de la misma manera que A provoca B, B podría ser provocado por otro factor, C. Por ello, no es cierto que B provoque A.

Por ejemplo, si yo digo: «Si llueve, te mojas», y luego añado: «El suelo está mojado, por tanto, ha llovido», esto último es incorrecto, porque el suelo podría estar mojado por otras causas, como que hayan regado.

En un caso más malévolo, si alguien dice: «Algunos extranjeros violan» (cosa cierta) y luego añade: «Han violado a una mujer, seguro que ha sido un extranjero», esto segundo es falso, ya que podría haberla violado alguien no extranjero. ¿Ve? Aquí tiene una falacia que vive en el núcleo de muchos populismos y fascismos modernos.

Ad hominem

Esta es la falacia más popular del mundo. Como ya he dicho, consiste en atacar a la persona en lugar de a sus argumentos. Pero las cualidades de la persona no necesariamente invalidan sus argumentos.

Así, si yo digo: «Creo que los impuestos son excesivos» y usted contesta: «Eres informático, ¡qué sabrás tú!», está esquivando la discusión de fondo sobre los impuestos a base de atacar mi autoridad para opinar sobre ellos. Pero, si bien es posible que al ser informático me equivoque, también es posible que tenga razón, porque haya leído sobre ello o porque esté casado con una fiscalista. En general, desacreditar a la persona en lugar de tratar de invalidar su argumento es burdo.

Si usted quiere rebatir mi afirmación, podría decir algo así como: «Pues mira, según esta estadística de la Unión Europea, España está por debajo de la media». De ese modo, sí rebate mi argumentación sin desacreditarme a mí.

Hombre de paja

Esta falacia consiste en distorsionar el argumento del orador y, una vez distorsionado, discutir sobre esa versión distorsionada, que suele ser más fácil de combatir. Con lo cual, lo que hacemos es poner en boca del orador cosas que no ha dicho para así atacarle.

Por ejemplo, si yo digo: «En España se pagan demasiados impuestos, en Francia se pagan menos» y usted contesta: «O sea, ¡que quieres pagar como un francés!». No, no he dicho que quiera pagar menos. Es posible que lo que yo pague esté bien. Mi afirmación era sobre España en general. Por tanto, se ha distorsionado mi opinión para poder atacarla con más facilidad.

Non sequitur

Esta falacia consiste en presentar dos hechos como si fuesen causa y consecuencia, cuando no existe tal relación entre ellos.

Por ejemplo, si eres de izquierdas, votas al PSOE.

Este argumento es falso, pues yo puedo ser de izquierdas y votar a otro partido. O no votar. O votar en blanco. O votar a formaciones de derechas porque hay algo del PSOE que detesto. ¿Ve? Nos han creado una relación causa-efecto que, de hecho, no existe.

Falacia naturalista

Esta es muy común entre movimientos pseudocientíficos. Consiste en asignar propiedades positivas a lo natural. Es incorrecta por dos motivos:

1. Todo es parte de la naturaleza, no existe nada que no sea «natural».
2. En el medioambiente, conviven cosas positivas con otras muy tóxicas, como el ébola, por poner un ejemplo directo. Ser «natural» no es garantía de nada.

Por ejemplo, si afirmo: «El nuevo yogur X es genial, solo contiene ingredientes naturales», estoy en lo cierto; entonces el lácteo podría contener ébola, o arsénico, que están en la naturaleza. ¿Qué es lo «no natural»? ¿Existe lo «no natural»?

Falsa dicotomía

Aquí tenemos otro clásico. Una falsa dicotomía se da cuando nos presentan dos alternativas como si fuesen las únicas posibles. Al hacerlo, nos están negando la posibilidad de tomar cualquier otra opción. Se la explicaré con dos ejemplos, uno inocente y otro no tanto.

Imaginemos una madre cansada. Llega la hora de cenar y les dice a sus hijos: «¿Qué queréis cenar, sopa o un bocadillo?». La madre plantea dos opciones y permite elegir. Pero a lo mejor los críos querían pescado o fruta. Este es un ejemplo ingenuo. El siguiente lo es mucho menos.

Supongamos un partido político populista que nos diga: «O nos votas a nosotros, o es el caos». Seguro que les suena. Este argumento es falso:

- Primero, está por ver que el partido que dice eso no sea parte de ese caos que vaticina.
- Segundo, está metiendo en el mismo saco a todas las otras formaciones políticas.
- Tercero, está por ver que esos otros partidos sean el caos.

Generalización burda

Sigamos con el repertorio de falacias clásicas. La que sigue está muy presente en todos los parlamentos del mundo. Una generalización burda se da cuando, de unos cuantos casos aislados, extraemos conclusiones generales. Como si esos casos fuesen representativos del todo.

Le puedo poner mil ejemplos; suelen aparecer bajo la forma de estereotipos. Aquí va una lista:

- Los extranjeros son violadores.
- Los jóvenes no quieren trabajar.
- Los catalanes son tacaños.
- Los andaluces son vagos.
- Las mujeres conducen mal.
- A los hombres les encanta el fútbol.

En todos ellos, la idea es la misma: de algún caso que quizá le diese la razón, el mentiroso «se tira a la piscina» y atribuye esa cualidad o defecto a toda la categoría. Y ya sé que ese argumento es insultantemente burdo. Pero usted sabe muy bien que no hay día que no oigamos emplearlo a alguien en este mundo que nos rodea.

Seguramente ha ido leyendo la lista de falacias y se le ha escapado más de una sonrisa. ¿Cuántas veces habrá reconocido esos zafios argumentos en manos de publicistas, políticos o periodistas? El maltrato intelectual del mundo moderno sería muy gracioso si no fuese porque las consecuencias de esos argumentos incorrectos a veces pueden ser muy serias.

«Yo tengo derecho a dar mi opinión»

Existen frases que, por más que estamos acostumbrados a oírlas, deberían ponernos a la defensiva, y la que da título a este apartado es una de ellas. A base de repetirlas, las hemos convertido en «verdades sociales»: afirmaciones que aceptamos como ciertas, pero que, si las pensamos fríamente, son peligrosas.

Le pondré un ejemplo: ¿tengo derecho a opinar lo que quiera? ¡Obviamente!

Bien, supongamos que opino que habría que exterminar a los judíos porque son una raza inferior. Venga, vuelvo a la misma pregunta: ¿tengo derecho a opinar lo que quiera?

La respuesta es, una vez más, que sí. Pero, cuidado, porque esa afirmación otorga a nuestra libertad un valor absoluto, ilimitado («puedo opinar lo que quiera»), cuando todos sabemos que, en sociedad, la libertad se limita en cuanto suponga un delito o un peligro para los demás.

Otro ejemplo: imagine que vivo solo en medio del desierto, y me da por volar mi casa con dinamita, conmigo dentro. Obviamente, sería una estupidez, pero no causaría ningún efecto salvo el de redecorar el desierto con mis restos. Ahora, suponga que hago eso en sociedad, en pleno centro de Barcelona. Eso tiene un nombre, y se llama terrorismo.

Con las opiniones sucede algo parecido: si yo fuese un ermitaño que viviera en lo alto de una montaña, podría opinar lo que me diese la gana: total, mis estupideces no afectarían a nadie. El problema se genera cuando vivimos en sociedad y nuestras declaraciones pueden volverse peligrosas para los demás. Ahí entran las afrentas al honor, los delitos de odio, etc.

Sin llegar a tanto, hemos de ir con mucho cuidado con la gente que se escuda tras el «Yo tengo derecho a dar mi opinión»: normalmente esa afirmación es la antesala de opiniones tóxicas, mentiras, manipulaciones, desinformación.

Cuando una persona asevera «La Tierra es plana», está diciendo una falsedad. Claro que es una opinión, y claro que esa persona tiene derecho a opinar de esa manera, faltaría más. Pero debemos abandonar ese cliché tan arraigado y peligroso de «es mi opinión, por tanto, es sagrada porque es mi derecho». No, será tu opinión, pero lo que dices es falso.

Vivimos en una época de relativismo informativo. Nada es cierto ni falso; cada cual elige los datos que le convienen para construir opiniones. Y cada vez es más difícil llegar a la verdad.

Usted puede hacer una pregunta sencilla, como: «¿Está subiendo la temperatura del planeta en promedio?» y constatar que es casi imposible llegar a una respuesta clara: todo el mundo se escuda en «su opinión» basada en «sus datos».

Esa sobrevaloración de la opinión en detrimento de la búsqueda objetiva de la verdad limita nuestro conocimiento del mundo que nos rodea. No permita esa falacia.

CONCLUSIÓN

A lo largo de este libro estoy intentando facilitarle técnicas de pensamiento —centrándome sobre todo en buscar la utilidad— que sean aplicables en el mundo que nos rodea.

Por desgracia, la mentira y la desinformación son dos de los males de nuestro tiempo. Es lo que nos ha tocado vivir. Por ello me veo obligado a dedicarle a este importantísimo tema no uno, sino dos capítulos. Pase página, que seguimos.

19

Más sobre verdades y mentiras

EL ALCANCE EXPLICATIVO

Otro método valioso para detectar falsedades es analizar en detalle el alcance explicativo de una afirmación. Por alcance explicativo entendemos la capacidad de esa teoría de explicar fenómenos, sin dejar casos sin cubrir.

Por ejemplo, supongamos que afirmo que el ser humano no fue a la Luna, y que todo fue un montaje. Esta afirmación es fácilmente rebatible: en el programa Apolo trabajaron unas cuatrocientas mil personas, según registros de la época. ¿Me están haciendo creer que, de alguna forma misteriosa, se consiguió coordinar a toda esa gente para decir exactamente una mentira idéntica?

Otra forma de atacar ese mismo argumento es: bien, si es así, ¿cómo es que, con telescopios terrestres independientes de la NASA, se han tomado imágenes, años más tarde, donde aún se ven los restos del aterrizaje? De este modo, la teoría carece de alcance explicativo, en la medida en que, si fuese cierta, quedarían muchas afirmaciones fuera de lugar. Y por tanto, lo más probable es que sea falsa.

Otro ejemplo: «Cuando nos pusieron la vacuna contra la COVID-19, también nos implantaron unos chips». Bien, si fuese así, ¿qué tecnología usan? ¿Cómo es que, hoy en día, nadie ha visto esa tecnología ni ninguna similar? La especie humana no dispone, por ahora, de técnicas electrónicas lo suficientemente pequeñas para circular por el torrente sanguíneo. ¿Cómo funcionan esos chips? Muchas teorías conspiranoicas presentan lagunas explicativas muy grandes. Lo que pasa es que son atractivas. Pero, si profundizamos en su alcance explicativo, caen como castillos de naipes.

Concluyo este apartado con uno de mis ejemplos favoritos. Le puedo decir, con bastante confianza, que el tan anunciado monstruo del lago Ness no existe. Y ¿sabe qué? Que los platillos volantes tampoco. Vamos a analizar estos fenómenos desde un punto de vista de alcance explicativo.

Es obvio que los dos casos vienen de antiguo. Por poner un ejemplo, durante la Segunda Guerra Mundial ya se hablaba tanto de Nessie como del fenómeno ovni. Pues bien, desde entonces la población se ha multiplicado por más de dos. Además, desde la llegada de la telefonía móvil, el número de cámaras de fotos y la calidad de las imágenes ha mejorado exponencialmente. Si la humanidad era capaz de hacer equis fotos en 1950, hoy en día probablemente pueda hacer equis multiplicado por doscientos, como minimísimo. Seguro que muchas más.

¿Alguien me está intentando hacer creer que, teniendo muchísimas más cámaras, no hemos conseguido aún ninguna foto concluyente de un fenómeno ni de otro?

Piense en cuánta gente pasa por el lago Ness cada día con un teléfono móvil. Cuántas personas van por la vida captando instantáneas. Cientos de millones. Individuos que antes no hacían esas cosas. Si no hay fotos ni de Nessie ni de ovnis en 2023 es porque sencillamente no existen. Y ahora viene el clásico argumento conspiranoico: sí hay fotos, pero alguien nos las oculta.

Una vez más, alcance explicativo: ¿quién y por qué? Teniendo en cuenta que cualquiera es capaz de subir fotos a Twitter, Instagram, etc., ¿cómo puede ese alguien impedir que veamos dichas fotos?

¿Ve? La mejor forma de desenmascarar mentiras es ir al detalle, examinar su alcance explicativo, su lógica.

¿CUÁLES SON LOS HECHOS?

Otra forma de detectar mentiras llega de la mano de Bertrand Russell, uno de los filósofos más importantes de siglo XX. En una de sus últimas apariciones públicas, un entrevistador le preguntó cuál sería su legado, su idea más importante. Russell contestó: en la vida, siempre, cuando busque la verdad, pregúntese solo ¿cuáles son los hechos objetivos? Es decir, cuando alguien le presente una afirmación como cierta, busque los hechos demostrables para determinar si avalan o refutan esa afirmación.

Supongamos que le intentan convencer de que el tarot determina nuestro futuro. De forma desapasionada, pero exhaustiva, usted debería preguntarse: ¿cómo funciona? ¿Por qué? Es decir, ¿cuál es el mecanismo que hace que elegir unas cartas al azar prediga el futuro? ¿Existe algún hecho o explicación de cuál es la relación entre esas cartas y nuestro devenir? Si la respuesta es: «No, es que la explicación es desconocida», vamos mal. En el siglo XXI, tenemos explicaciones para todo. Pueden ser incompletas, pero no hay ámbito que no se haya investigado ya.

Por ejemplo, si usted me pregunta cómo funciona la creatividad en el ámbito neuronal, la respuesta será necesariamente que hay partes que conocemos y otras que no. Pero le podré explicar todo lo que ya se sabe sobre neurología y creatividad, que no es poco. Afirmar: «No sé cómo funciona, pero funciona» demuestra que no hay hechos que avalen el tarot y, por tanto, probablemente sea falso.

Otro ejemplo: supongamos que aparece un político por la tele diciendo: «Nunca antes se había vivido así de bien en España». Si se fija, la afirmación es tremendamente difusa. Seguro que hay algún parámetro en el que se ha mejorado (como la esperanza de vida). Pero de ahí a afirmarlo de forma general va un universo. Por tanto, el escéptico debería interrumpir al político y plantearle: «La afirmación de que nunca se había vivido así de bien en España, ¿a qué parámetro se refiere?». Porque, claro, en algunos será cierta, pero en otros no. De hecho, ¡el nivel de contaminación es peor que nunca!

EL *CHERRY-PICKING*

Una de las formas de mentira más habituales, sobre todo en entornos empresariales y de pseudociencia, es el *cherry-picking* (literalmente, «recogida de cerezas»). Como bien sabe, las cerezas son frutas delicadas: deliciosas cuando están en su punto, pero ácidas si se recogen muy pronto o echadas a perder si se recolectan demasiado tarde. Seguro que alguna vez ha tomado un bol de cerezas, ha seleccionado las mejores y ha dejado el resto. El *cherry-picking* es el símil intelectual de esta conducta.

Esta técnica consiste en revisar toda la evidencia de un fenómeno y mostrar solo aquella que es favorable a nuestro argumento, en lugar de mostrarla al completo. Así, se puede hacer creer que esa evidencia «filtrada» es toda la que hay, y de este modo llevarnos a creer una mentira. Le pondré un caso. Le voy a mentir, ¿vale? ¡No se crea el siguiente párrafo, por favor!

Bien, usted debe saber que el cambio climático es falso. Que nos están mintiendo para hacernos creer que existe. ¿Quiere una prueba? Según organismos internacionales, la temperatura promedio de la Tierra en 2002 y en 2012 fue exactamente la misma. ¿Cómo se queda?

Pues le he mentido. Como puede ver en la gráfica, he elegido, de la serie de años recientes, uno muy cálido (2002) y uno muy frío (2012). Y, claro, tomando solo esos dos datos, podría parecer que tengo razón.

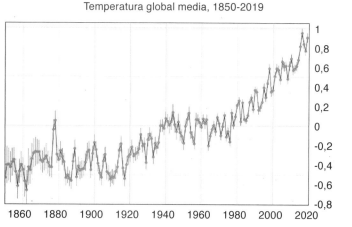

Temperatura global media, 1850-2019

Ahora bien, lo que no le he dicho es que, desde 1850 (cuando empieza aproximadamente la industrialización, y poco después la automoción), la temperatura ha ido subiendo de forma continua. ¿Ve? Eso es el *cherry-picking*: selecciono lo que me da la razón y oculto el resto para engañar. La mejor forma de atacar el *cherry-picking* es negarse a aceptar cualquier dato que parezca seleccionado o cocinado: o le muestran la tabla entera, o no se crea nada.

Afirmaciones del estilo de «Entre tal año y tal año, el valor tal ha subido o bajado equis puntos» suelen ser falsas. Es muy fácil mentir con números: nuestro cerebro tiende a quedarse con lo que oye y darle credibilidad, porque, oye, son números. Desconfíe.

Mire si desconfío yo de estas cosas que no acepto que se me envíe ninguna imagen con datos: o me dan el *paper*, informe o artículo original en una revista científica, o lo ignoro. Ni se imagina la de veces que me han hecho llegar imágenes retocadas con Photoshop para mentir con datos.

FÍJESE EN EL LENGUAJE CORPORAL

Esta técnica se puede emplear cuando la mentira se produce en una reunión o lugar donde nos vemos los unos a los otros. En general, existen patrones que denotan que una persona está mintiendo.

Hay mucha literatura al respecto, especialmente en relación con investigaciones policiales. Claro: si estamos interrogando a un posible criminal, detectar mentiras es clave. El problema es que los marcadores corporales de la mentira no son concluyentes. Aquí le dejo unos cuantos que suelen citarse, pero cuidado: la comunidad científica no está cien por cien de acuerdo con esta lista, pues creen que estos marcadores son fácilmente manipulables por mentirosos profesionales.

Uno de los marcadores clásicos es mirar en una dirección distinta en el momento de mentir, habitualmente hacia el vacío o hacia arriba, y evitar el contacto visual. La idea es que el mentiroso está haciendo un esfuerzo mental para construir su mentira, y por eso trata de desviar la mirada. Otro son los cambios en el ritmo del habla. Una vez más, el mentiroso sabe ciertas cosas, pero a partir de un determinado momento está fabricando una mentira y, por tanto, dudará o ralentizará su articulación para compensar el esfuerzo que está haciendo.

Una forma muy efectiva de detectar mentirosos que estén en nuestro campo visual es provocar nerviosismo y observar su reacción. Cuando una persona le cuente algo que usted crea que es falso, sencillamente pida más detalles, haga que su interlocutor responda más preguntas. Si está mintiendo, debería notar sus dudas y falta de seguridad.

Tengo un ejemplo buenísimo sobre detección de mentiras. Soy un gran aficionado a la astronomía. Por ello, frecuentemente viajo con un telescopio, incluso cuando voy en avión. En uno de esos viajes andaba yo de camino al aeropuerto de Palma de Mallorca. Cargaba con un Celestron C8, que es una bestia que pesa unos cuarenta kilos. Una parte la había facturado y otra la llevaba como equipaje de mano, porque es delicado.

Total, imagíneme pasando el telescopio (que es un tubo metálico de unos treinta centímetros de diámetro y cincuenta de largo) por el escáner. La persona a cargo ve aquello, que francamente podría haber sido un arma, y me llama. Me pregunta:

—¿Qué es eso?

Y yo le contesto, impávido:

—Un telescopio.

En ese momento, el agente rápidamente tiene que detectar si estoy mintiendo o realmente es un telescopio. Ese día me encontré un policía muy muy bien entrenado. El guarda me miró a los ojos, ni se inmutó, y me soltó, en una fracción de segundo:

—¿Cuántos aumentos tiene?

Detecté perfectamente su técnica: si yo en verdad era astrónomo, debía saber eso. Si no, dudaría, y el agente descubriría la mentira. Sin inmutarme, le contesté:

—Un telescopio puede hacer diferentes niveles de aumento, cambiándole una lente; este puede hacer de cien a cuatrocientos aumentos.

El agente sonrió. Seguramente, para sus adentros, se dijo: «Vaya friki». Y me dejó pasar. Me había puesto a prueba por si estaba mintiendo, y yo había superado el examen con nota.

MENTIRA Y ESFUERZO

Si ha estado atento hasta ahora, supongo que ve venir lo que voy a decirle: el mundo moderno es una selva peligrosa. Pero en esta selva no hay caimanes ni serpientes; hay mentiras por todos lados. Y el problema es el esfuerzo requerido para investigarlas, para formarnos una opinión fiable. Un buen ejemplo es el coronavirus y su gestión por parte de los gobiernos. Si me ha seguido en Twitter, sabrá que durante un par de años me dediqué a publicar datos para permitir que la gente se formase una opinión fiable. No se imagina lo difícil que fue aquello. Todas las administraciones maquillaban, distorsionaban y manipulaban la información para parecer que lo estaban haciendo de fábula, y que el resto eran todos unos inútiles.

Un buen ejemplo es la gestión de la Comunidad de Madrid. Según a quien creas, su gestión fue la mejor de España o la peor, y todo lo publicado no es más que una campaña de propaganda perfectamente ejecutada.

Las técnicas de este capítulo deberían ser suficientes para formarse una opinión al respecto. Usted es mayorcito, no voy a ser yo quien le diga lo que debe creer. El problema no es ese: el problema es el sobreesfuerzo que se requiere en el mundo moderno, con su descomunal complejidad, para formarnos opiniones fiables. Usted podría decir: «No, esto es verdad porque lo leí en prensa». Pero sabe tan bien como yo que mucha de la prensa responde a una orientación concreta. Según lo que lea, la Comunidad de Madrid lo hizo de fábula o fatal.

Y creo, de verdad, que juegan a eso: a explotar nuestra debilidad. Es sumamente cansado estar todo el día investigando qué es cierto y que no. Por tanto, basta con inundar los medios de comunicación con propaganda, que al final el ciudadano «se rendirá» y se creerá lo que le digan, por puro agotamiento y falta de tiempo.

Y eso es un argumento deprimente que odio compartir con usted, pero es el mundo en el que nos ha tocado vivir.

Le pongo, una vez más, un caso. Si se pasea por las redes sociales y lee sobre el coronavirus, verá que la opinión dominante es que las vacunas no hicieron nada y que la COVID no existe. Lo digo en serio: los conspiranoicos han ganado la batalla de las redes sociales, lo cual es deprimente.

¿Sabe por qué? Porque, pasada la pandemia, la gente no conspiranoica cambió de tema, y siguió con sus vidas. Los conspiranoicos, en cambio, han construido su identidad y su modelo del mundo a base de la mentira de que si la COVID no existió y demás memeces.

¿Resultado? Los conspiranoicos siguen hablando y el resto no. Y podría parecer que los primeros tienen razón, cuando no son más que una minoría chillona.

DESMONTAR MENTIRAS

Otro problema adicional es que la mentira y la verdad son fenómenos muy asimétricos. Muchas veces, por ser escandalosa, una mentira corre como la pólvora. Y luego, cuando se descubre su naturaleza, desmentirla cuesta muchísimo más. El daño ya está hecho. Como reza el dicho, no dejes que la realidad estropee una buena historia.

Le pondré el ejemplo de las leyendas urbanas. Si es de mi generación, le sonará el relato de que en las alcantarillas de Nueva York viven cocodrilos. Según esta historia, la gente compraba cocodrilos como animal de compañía y, como se cansaba de ellos, los liberaba en las alcantarillas.

¿Le suena? Pues es falso.

Esa leyenda urbana se remonta, no se lo pierda, a 1920. Y aún hoy circula, lo que demuestra lo difícil que es desarticular una mentira. ¿Y cómo sé que es falso? Porque, como todo el mundo sabe, los cocodrilos son seres de sangre fría, que requieren de calor para regular su temperatura. La supervivencia de un cocodrilo en un lugar tan frío como Nueva York sin siquiera luz solar que le caliente es imposible. Además, se han realizado estudios que prueban que la presencia de heces en las alcantarillas provocaría infecciones a estos animales.

Hay mil leyendas urbanas como esta. Aquí tiene otra: habrá oído la teoría de que no deberíamos usar el teléfono móvil en una gasolinera al llenar el depósito por riesgo de incendio o explosión. Se supone que el teléfono podría provocar una chispa y causar un desastre. ¿Se lo han contado alguna vez? Pues es falso. Se desconoce cuándo empezó a circular esa leyenda urbana, pero ganó tanta popularidad que incluso el programa de televisión *Mythbusters*, especializado en testar mitos y bulos, le dedicó un episodio. También hicieron hincapié en la mentira numerosos organismos en Estados Unidos. En todos los casos, la conclusión fue aplastante: es imposible.

Y aun así, esas y muchas otras falsedades todavía circulan, hasta el punto de que hay páginas web como <snopes.com> y <maldita.es> encargadas solo de revisar y publicar leyendas urbanas para desmentirlas. Pero, una vez más, es una batalla perdida de antemano: crear una nueva requiere muchísimo menos esfuerzo que probar su falsedad, y los colectivos que la defienden tienen paciencia y devoción infinita a su mentira: es su identidad.

Y cuidado: algunas mentiras pueden ser inocuas. Pero otras pueden destrozar una vida. Imagine que alguien me acusase de un crimen horrible, o hiciese circular un rumor malintencionado sobre mí. Solo a título de ejemplo, suponga que alguien hace correr el rumor de que soy un pederasta. ¿Le suena el caso Arny?

Al ser una información escandalosa, y yo tener cierta notoriedad por mi actividad como divulgador, seguramente esa información viralizaría. No es que yo sea el tío más conocido de la Tierra, pero con más de ciento veinte mil seguidores en Twitter, si alguien dijese «Dani es pederasta», el daño a mi buen nombre sería significativo.

¿Qué le costaría a esa persona extender ese rumor? ¡Casi nada! Hoy en día, difamar en las redes sociales es básicamente gratis. ¿Qué me costaría a mí ir una por una a los cientos (¡o miles!) de personas que han leído esa mentira y demostrarles que es falso? Bastante. Una vez más, mentir es más barato que desmontar mentiras.

Nuevamente, le presentaré ejemplos, y que conste que no tomo partido, pues ¡esta sección no va de eso!

Durante décadas, se hizo correr el rumor de que Michael Jackson era pederasta. ¿Lo era? Jamás lo sabremos. Pero solo quiero que piense en un instante en que, con las pruebas que existen, es posible que no lo fuese. Que, sencillamente, fuese un tipo con una personalidad infantil. Pero en toda su vida, y con todo su poder, fue incapaz de desmontar esa afirmación. ¿Ve? Crear una mentira siempre es más sencillo que derribarla.

Durante toda su vida, se dijo que Marilyn Monroe era una «rubia tonta». ¿Consiguió desmontar esta idea? No, se la llevó a la tumba. Y, según las crónicas de la época, Marilyn no era tonta, sino todo lo contrario: era un cliché que ella misma adoptaba para crear cierto tipo de personaje.

EL MALVADO SEÑOR GISH

Un ejemplo extremo de la asimetría entre verdad y mentira es la técnica llamada «el galope de Gish», bautizada en honor (o deshonor) de Duane Tolbert Gish, bioquímico estadounidense y miembro del colectivo creacionista Tierra Joven.

Esta gente cree que el Génesis es un libro histórico, y no una alegoría. Por tanto, están convencidos de que la Tierra tiene efectivamente unos diez mil años, que el jardín del Edén existió, etc. Antes de seguir: obviamente, todo esto es falso. La verdad científica nos dice que la Tierra tiene unos cuatro mil quinientos millones de años.

Pero volvamos a Gish. Este señor se hizo popular por una técnica de debate aparentemente muy convincente y efectiva: en un periodo corto, apabullaba a su oponente con docenas de afirmaciones, todas ellas muy vehementes pero falsas, enumeradas de forma rápida. Cuando alguien habla a esa velocidad y con esa convicción, nuestra tendencia natural es creer que esa persona es una experta en su campo y, por tanto, le otorgamos credibilidad. ¿El problema? Mucho de lo que decía Gish se contradecía con la verdad observable y la ciencia.

El galope de Gish funcionaba porque, apabullado por la avalancha de afirmaciones y datos, el oponente debía dedicar mucho tiempo a desmontar, una por una, las falsedades. Al no disponer de ese tiempo, Gish ganaba los debates, no por tener razón, sino por aplastamiento.

Siempre que vea a alguien lanzar una retahíla de afirmaciones sin citar fuentes, es un candidato a galope de Gish de libro. Mi consejo es que, a la primera afirmación, corte el debate en seco. No le deje saltar de tema. Seguro que lo intenta, porque un usuario de esta técnica es perfectamente consciente de lo que está haciendo.

De forma educada, interrumpa y diga algo así como: «No vayamos saltando de afirmación en afirmación, vamos una por una». Y, guardando las formas, ataque la primera. Al mismo tiempo, si sigue intentándolo, cite la técnica: «Esto que usted hace tiene un nombre, es una técnica basada en inundar la conversación con afirmaciones falsas sin dejar margen para rebatirlas».

Normalmente, si consigue desmontar dos o tres afirmaciones falsas, la gente que usa el galope de Gish queda desarmada y abandona esa estrategia.

Conclusión

Este es un capítulo que me ha costado escribir. Y me ha costado porque siento que vivimos una auténtica guerra de la verdad y el conocimiento contra la mentira y la desinformación. He tratado humildemente de armarle antes de ir al frente. Le he presentado todo mi arsenal de desconfianza para detectar falsedades rápidamente. Pero, en la segunda mitad del capítulo, le he mostrado un problema para el cual, siento decirlo, no tengo solución: que se puedan fabricar mentiras en menos tiempo del que supone desmontarlas. Y por eso el mundo va como va, con estructuras de propaganda en la sombra creando y manejando nuestra opinión a su voluntad.

Con frecuencia tengo la sensación de que nos utilizan. Que, de repente, hay temas que son aparentemente muy importantes pero que se desvanecen en la nada unos días más tarde. Que continuamente nos crean distracciones, cortinas de humo, para manejarnos como marionetas.

Es tal el nivel de desinformación que, con los años, he llegado a la conclusión de que la única estrategia válida es un escepticismo sistemático hacia ciertos sectores. Prensa, política, redes sociales: en general, no me creo nada. De cualquier cosa que me llegue por WhatsApp, de cualquier foto, desconfío por defecto.

Le recomiendo mirar a la vida con espíritu crítico y desconfianza. Tal y como están las cosas, es su mejor defensa.

20

Cómo pensar en sociedad

¿Ha visto alguna vez un hormiguero? Miles y miles de hormigas repartiéndose el trabajo, cooperando para conseguir un objetivo común, ya sea conseguir alimento, defenderse de ataques externos, trasladarse...

Siempre he sido muy fan de Edward O. Wilson, cuyos libros describen de forma apasionante el mundo de estos insectos. La idea que me fascina de sus investigaciones es cómo ciertos comportamientos complejos surgen de la suma de otros muy simples. Le pondré un ejemplo: la búsqueda de comida. Todos hemos visto esas hileras de hormigas que van y vuelven, organizadísimas, entre una fuente de comida (como el cadáver de un insecto) y su hormiguero. Desde nuestra perspectiva humana se trata de una conducta altamente organizada. Tiene que haber un plan maestro, ¿no?

Pues no.

El plan maestro es tan simple como que las hormigas se mueven absolutamente al azar. Muchas de ellas morirán, aunque ya se sabe que estos himenópteros cuentan con la ventaja del número. Pero esas hormigas hacen algo interesante: al explorar el mundo, van dejando diminutas gotitas de feromona, de forma análoga al cuento de Hansel y Gretel, ¿recuerda? En el relato, los niños van dejando piedrecitas para recordar el camino a casa a través del bosque. Por su parte, las hormigas van dejando caer feromona para saber cómo volver al hormiguero.

Bien, tal vez una hormiga no tenga éxito. Quizá abandone y vuelva a casa usando su propio rastro. O bien desaparezca al ser devorada por un depredador, o bien porque se pierda al desvanecerse su rastro. Pero supongamos que la hormiga vuelve y que ha encontrado comida. Obviamente, reforzará su rastro de feromonas al regresar. Pues bien, ahora una segunda hormiga sale del hormiguero. Y, claro, ve el rastro de su compañera y lo sigue. Así que llega a la misma fuente de alimento. Y, al hacerlo, deposita más feromonas, de forma que «refuerza» el camino.

Deje que este sistema tan simple siga su cauce y, al cabo de diez minutos, tendrá la clásica autopista de hormigas que, desde nuestro punto de vista, parece altamente organizada. Y no solo eso: cuando se agote la comida y las hormigas se queden investigando por si encuentran otra fuente de alimento, el rastro de feromonas poco a poco se desvanecerá, con lo que el sistema se autorregulará, tanto para reforzar un camino exitoso como para olvidarlo cuando ya no es útil.

ANIMALES SOCIALES = PENSAMIENTO SOCIAL

Se estará preguntando: «Vale, Dani, muy chula la historia, pero ¿qué tiene que ver con este libro?». Pues mucho. Lo que he querido explicar de forma gráfica es que cada organismo, individualmente, tiene un potencial. Pero que, en aquellos organismos que llamamos sociales, los colectivos pueden lograr una sinergia emergente muy superior a la de sus partes constituyentes. Volviendo a Wilson y su terminología clásica, es como si el hormiguero entero fuese un superorganismo, un animal complejo compuesto por todas las hormigas, especializado en su supervivencia.

Podría estar páginas y páginas explicando otros ejemplos de sociedades animales con inteligencia colectiva, desde las rutinas de caza de delfines y orcas hasta las de combate y organización de la guerra en chimpancés y bonobos.

Pero supongo que ve por dónde va la tesis de este capítulo. Entre los animales sociales destaca la especie humana: nuestras estructuras sociales no tienen parangón en el reino natural. Por tanto, mejorar nuestras rutinas de pensamiento social es fundamental;

podemos constituir superorganismos de un potencial brutal solo con pactar unas normas sociales razonables.

Pondré un caso: la escolarización universal. Es obvio que, en el momento en que la humanidad decide extender la educación a todos sus individuos, está apostando socialmente por «subir el nivel», como demuestra la evolución del cociente intelectual a lo largo de las décadas, el efecto Flynn, que ya comentamos en el capítulo «Progreso, escolarización y talento».

Pero hay más: a lo largo del siglo XX, por fortuna, se ha trabajado para disminuir o erradicar múltiples formas de discriminación, por género, por raza, etc. El impacto de esas medidas sociales es indiscutible, y también desigual. Comparemos si no el rendimiento escolar entre distintos países. Es obvio que hay gobiernos que apuestan más fuerte por una educación básica de mayor calidad que otros, según reflejan numerosos estudios internacionales (como los informes PISA, sin ir más lejos). Por tanto, tenemos que dejar de considerar el pensamiento como una actividad individual, y plantear también técnicas aplicables en el ámbito colectivo para mejorar el rendimiento de nuestro superorganismo, la sociedad humana.

De esto va este capítulo, y también el siguiente: de cómo cooperar para pensar mejor. Y de cómo las sociedades, a veces, piensan mal. Muy mal.

COOPERACIÓN *VERSUS* COMPETICIÓN

La conducta social humana navega entre dos ejes según nos convenga: el de la cooperación y el de la competición. Cooperamos cuando consideramos que trabajar como colectivo nos es más beneficioso que hacerlo de forma individual. Y competimos cuando creemos que nos conviene más ir por libre y buscar una solución que nos beneficie ignorando al colectivo.

Un ejemplo claro y contundente es la pugna del capitalismo y el socialismo, y la victoria del primero en la mayoría de los casos.

Aceptemos que la humanidad es un sistema cerrado. Es decir, que posee una cantidad de recursos finita y un número de actores también limitado. Bien, el socialismo «perfecto», si funcionase (*spoiler*: no lo hace), trataría de dar a cada individuo más o menos lo mismo, esto es, una cantidad de riqueza aproximadamente igual a la riqueza total dividida por el número de individuos. Indudablemente, estoy simplificando muchísimo. Pero recuerde que este no es un libro sobre economía, sino que estoy tratando de centrarme en exclusiva en cooperación y competencia.

Ahora, supongamos que cada persona vela por sus intereses, como promulga el capitalismo. Está claro que no toda la gente tiene las mismas capacidades para generar riqueza. Los hay más aventajados (por intelecto, por familia o por cualquier otro motivo) y los hay menos. Lógicamente, en ausencia de un reparto de la riqueza, los aventajados destacarán y acumularán más que los menos aventajados. Estarán «por encima de la media». Con lo cual tenemos un colectivo que acumula riqueza y otro que posee menos.

Como es de esperar, al poseer más riqueza y más capacidad para generarla, el colectivo con un rendimiento mayor a la media dispondrá de mayor capacidad de influencia y poder que los que tengan poco rendimiento. Su potencial de persuasión será mayor, pues poseen riqueza e intelecto.

Por eso funciona el capitalismo, porque concentra riqueza y capacidad en un colectivo pequeño que jamás admitirá perder esa ventaja que (de forma justa, ojo) el capitalismo les da. Y, al estar en una situación ventajosa, tienen mayor capacidad de influencia sobre los que ejercen el poder para no redistribuir la riqueza. Por tanto, salvo episodios revolucionarios protagonizados por la clase obrera (los menos favorecidos), en general, el capitalismo tiende a imponerse, porque el colectivo más favorecido es el que lidera.

¿Ve? Tras el capitalismo y el socialismo no hay más que una pugna entre estrategias de competir o cooperar.

Esta pugna se da en todos los ámbitos de la conducta social humana. Otro ejemplo: la disuasión nuclear. Desde los años cincuenta, Estados Unidos y la Unión Soviética estuvieron bailando una peligrosa danza entre cooperación y competencia en torno al posible uso de armas nucleares. Si lo piensa, en este caso «cooperar» implica el acuerdo tácito de nunca usar ese tipo de armamento, al darse cuenta de que lo contrario traería consecuencias imprevisibles. En este caso, competir significaría ir por libre e iniciar un ataque nuclear de forma unilateral.

Fíjese que, desde entonces, los avances en el ámbito nuclear se han dado cuando todas las partes han optado por cooperar, y el peligro ha llegado de la competición. Los dos bandos compitieron entre los años cincuenta y los setenta en una loca carrera para desarrollar armas cada vez más dañinas. El funesto récord lo tiene la Unión Soviética, con la Bomba del Zar, lanzada sobre el mar de Barents en 1961. Su capacidad destructiva fue más de tres mil veces superior a la bomba de Hiroshima.

Superada la estrategia de competición, los dos bandos optaron por una contención cooperativa, que culminó en los acuerdos de desarme SALT y START de reducción de cabezas nucleares.

Pero, cuidado, algún lector impaciente podría pensar que estoy diciendo que cooperar siempre es lo bueno y competir, lo malo. Y no es así. Existen infinidad de ejemplos de cooperación negativa en la historia. ¿O no es nocivo que un sistema colectivista reduzca el estímulo individual y, por tanto, que la población se adormile? ¿O no es igualmente negativo que un colectivo coopere para el mal? Estoy pensando en sectas, el *bullying* o incluso en el nazismo.

Claramente, cooperar y competir no son buenas o malas estrategias *per se*. Es el fin lo que puede serlo. A lo largo de los siguientes apartados iré repasando ámbitos del pensamiento colectivo, y expondré casos en los que competir nos conviene más que cooperar, y viceversa.

Debate cooperativo

El primer aspecto en el que quiero centrarme son las técnicas de discusión o debate. En ciertos países, entre ellos España, el debate es el deporte nacional. Nos encanta discutir en bares, con la familia, en el trabajo: nos pasamos el día enfrascados en sofisticadas rutinas de competencia verbal. ¿Y sabe lo que nos gusta aún más que debatir? ¡Nos encanta tener razón, lo cual es profundamente competitivo! Y, claro, cuando discutimos tan solo para tener razón y reforzar nuestro ego, el debate pierde todo sentido y toda utilidad. Así que quiero introducir una nueva forma de debatir, que trato de usar todo lo que puedo con resultados creo que bastante buenos. ¡Que entre el debate cooperativo!

Un debate tradicional se asemeja metafóricamente a una pelea: dos discuten y cada uno busca imponer su criterio. ¿Alguna vez ha convencido a alguien tras una charla? Yo, en contadísimas ocasiones. Por eso, en general, no debato: es perder el tiempo.

Ahora imagine una situación distinta: dos personas bailando un tango. Cada una asume un rol, tiene una técnica concreta. Pero no buscan competir: están cooperando para obtener un resultado. Ambos se estudian mutuamente y trabajan en equipo para alcanzar el mejor resultado posible.

Nuestra forma de debatir debería ser así.

Un debate, entendido como cooperativo, no tendría que buscar imponer nuestro criterio. Ni siquiera tratar de explicar nuestro criterio. El foco del debate debería estar en descubrir conocimiento nuevo, venga de quien venga. Avanzar en el tema del que estamos hablando.

¿Cómo debatir de forma cooperativa?

Para empezar, escuchando. Seguro que les suena la escena: los señores A y B están discutiendo, y de forma sucesiva los dos repiten sus argumentos, sin escuchar al contrario. ¿Consiguen algo? Nada, salvo crisparse.

Con lo cual, primera medida: escuchar al otro, tratar de analizar lo que está proponiendo, tomar notas.

Acto seguido, es preciso analizar su argumento. Tratar de separar aquello que nos parece verdad de lo que no. Y, al articular nuestra respuesta, admitir lo cierto (como forma de avance cooperativo) y explicar, razonadamente, por qué creemos que lo falso es falso.

Eso que acabo de contar es el átomo básico del debate cooperativo:

- Escuchar.
- Dividir en cierto y falso.
- Admitir lo que es correcto, como estrategia de cooperación, empatía y respeto.
- Explicar lo falso y por qué creemos que es tal.

Y cambio de turno de palabra. Obviamente, es importante ir tomando notas, para ir formalizando aquello en lo que se está de acuerdo.

Se lo explicaré con un ejemplo sencillo: un matrimonio está discutiendo dónde ir de veraneo. El hombre, llamémosle José, quiere ir a Mallorca. La mujer, llamémosla Ana, quiere ir a los Pirineos, a la montaña. En el debate clásico, que es lo que estamos intentando erradicar, ambos intentan convencer al contrario de lo que cada cual quiere, como un loro de repetición.

José expondrá una y otra vez los motivos por los que Mallorca es buena idea, sin atender a razones, y Ana, los suyos por los que prefiere la montaña. Y así seguirán, como en un diálogo de besugos.

Bien, hagamos esto de forma cooperativa.

José empieza y expone por qué quiere ir a Mallorca. Pongamos que dice que quiere sol e ir a la playa.

Ana, de forma cooperativa, admitirá que bañarse también le apetece. Pero añadirá que también pueden bañarse en algún lago de los que hay en los Pirineos. A continuación, dirá que en el fondo ella no quiere ir a Mallorca porque hace demasiado calor. Y que, además, los Pirineos son más baratos.

Véase cómo, en este momento del debate, nos vamos alejando

ya de las posiciones iniciales: ya no es «Mallorca *versus* Pirineos». Ahora el debate es: «Más caro (Mallorca) *versus* más barato (Pirineos)», y «Más calor (Mallorca) *versus* más fresco (Pirineos)», que son hechos objetivables.

Esa es la idea clave: poco a poco, y como un equipo, ir alejándonos del «yo prefiero esto», tan emocional y tan poco útil para tomar una decisión, e ir acercando posturas en torno a hechos objetivos.

José ahora tendrá que estimar cuánto más caro es Mallorca respecto a los Pirineos, y ver hasta qué punto eso es un criterio relevante para tomar la decisión.

Finalmente, ambos deciden que el coste no es un factor relevante, ya que la diferencia es pequeña. Y el debate último se centra en aquello que es inevitable: en Mallorca hace calor y en los Pirineos no.

Observe cómo hemos dejado caer por el camino el coste, el que uno pueda bañarse o no, y nos hemos quedado con: «Vale, ¿qué preferimos, pasar más calor o estar más frescos?». Y ahí ya no entro, porque mi objetivo era ilustrar la técnica, no contarle una película.

Como resumen diremos que, en un debate, nuestra actitud debería ser:

- Alejarnos de opiniones y apriorismos, y cambiarlos por hechos objetivables.
- Escuchar la opinión del otro para aceptar todo lo posible y centrarnos en la discrepancia.
- No reiterar nuestros argumentos en un intento de persuadir al otro: no lo lograremos y solo alargaremos el debate innecesariamente.
- Centrarnos en contraargumentar.

Gestión de la discrepancia

En procesos colectivos sucede con frecuencia que llega un momento en el que hay diferencias insalvables, discrepancias donde nadie está dispuesto a ceder. Y claro, la tentación de ir por libre se impone. ¿Cómo evitarla y tratar estos casos?

Por fortuna, me he pasado la vida negociando contratos, y por tanto me he visto muchas veces en esta situación: las dos partes han cedido todo lo que querían ceder, las dos partes son razonables en sus argumentos, pero aún no están de acuerdo.

Hay que tener presente que eso es absolutamente normal. Solo los críos creen que la gente se pone de acuerdo. En la medida en que las diferentes partes de una negociación buscan objetivos distintos, es obvio que una discrepancia final es un resultado lógico y previsible. Y no significa eso que uno tenga razón y el otro no, sino que cada cual lo ve distinto. Los dos puntos de vista son respetables, pero diferentes. Recordemos el clásico refrán: «Nada es verdad o mentira; todo es según el cristal con que se mira».

Pues bien, ¿cómo deshacer estos nudos? Es mucho más fácil de lo que se cree. Yo tengo varias formas de plantearlo, pero todas son bastante parecidas.

La primera es la técnica llamada «indaba», que toma el nombre de una palabra en idioma xhosa que significa «negocio». Un indaba es un tipo de asamblea. Lo característico de los indabas es su forma de gestionar la discrepancia. La regla es simple: cada una de las partes enumera todo aquello que ya no es un problema, para pasar a continuación a señalar cuáles son sus líneas rojas. Es decir, si está discutiendo un contrato de ochenta cláusulas, en un indaba usted empezaría enumerando (brevemente) todo aquello en lo que ya se está de acuerdo, y acabaría diciendo: «Y lo conflictivo solo son las cláusulas 46 y 71», por ejemplo. Como es de esperar, ahora desarrollaría por qué esas dos cláusulas son líneas rojas.

El indaba funciona porque acerca posiciones. Es decir, nos hace ver que no alcanzar un acuerdo es mucho peor que conceder alguna de esas líneas rojas y así llegar a él. En nuestro ejemplo, poder asumir setenta y ocho cláusulas es mucho mejor no poder asumir dos, y perder el contrato por dos cláusulas es mala idea. Por tanto, a partir de este punto se puede entrar al detalle a fin de que esa discrepancia se vuelva más digerible para todas las partes.

El indaba saltó al estrellato durante la Cumbre del Cambio Climático de París, donde las distintas delegaciones acudieron con objetivos muy distintos. En la fase final, la organización aplicó un indaba para reducir el número de puntos en disputa de unos novecientos a solo trescientos.

Reducida la lista de lo discrepante, es hora de sacar otra herramienta de nuestro arsenal. Una vez más, con nombre curioso: BATNA. Lo sé, usted estará pensando: «Seguro que Dani se saca de la manga otra palabra africana». Pues no, BATNA son las siglas en inglés de *Best Alternative To a Negotiated Agreement*, o sea: la mejor alternativa a un acuerdo negociado.

Definir el BATNA es sumamente útil, y un ejercicio de madurez. Por lo general, lo haremos durante la negociación y justo antes de la reunión definitiva en la que queremos alcanzar un acuerdo. Para entender el BATNA, observe el diagrama siguiente:

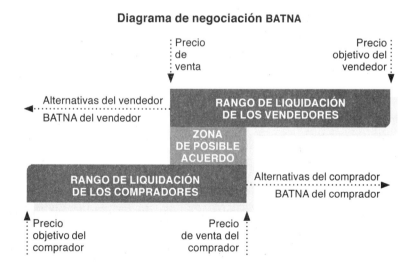

Diagrama de negociación BATNA

Como puede ver, a la izquierda están todos los escenarios que favorecen al negociador A. Contrariamente, a la derecha, se hallan todos los que favorecen al negociador B. Pero existe una zona intermedia, aún por definir, que son aquellas soluciones asumibles por los dos. No se lleve a errores: esa zona intermedia no le va a hacer del todo feliz. Pero a su oponente tampoco. Se trata de repartir la infelicidad de forma más o menos equilibrada.

La forma de preparar su BATNA consiste en, una vez detectados los puntos de discrepancia, listar todas las configuraciones que se le ocurran. Pongamos que hay cinco cláusulas discrepantes (ABCDE) y dos negociadores. Pues bien, las alternativas son:

Cláusulas para A	Cláusulas para B
ABCDE	
A	BCDE
AB	CDE
ABC	DE
ABCD	E
	ABCDE

Obviamente, las filas primera y última son poco probables: nadie querrá ceder tanto. Pero en las cuatro filas intermedias está su BATNA. Ahora, ordene esas cuatro alternativas, de mejor a peor.

Bien, ya está listo para la reunión final. Es evidente que no va a obtener el cien por cien de lo que quiere, pero, por lo menos, de los tratos imperfectos, tiene claro cuáles son más deseables y cuáles menos.

Le he dicho que explicaría varias técnicas. Aquí va la última que, con franqueza, es la que uso más. Es un poco una mezcla de las anteriores, aderezada con mi propia salsa especial.

Básicamente, cuando llego a un punto irreducible de la negociación (ya sea un simple debate con mi mujer o un contrato de millones de euros) siempre sigo la misma secuencia.

Primero: paso un rato explicando los argumentos de mi oponente, admitiendo que, desde su punto de vista, son razonables. Es decir, empiezo elogiando al oponente para que no vea hostilidad y admito que su punto de vista es lógico.

Segundo: pido a mi contrario que, en señal de madurez, haga lo mismo: que entienda que lo que propongo tiene sentido y es razonable desde mi punto de vista.

Tercero: establezco que si estamos en este punto, no es porque nadie tenga razón, sino porque los dos hemos hecho bien nuestro trabajo, y sencillamente tenemos diferencias porque defendemos posiciones válidas pero distintas.

Cuarto: establezco también que no nos podemos permitir que no haya acuerdo. Es decir, dejo claro que el acuerdo es imprescindible.

Quinto: como ambos tenemos argumentos razonables, y el acuerdo es imprescindible, la forma de deshacer esa situación es que nos «repartamos la diferencia». En términos coloquiales, esta para ti, esta para mí. Literalmente.

Sexto: como si eso fuese un juego, y por turnos, vamos eligiendo la cláusula que nos queremos quedar. De forma que cada una de las partes se queda con algunas cláusulas, pero ninguna conserva todas.

Séptimo: sello el acuerdo con una cerveza, y ya hemos terminado.

Puede parecer un método arbitrario, y lo es. Pero es que, amigo lector, cuando dos están cerca de un acuerdo y nadie quiere ceder, lo que hay que hacer es que todo el mundo ceda un poco y encontrarnos en el punto medio.

Antes de que alguien me diga: «Esto no es creíble», déjeme decirle que seguramente cuatro de cada cinco contratos que he firmado en mi vida, incluyendo compras de empresas, inversiones, etc., se han cerrado mediante este método. Y, como ya he afirmado en otros capítulos, no le miento nunca. Si le digo esto, es porque es cierto.

Por escenificarlo, este proceso seguiría la siguiente secuencia:

Supongamos que nos quedan por repartir las cláusulas 45, 51, 13 y 87.

Lo primero que haría sería elogiar al oponente, y explicarle cláusula por cláusula por qué entiendo su posición sobre esos cuatro puntos.

Lo segundo sería pedirle que entienda por qué lo veo diferente, y que comprenda que mi posición es razonable.

En tercer lugar, afirmaría que hemos llegado a este punto porque somos gente sensata que busca objetivos distintos.

Lo cuarto sería recordar que el acuerdo es irrenunciable.

Lo quinto sería establecer las reglas de reparto de las cláusulas.

Lo sexto sería repartirlas. Empiezo pidiendo la 51 (porque es clave en mi BATNA). Él pide la 87. Y nos quedan la 13 y la 45, que en el fondo nos dan igual, así que yo elijo la 13 y él la 45. Todos descontentos y, a la vez, todos contentos.

Lo séptimo sería tomar una cerveza.

El mejor acuerdo no es el que hace feliz a uno de los bandos: es el que hace igual de infelices a los dos.

MÁS SOBRE TOMA DE DECISIONES

Con frecuencia, se encontrará en escenarios donde un grupo debe tomar una decisión, desde lo más trivial (dónde pasará la familia las vacaciones) a temas mucho más profundos (decisiones de un consejo de administración, por ejemplo). Todos hemos pasado por ello: cuando el grupo crece en tamaño, tomar decisiones se complica, hasta el punto en que negociar es imposible, pues nunca se contenta a todo el mundo.

Este apartado pretende enseñarle varias técnicas útiles en estos escenarios en función de la situación en que se encuentre. La primera, inusual pero posible, es que haya consenso. En ese caso, se puede saltar este apartado e ir al bar a celebrarlo. Pero hablemos de casos más incómodos e infrecuentes.

El escenario inicial es aquel en que diferentes personas tratan de imponer su decisión y tenemos la tentación de buscar un punto medio, con el sueño de que así todo el mundo estará contento. Cuidado: puede suceder que eso sea una idea desastrosa. Le pondré un ejemplo absurdo pero ilustrativo. Supongamos que estamos discutiendo sobre dónde ir a cenar. Una persona dice que le apetece sushi. La otra, pizza. ¿Cuál es el punto medio? ¡No existe! (Nota mental: inventar la pizza de sushi).

Ahora en serio, recuerde esta receta. Cuando las opciones son mutuamente excluyentes, es muy probable que el punto medio sea absurdo. Mezclar sushi con pizza no tiene sentido.

En cambio, cuando las opciones son solo características que se pueden aplicar a varias alternativas, sí se pueden mezclar para buscar un punto medio. Así, imagine que estamos discutiendo sobre el destino de las próximas vacaciones. Una persona quiere bucear. A otra le apetece ver ruinas históricas. Como punto medio, podríamos ir a Grecia, que satisface las dos condiciones: Grecia ofrece buceo y ruinas.

En contextos algo más serios, piense en una decisión empresarial. Se ha estado trabajando en dos estrategias, ambas son deseables por motivos diferentes, y se trata de elegir cuál se sigue. Bien, la pregunta, una vez más, es: ¿son combinables? ¿Podemos buscar «lo mejor de ambos mundos»?

Así que, cuando se encuentre ante una decisión, reflexione sobre si las opciones se pueden combinar o no. Si lo son, busque el punto medio. En caso contrario, siga leyendo.

Llegamos al caso más incómodo. Un grupo quiere tomar una decisión, y las distintas alternativas no son combinables. Esto sucede en casos donde las opciones son contrarias entre sí. Por ejemplo, hemos realizado un prototipo. Estamos dudando sobre si seguimos con él o lo cancelamos. Obviamente, no hay combinación posible: o se hace o no se hace.

Pues bien, a lo largo de mi carrera he desarrollado un método para tomar este tipo de decisiones. Se basa en cuatro pasos:

1. Selección de la persona que decide.
2. Elegir a los defensores de las distintas opciones.
3. Defensa de las opciones en grupo.
4. Decisión individual.

En el primer paso, habrá que elegir quién va a tomar la decisión. Fíjese en que propongo que la decisión sea tomada por una sola persona. No olvide que tenemos varias posiciones en desacuerdo, así que alguien tiene que desempatar. Si intenta que se desempate en grupo, ¡siempre puede suceder que los llamados a tomar la decisión tampoco se pongan de acuerdo!

Las características de la persona que tomará la decisión son:

- Que sea de las más experimentadas del equipo. La experiencia ayuda a tomar decisiones al haber pasado por más situaciones parecidas.
- Que no tenga una posición *a priori*. Queremos tomar la mejor decisión, no la que esta persona crea de antemano que es la correcta.
- Que escuche, sea abierta de mente y humilde, para aceptar toda la información que le va a llegar.

Elegida esta persona, se trata de seleccionar qué alternativas hay, y quiénes son los mejores defensores de cada alternativa. Es indiscutible que esta gente sí tiene una opinión marcada. Estos serán los abogados defensores de cada opción.

El siguiente paso es que quien tendrá que decidir debe escuchar las distintas alternativas por parte de sus defensores. Aquí es clave que esta persona no solo se quede con lo bueno de cada opción, sino que escarbe en los inconvenientes de cada una:

- Cuánto cuesta.
- Cuánto tardará.
- Qué riesgo hay de que no salga bien.

Esto es importante ya que, a veces, elegimos las mejores opciones y, otras veces, la menos mala.

Hecho esto, la persona que va a decidir reflexionará sobre todo lo presentado y, de forma individual, tomará la decisión, que deberá ser respetada por todos. Suelo llamar a esta filosofía «escuchar a todos, ignorar a todos».

Es decir, debemos escuchar a todo el mundo para tomar la decisión con toda la información disponible. Pero, al final, una persona tiene que dar el paso y elegir, pues contentar a todos es imposible y los métodos asamblearios pueden bloquearse exactamente igual. Por eso es fundamental que quien decida sea alguien respetado por el resto del equipo por su veteranía y humildad, y que su elección se entienda como definitiva. Solo así se puede avanzar en la toma de decisiones en grupo.

21

Comportamientos de grupo

En el capítulo anterior me he centrado en técnicas de pensamiento social para situaciones estructuradas, como son la negociación y la toma de decisiones.

Quiero ahora centrarme en otro tipo de dinámicas, donde el grupo supera al individuo y, al hacerlo, podemos lograr lo mejor, en casos de sinergia, o lo peor, en casos de manipulación o incluso histeria colectiva.

INGENIERÍA SOCIAL

Hacia finales del siglo XIX, con el desarrollo del método científico, surgió una idea aparentemente interesante: ¿y si pudiésemos influir en la conducta de colectivos grandes mediante un esfuerzo coordinado por parte de las administraciones, los medios de comunicación, etc.? A nadie se le escapa que nuestro comportamiento depende en buena medida de influencias externas, que pueden modelarlo.

Indudablemente, esta es una idea peligrosísima, pues igual que podríamos usar esta técnica para el bien, podríamos usarla para el mal, y el siglo XX está lleno de ejemplos en ese sentido. Los regímenes totalitarios se embarcaron en una carrera desaforada para «fabricar» nuevos tipos de sociedades, con resultados desastrosos: hambrunas, dictaduras y sociedades con esquemas de valores rotos.

Ejemplos negativos de ingeniería social hay para aburrir, así que daré solo uno, a título ilustrativo: el régimen de los Jemeres Rojos en Camboya durante los años setenta. Tras tomar el poder, los comunistas forzaron la evacuación de las ciudades, la destrucción de la vida urbana y la educación, para «reiniciar» una nueva sociedad agraria y colectivista, con el objetivo clásico de todo régimen liderado por enfermos mentales: la creación de una raza pura. Todo ello ejecutando a cualquiera que se opusiera a ese plan, cómo no, con resultados atroces. En cinco años, el régimen de Pol Pot causó al menos un millón y medio de muertos, y se han descubierto más de veinte mil fosas comunes.

Con lo cual, no espere encontrar en estas páginas una defensa *a priori* de la ingeniería social: si revisamos la historia, ha hecho más mal que bien a la humanidad, debido al abuso por parte del poder de este tipo de técnicas de pensamiento colectivo.

Pero sí existen casos de pequeños esfuerzos, aplicados a lo colectivo, que pueden reportar resultados positivos. Esto de la ingeniería social, como casi todo en la vida, no es bueno o malo en sí: es su uso lo que lo hace beneficioso o pernicioso.

Un ejemplo excelente lo podemos encontrar en Japón. Si viaja al país del Sol Naciente, le sorprenderá la cantidad de niños, incluso en metrópolis descomunales como Tokio, que van al colegio solos, o en pequeños grupos con otros niños, sin supervisión de los adultos. Es una especie de tradición nacional.

¿Por qué sucede eso? Japón cuenta con una sociedad en la que el deber cívico común está muy presente. Como todos los países, tiene problemas, pero es cierto que en el ámbito del civismo colectivo Japón es un Estado visiblemente desarrollado. Y ese civismo colectivo se cultiva en todos los ámbitos de la vida. He trabajado con japoneses diez años de mi vida, y una vez pregunté sobre el caso de los niños y los colegios. La respuesta me sorprendió. Había dos causas. La primera, cultivar una sensación de autonomía en los niños desde la infancia: si van solos al cole aprenden a ser responsables de sus cosas, como del billete para el metro, de no perder su mochila o de aprender el camino de ida y vuelta a casa. Así que, que los niños vayan sin adultos fomenta la independencia y la responsabilidad en ellos.

La segunda causa es que, en una ciudad llena de niños que caminan solos, el resto de ciudadanos asume un deber de colaboración.

Porque cualquiera de ellos podría ser su hijo. Así que, si un niño se pierde, un adulto le ayuda a encontrar su camino. Si un niño cruza una calle, los conductores irán con cautela, y así con todo.

¿Ve? Una decisión pequeña provoca un cambio de conducta colectivo, en este caso, positivo. Como decía, la ingeniería social puede ser peligrosísima pero, usada con mucha moderación, y en las manos adecuadas, producir cambios positivos.

CAMBIAR A «EMPUJONCITOS»

En el fondo, usted puede ver estas pequeñas modificaciones de conducta (como la que acabamos de señalar en Japón) como diminutos «empujoncitos» que nos llevan en cierta dirección. La llamada «teoría del empujoncito» (del inglés, *nudge theory*) describe todo un conjunto de técnicas similares que buscan modificar la conducta, ya sea en la educación, ya sea en el diseño de los espacios o incluso en la legislación.

Volviendo al ejemplo japonés, lo que está sucediendo en este caso es un pequeño empujón en la dirección de un civismo colectivo. Pero existen otras formas de provocar esos empujones.

Le pondré un caso de uso del espacio para crear una conducta. Es un pelín sucio, pero gracioso. Si viaja tanto como yo, habrá visitado muchos aeropuertos; más concretamente, los lavabos. En ellos hay unos urinarios de pared, destinados a que mucha gente pueda usarlos a lo largo del día. El mantenimiento de esos lavabos, ni que decir tiene, es complejo.

Nuestra historia sucede en los años noventa en el aeropuerto de Schiphol, en Ámsterdam. Jos van Bedaf, supervisor del departamento de limpieza, tuvo una idea brillante. Para reducir los costes de limpieza, ¿por qué no poner algo en los lavabos que incite a los hombres a apuntar mejor? El diseño seleccionado fue la pegatina de una mosca, situada en el punto clave donde el usuario debería apuntar. ¿Resultado? Un 50 por ciento menos de gasto de limpieza. ¡Imagine aplicar ese sistema a todos los lavabos públicos del mundo!

¿Lo ve? Se trata de un espacio que crea una conducta, en este caso, positiva. El concepto de empujoncito se popularizó a través del libro de 2008 *Un pequeño empujón. El impulso que necesitas para tomar las mejores decisiones sobre salud, dinero y felicidad*, del premio Nobel de Economía Richard H. Thaler y Cass R. Sunstein. ¿Qué pasa? Que al final no deja de ser una forma de manipulación de la conducta. Y, como ya he comentado, una vez tienes el arma, puedes usarla para hacer el bien o el mal.

Por cubrir el espectro entre lo positivo, lo «un poco negativo» y lo desastroso, daré un par de ejemplos más de *nudges*.

Empecemos por lo positivo: las campañas para incrementar las donaciones de órganos de personas fallecidas. Como bien sabe, donar órganos contribuye a salvar o a mejorar las condiciones de vida de personas vivas. Los gobiernos, por tanto, están interesados en que el número de donantes suba. Normalmente, eso se consigue con algún tipo de cuestionario, donde se pregunta al posible donante o a sus familiares si están de acuerdo con la donación.

Pues bien, el ejemplo que le traigo es del Reino Unido. En 2020, la organización nacional de trasplantes de órganos inició una nueva estrategia para incrementar las donaciones aplicando una *nudge theory*. Lo que hicieron fue testar diferentes imágenes y mensajes en su web, y comprobar la efectividad de cada uno de ellos para provocar que el usuario se convirtiera en donante. Pueden ver los ocho diseños seleccionados a continuación. Se trata de un esquema del A/B testing de libro, como he comentado en el capítulo «Prototipaje».

Como puede ver, el mensaje o la imagen que lo acompaña varía ligeramente. Quizá usted piense que eso es irrelevante. Bueno, pues vea a continuación las tasas de respuesta positivas a cada mensaje:

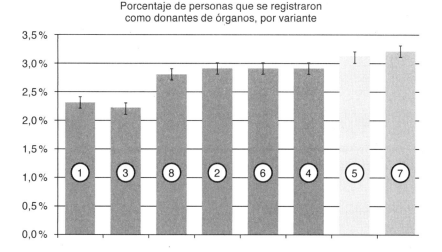

Porcentaje de personas que se registraron como donantes de órganos, por variante

Observe que, entre la peor y la mejor propuesta, hay un punto de diferencia: saltamos de un 2,2 a un 3,2 por ciento. Pero no lo mire así: ¡3,2 por ciento es un 45 por ciento más que 2,2 por ciento! Se ve más claro con números grandes: sobre cuarenta y cinco millones de personas, que es la población aproximada de España, ¿qué prefiere, tener 990.000 donantes, o 1.440.000?

Le he prometido ejemplos no tan positivos. Vamos a uno que todos conocemos bien: la colocación de ciertos productos en el supermercado, una ciencia muy establecida. En estos establecimientos los productos de mayor necesidad normalmente están lejos de las cajas registradoras, para obligarnos a cruzar el supermercado y así vernos tentados con otro tipo de productos. Además, cerca de las cajas se suelen colocar productos atractivos, de compra compulsiva, como son bebidas o chucherías. No es algo sumamente peligroso, pero es obvio que están manipulando nuestra conducta mediante el diseño del espacio.

Una vez más, este caso puede usarse en positivo. Para demostrarlo, investigadores de la Universidad de Warwick (Reino Unido) hicieron el experimento inverso: colocaron frutas y verduras en el supermercado del campus cerca de las cajas, en la posición típicamente reservada a los *snacks*. El resultado se lo imaginará: ¡15 por ciento más de ventas de fruta y verdura con respecto a antes de la intervención!

Pero los empujoncitos, como es lógico, pueden usarse para el mal, y es muy sencillo emplear las mismas técnicas para manipular o condicionar la conducta. Un ejemplo que sería gracioso si no fuese por lo grave del caso es el referéndum celebrado en Chile por Augusto Pinochet para perpetuarse en el poder. Es afición de los dictadores fingir que son democráticos y organizar plebiscitos y demás votaciones trucadas para darse un pretendido aval democrático. ¿Qué ocurre? Que esas elecciones hay que ganarlas «sí o sí». Existen diversos métodos, desde falsificar los resultados a obligar hasta votar determinada opción o condicionar la elección, y ahí es

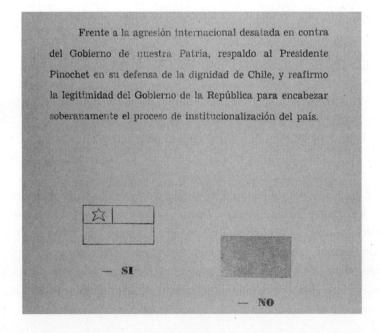

donde entra el empujoncito. En la página anterior tiene la papeleta. Como puede ver, es un ejemplo palmario de neutralidad, en el que se ofrecen dos alternativas con un peso idéntico, ¿verdad?

Fíjese primero en la terminología, que claramente presenta a Pinochet como la opción lógica frente a la ilógica, que es votar NO. Observe a continuación cómo el SÍ está decorado con la bandera de Chile, mientras que el NO es oscuro. Finalmente dese cuenta que el SÍ aparece más arriba que el NO. ¿Que no lo ve? Usted vote lo que quiera, ¡siempre y cuando sea SÍ!

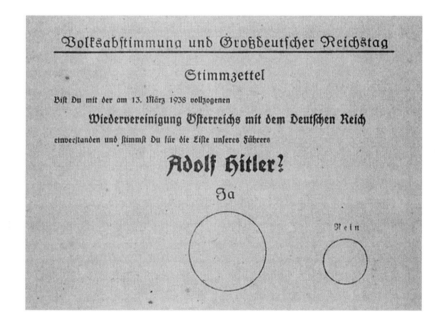

Claro que Pinochet tenía buenos antecedentes. Aquí arriba puede ver la papeleta del plebiscito sobre la anexión de Austria por parte de Alemania, celebrado en 1938 por un tal Adolf Hitler, quizá le suene. Advierta el tamaño del *Ja* (Sí) y el del *Nein* (No). Sutil, ¿verdad?

PENSAMIENTO EN MANADA

Como hemos visto, el pensamiento en sociedad puede usarse para el bien o para el mal. Cuando se unen muchísimos cerebros trabajando por un objetivo común podemos descubrir vacunas, gobernar países o poner el pie en la Luna. Pero cuando se unen para el mal, pueden surgir las peores conductas en las personas: prejuicios, *bullying*, racismo y fenómenos mucho peores, como el nazismo.

Quiero, por tanto, hablar sobre qué ocurre cuando las sociedades «piensan mal». Por qué pasa. Y cómo, humildemente, contribuir a evitarlo.

Ya he comentado con anterioridad que el ser humano es uno de los animales más sociales de la Tierra. Y, cuidado, no todos los animales son sociales. El oso, el leopardo, el pulpo y el pez león son ejemplos de animales solitarios.

La sociedad humana, en cambio, ha sofisticado su estructura social hasta lo casi inconcebible: religiones, la ciudadanía de un país, los seguidores de un club de fútbol o los fans de un grupo musical... A los humanos nos encanta agruparnos.

¿Por qué tendemos a crear grupos con características comunes? Porque, haciéndolo, reforzamos nuestra identidad. Cuando alguien canta el himno del Fútbol Club Barcelona en el estadio, todos le siguen. Y, haciéndolo, nos sentimos unidos, en comunión. Véase cómo la palabra «comunión» tiene la misma raíz que la palabra «común». Nos unimos en grupos porque compartimos características similares con el resto de miembros.

Obviamente, los grupos no son en sí buenos o malos: solo son formas de socializar. Así, ser del club de fans de Coldplay o pertenecer a cierta religión es, en general, positivo. En cambio, ser seguidor de un colectivo racista es negativo. Las herramientas no son peligrosas, es el uso que hacemos de ellas.

Analicemos ahora la conducta de uno de esos grupos. Precisamente por tener características comunes se da el fenómeno de la mentalidad de rebaño (*herd mentality,* en inglés), entendida como la forma en que los grupos tienden a diseminar una sola opinión entre sus miembros o a captar otros nuevos basándose en esa opinión. Es como si el colectivo entero fuese uno solo de sus individuos.

Por ejemplo, los seguidores de River Plate creen que su equipo es el mejor del mundo, y captan nuevos miembros que comparten esa opinión. Como puede ver, el pensamiento de rebaño no tiene por qué ser algo peligroso. Si usted es fan de *El señor de los anillos*, seguramente pertenecerá a ese grupo que anda por ahí diciendo que Tolkien es el mejor escritor de la historia. ¿Es eso peligroso? Qué va.

Pero si usted proclama con su colectivo que los negros son inferiores, entonces acaba de convertirse en un rebaño peligrosísimo. Una vez más, estamos ante la diferencia entre las herramientas y su uso.

Y eso sucede porque este tipo de pensamiento tiene tendencia a uniformizar y anular la crítica. Métase usted en un club de hinchas del River Plate a decirles, como es evidente, que existen cientos de equipos de fútbol cuyos hinchas también creen que son los mejores. Seguramente le echen.

Recuerdo una anécdota protagonizada por el cómico inglés Ricky Gervais y el presentador Stephen Colbert, en la televisión de Estados Unidos. Gervais, ateo, discutía sobre religión con Colbert, que es católico.

Gervais le preguntó a Colbert cuántos dioses eran adorados, en general, por todas las religiones del planeta. Ante la duda de su interlocutor, Gervais estimó que unos tres mil. Para justificar su ateísmo, le dijo a Colbert: «Bien, usted cree que el dios cristiano es el verdadero, y el resto no, ¿verdad?».

Y Colbert repuso: «Correcto».

«O sea, usted cree que hay 2.999 dioses falsos y uno verdadero, ¿correcto?».

Y Colbert contestó: «Correcto».

A lo que Gervais, astuto, sentenció: «Usted y yo no somos tan distintos: usted cree que 2.999 dioses son falsos. La diferencia es tan solo de un dios: yo creo que los 3.000 son falsos».

¿Me sigue? Los rebaños tienen tendencia a creer que su versión es la buena, por más que sea indefendible desde un punto de vista objetivo.

Lo peligroso en este caso es que el tamaño y la capacidad de hacer daño del grupo es muy superior al número de creyentes real. Una vez más, un ejemplo: usted ve a un grupo de *bullies*, los clásicos abusones de colegio. Ocho o diez niños abusando de otro. Pero, si realmente escarba, se dará cuenta de que hay uno o dos cabecillas, que son los realmente peligrosos, seguidos por un grupo de «convencidos» que se dejan arrastrar por la manada.

Eso es así en todos los rebaños. Hay un colectivo pequeño que lidera, y lo hace precisamente para hacer ostentación de su poder. Y un segundo colectivo, mucho más grande, que le sigue por la sencilla razón de no sentirse fuera; a los humanos nos aterra estar solos. El que está solo se halla en peligro, o puede ser atacado precisamente por esa manada. Por eso, con frecuencia vemos gente que se suma a grupos en los que ni siquiera creen. Y, haciéndolo, generan un peligrosísimo efecto bola de nieve. Porque, aunque no estén convencidos, para un observador externo sí forman parte del grupo y, por tanto, le dan aún más peso y contribuyen a captar a más miembros. Es un efecto que, mal controlado, puede resultar letal.

Una gran muestra de los peligros del pensamiento en manada es el nazismo. Tome un país deprimido y falto de liderazgo, como Alemania tras la Primera Guerra Mundial. Suelte allí a un individuo peligrosísimo como Hitler, con una evidente capacidad de seducción mediante la oratoria y con una visión megalómana de la Gran Alemania. Lo que sucedió es que, ante el vacío de poder, Hitler fue creando una manada a su alrededor, hasta el punto de embarcar a un país entero con millones de habitantes en la invasión del resto de Europa e intentar exterminar una religión entera.

¿Creían todos los alemanes lo que Hitler decía? Seguro que no. Como en todo rebaño, había diferentes niveles de compromiso. Desde auténticos enfermos mentales como Goebbels y la plana mayor del partido nazi hasta millones de ciudadanos alemanes que probablemente no compartían su ideología, pero que se vieron arrastrados a la manada por una mezcla de atractivo, miedo a quedarse fuera y temor a las represalias contra los disidentes.

¿El resultado? Más de treinta millones de muertos, entre ellos ocho millones de judíos. Así que cuidado con las manadas. Mal gestionadas pueden convertirse en uno de los peores problemas de la humanidad. ¿O quiere que le hable del racismo? ¿Del Ku Klux Klan? ¿De la homofobia? El ser humano, en manada, es capaz de lo mejor, pero también de lo peor.

Por todo ello quiero explicar por qué se crean los rebaños y qué hacer para evitarlos. Como es habitual, decirlo es fácil, hacerlo ya es harina de otro costal. Pero, si se fija, siempre subyace en ello una cesión de la capacidad cognitiva del individuo al grupo.

Cuando un chaval insulta a otro por seguir los dictados de un *bully*, lo que está haciendo es decir: «Mi criterio ya no cuenta, el que cuenta es el del líder». Como ya hemos dicho, esa fe ciega puede estar dada por dos motivos. El primero es que realmente seamos parte del núcleo duro del grupo, es decir, opinemos como el líder. El segundo es que nos estemos dejando arrastrar por sensación de pertenencia. Y, repito, en un rebaño el número de «arrastrados» es fundamental. Ya que, sin estar convencidos, a la hora de contar cabezas cuentan como miembros del colectivo y, por tanto, contribuyen al efecto bola de nieve que hace crecer las manadas.

Por este motivo es esencial promueva, desde la más tierna infancia, una fuerte identidad individual que promueva el pensamiento crítico y se resista al arrastre. Explicar el comportamiento en rebaño como algo potencialmente peligroso desde edades tempranas creará individuos que no se suban a carros en los que no crean.

Porque frenar a Hitler cuando tenía millones de seguidores costó millones de muertos. Pero si los alemanes no le hubiesen seguido como corderitos en los años veinte, todo el efecto bola de nieve posterior no se habría producido. Detener las manadas es cuestión de individualismo intelectual y pensamiento crítico y debe hacerse rápido, antes de que esta coja velocidad y se vuelva realmente peligrosa.

Y creo que en el nazismo tenemos un ejemplo perfecto de qué pasa, cómo pasa y por qué es peligroso. Con incomodidad constato que el nazismo no tiene el papel que considero que debería en la educación de nuestros alumnos. Estudiar el pasado es la mejor receta para que este no se repita.

Pods, cabals e inteligencia múltiple

Veamos ahora una alternativa a este tipo de pensamiento. Si se fija, las manadas nacen cuando varios individuos se retroalimentan entre sí. Pierden la perspectiva del resto de opiniones, y de ahí al arrinconamiento mental o a la radicalidad hay un paso.

Lo que le voy a proponer es exactamente lo contrario, y es una técnica que he visto aplicar con éxito en empresas y colectivos de lo más diversos. Empezaré con un ejemplo: en mi industria, cuando se quiere prototipar un nuevo producto, es muy habitual organizar un pod (también llamado a veces «cabal»): se trata de un grupo pequeño, de unas cinco personas, interdisciplinar, y que reúne diferentes tipos de inteligencia. Quizá haya un programador, que aportará la capacidad analítica, un artista, una persona de producción, alguien de audio... La idea es precisamente huir del pensamiento en manada y buscar un grupo motivado pero bien diverso. Cuando se hace esto, surge lo que llamamos «tensión creativa»: cada inteligencia tira del problema en una dirección, pero, al ser distintas, se fomenta el debate y el enriquecimiento de puntos de vista. Esta idea de «obligar a los distintos a trabajar juntos» suele desembocar en tareas que requieren inventiva, pero producen más beneficios que formar equipos de trabajo homogéneos.

Lo mismo es aplicable a la vida. Le propongo un ejercicio: piense en algún amigo o amiga que sea especialmente radical. Puede ser que pertenezca a un partido político de ideología muy extrema. O que crea en alguna de las múltiples pseudociencias que hay por ahí. Ahora, pregúntese con quién habla esa persona habitualmente. ¿A que habla con otros como él? ¿Ve lo que le decía? En general, tendemos a orbitar hacia rebaños porque nos sentimos cómodos: se está calentito cuando todo lo que te rodea son personas como tú. Pero no es lo más útil: lo útil es vivir en un entorno donde surja el debate y la controversia. Siendo absolutamente pragmático, usted se expondrá a más ideas en un entorno diverso que en uno homogéneo.

De hecho, piense en una de esas personas que vive rodeada de su manada. Ahora, suponga que esta defiende algo incorrecto. Lo más probable es que el resto piense igual y, por tanto, nadie le haga darse cuenta de su error. Esto es muy común en política: un representante de un partido dice algo falso. A continuación, salen en tropel todos sus compañeros, su rebaño, repitiendo la misma falsedad como loros. ¿Por qué? Porque en ese colectivo no hay diversidad.

Conclusión

Creo que este capítulo contiene muchas ideas provocadoras. Hemos visto que la conducta colectiva es influenciable, tanto para bien como para mal. También que pequeños empujones pueden generar cambios positivos. Pero, asimismo, hemos asistido a cómo el ser humano, en grupos grandes y uniformes, puede volverse una máquina imparable con gran capacidad destructiva.

Por último, hemos concluido el viaje entendiendo el rol, más allá de tópicos de moda, de la diversidad. Esta es un freno al pensamiento en manada y una forma de sumar distintas maneras de entender el mundo, lo que nos enriquece y aumenta nuestra capacidad de pensar gracias a los aportes del colectivo.

22

Cómo pensar sobre tareas y planes

Una de las formas de pensamiento más frecuentes e importantes consiste en hacer (y ejecutar) planes. Nos marcamos objetivos continuamente, como subir al autobús, comprarnos un coche, dejar de fumar o dedicar tiempo a un hobby.

Preparar y hacer realidad nuestros planes es importante por dos motivos: primero, porque se supone que aquello que queremos lograr es relevante para nosotros. Si usted desea perder peso por motivos de salud, ejecutar el plan supondrá que ha cumplido con ese objetivo y, por tanto, tendrá una vida mejor. Segundo, porque ser capaces de llevar a cabo nuestros objetivos tendrá un efecto positivo en nuestra autoestima y la percepción de nosotros mismos. ¿Quién quiere ser usted, el que consigue lo que se propone o el que no? La respuesta es evidente.

Por suerte, los planes y su ejecución y seguimiento entroncan a la perfección con las disciplinas clásicas de gestión de proyectos. Así, existe muchísima literatura al respecto. En otras palabras: no se preocupe, este capítulo le dará herramientas completamente testadas para tener más éxito en sus planes. Eso sí, antes de empezar, quiero contarle una anécdota personal.

A mí se me da muy bien hacer planes bizarros. ¿Recuerdan las películas de *El señor de los anillos*? Si es así, sabrá que se filmaron en Nueva Zelanda. Yo era (y sigo siendo) muy fan de los libros de Tolkien. De modo que, cuando se rodó la trilogía, estaba como loco por visitar el país. En aquella época no tenía mucho dinero, pues trabajaba de profesor en la universidad.

Pero pensé: «Sea como sea, quiero ir a Nueva Zelanda». Total, que pensando, pensando, descubrí que podría ofrecerme como profesor invitado. Y, por aquel entonces, si eras invitado por una universidad, tenías acceso a una bolsa de viaje económica para pagar los gastos de tu desplazamiento.

¿A que no se imaginan qué profesor con pelos alborotados envió cartas a todas las universidades de Nueva Zelanda ofreciéndose para hacer un tour docente? Acabé siendo aceptado en dos, una en Auckland y una en Dunedin. Y, gracias a aquello, me tiré un mes con todos los gastos pagados entre universidades neozelandesas y españolas viajando por la Tierra Media.

Como puede ver, hacer planes vale la pena.

Tres letras: GMT

Una de las causas más frecuentes por las que la gente no logra hacer realidad sus planes es, sencillamente, porque no tiene un plan. Imagine que usted se dice: «Quiero perder peso». ¿Afirmar eso le acerca en algo al objetivo? No, es una frase vacía de acciones concretas. O que se dice: «Para perder peso, voy a intentar perder medio kilo a la semana». ¿Algo mejor? No, está exactamente igual de mal: ha pasado de una frase vacía a un objetivo vacío semanal, sin un camino claro que le lleve a él.

En cambio, imagine que su objetivo es «Me comprometo, tres veces a la semana, a salir a correr una hora para perder peso». ¿Mejor ahora? Sí, claramente. Por tanto, para lograr sus planes, empiece definiendo un poco qué es un plan y qué no lo es. Para ello solo tiene que recordar tres letras: GMT (*Goal-Mean-Tools*, en inglés) o, si las prefiere en español, OMH (Objetivo-Medio-Herramientas). Si entiende esas tres letras, está en la dirección adecuada.

Lo que la metodología GMT nos permite es establecer objetivos con claridad, pero también los medios y las herramientas que lo harán viable. Porque declarar un fin no es tener un plan: es tener un fin. Por más que yo diga «Quiero volar como un pájaro», eso no me va a hacer volar.

Este es un mal clásico del mundo moderno: la gente establece objetivos, no los detalla en medios ni en acciones concretas y, cuando no logra sus planes, se decepciona y pierde sensación de autocontrol. Así que veamos una por una lo que implican esas tres letras y cómo definirlas bien.

GOAL/OBJETIVO

El *Goal* es lo que deseamos lograr. Un *goal*, para ser realizable, tiene que ser algo físicamente conseguible y estar definido de forma no ambigua.

Por ejemplo, si yo digo: «Quiero dejar de fumar», cumplo de sobra las dos condiciones: es conseguible y, en la medida que dejar de fumar signifique consumir cero tabaco, no hay ambigüedad posible. La única ambigüedad sería, quizá, establecer un plazo temporal (en seis meses). Pero, salvo eso, la definición del plan está clara.

Si yo digo: «Quiero viajar más», la definición es, a todas luces, insuficiente. Sí expresa un deseo, pero ¿qué es «viajar»? ¿Es lo mismo ir a la esquina, a una ciudad a cien kilómetros o a la otra punta del mundo? ¿Y qué quiere decir «más»? ¿Un viaje en toda la vida? ¿Uno al año? Asumiendo que usted, como yo, esté en España, podría afirmar: «Me gustaría hacer al menos un viaje a otro continente cada año». Eso sería un objetivo conseguible y no ambiguo.

La característica principal de un objetivo bien definido es que tiene que ser comprobable. Si digo: «Quiero perder cinco kilos en seis meses», es crucial marcarnos un día en el calendario y validar si el objetivo se ha cumplido o no. Y no solo eso: es fundamental que, semana a semana, vayamos analizando si nos acercamos al objetivo o no.

Así que, paso uno: márquese un objetivo que sea realizable, que no sea ambiguo, que tenga un plazo de tiempo y que sea comprobable.

MEANS/ MEDIOS

Cualquier objetivo, salvo aquellos que no sean muy importantes, requiere varios procesos simultáneamente. Si lo que usted desea es algo tan simple como levantarse del sofá, acabará rápido. Pero, aparte de esas trivialidades, en general los objetivos necesitan varios componentes para hacerse realidad. Esos componentes son los medios.

Volvamos a nuestro objetivo. Si lee algo sobre dietas verá que, en general, perder peso suele constar de tres componentes, que pueden o no existir:

- Comer menos (sobre todo azúcares e hidratos de carbono) para ingerir menos calorías.
- Incrementar el gasto calórico normalmente mediante actividad y deporte.
- Tener hábitos sanos, como dormir bien.

Piense en los medios como en subobjetivos, que son en realidad en los que pondremos todo nuestro empeño. El objetivo es, en sí mismo, inatacable directamente: es demasiado lejano y complejo. Pero los medios sí son atacables.

Si quiere verlo de otra forma, piense en lo siguiente: cuando tenga un objetivo que no se pueda lograr directamente, céntrese en los prerrequisitos, las condiciones previas que se deben cumplir. Eso son los medios.

Pondré otro ejemplo: su objetivo es subir el monte Everest. Bien, obviamente no es algo que uno improvise de un día para otro. Claro está, ese objetivo tiene que ser descompuesto en medios. Se me ocurren los siguientes:

- Documentarse sobre la ascensión.
- Adquirir material de escalada.
- Entrenar.
- Resolver la parte organizativa: agencias de viaje, etc.

¿Ve? Usted no va a subir el Everest (al menos, no de forma exitosa) sin saber bien cómo debe hacerlo. Sin tener material. Sin entrenar (seguramente durante años y en otras montañas antes que esta). O sin encontrar una compañía de guías que le ayude en el proceso.

Los objetivos pueden ser todo lo ambiciosos que usted quiera: no he subido nunca a esa montaña del Himalaya, ni creo que lo haga jamás. Pero es en los medios donde pasamos de la teoría a la práctica. Así, ingenuamente, yo podría decir: «Quiero subir el Everest». Pero solo al descomponer el objetivo es cuando me doy cuenta de que quizá sea imposible. En mi caso, a mis cuarenta y pico, sin experiencia alguna en alpinismo, habiendo subido tan solo colinas de quinientos metros como máximo, ¿en serio es viable plantearme subir el Everest? No mucho. Por eso un objetivo sin medios es un puro brindis al sol, una afirmación vacía de contenido.

Vuelvo al ejemplo de perder peso. ¿Está usted dispuesto a incrementar su nivel de actividad? ¿Y a comer menos para ingerir menos calorías? En otras palabras, ¿su objetivo puede descomponerse en medios creíbles o está hablando por hablar? Lo comento porque cuántas veces nos encontramos con gente desesperada que nos dice: «Oh, yo quiero conseguir equis cosa, pero no me sale». No es que «no nos salga», es que ni siquiera entendemos qué hace falta para lograrlo.

Por poner un caso personal: como muchos, gané algo de peso durante la pandemia. Y quería perderlo. Pero ninguna dieta dio resultado. ¿Por qué? Porque los medios duraban demasiado poco: yo hacía dieta unas semanas, y sí, lograba perder algo de peso. Pero era eliminar el medio, es decir, la dieta, y volver a las andadas. Solo cuando descubrí el ayuno intermitente me di cuenta de que era un medio que podía prolongar indefinidamente en el tiempo, así que logré perder doce kilos y desde entonces me he mantenido en mi peso.

Cuidado, no estoy recomendando el ayuno intermitente. Cualquier dieta debe estar supervisada por un médico. Pero, en mi caso, era evidente que no adelgazaba por usar medios incorrectos. Tras cambiarlos el problema se resolvió solo.

TOOLS/HERRAMIENTAS

Bien, hemos visto que los objetivos son demasiado abstractos, y por ello conviene descomponerlos en subobjetivos, que llamamos medios. Entonces ¿qué son las herramientas? Son objetos o técnicas concretos que nos ayudan a lograr cada uno de esos medios. Una herramienta es una actividad, una rutina, una acción. Es algo concreto y medible. Una vez más, veamos algunos ejemplos.

Si mi objetivo es subir el Everest y uno de los medios es prepararme para dicha empresa, debo preguntarme qué acción puedo llevar a cabo para lograr ese medio. Por ejemplo, usted podría hacerse amigo de un alpinista que haya subido esta montaña y quedar con él cada domingo para aprender sobre ello. ¿Se da cuenta? Esa amistad está jugando el rol de herramienta. Puede, semana a semana, validar que está empleando la herramienta correcta para lograr el medio, que es prepararse para ascender el Everest, clave para lograr el objetivo, que es subir este pico.

Supongamos ahora que su objetivo es aprender a pintar en acuarela. Ese objetivo lo ha descompuesto en cuatro medios:

- Adquirir el equipamiento para pintar.
- Apuntarse a un curso.
- Habilitar un espacio para pintar en casa.
- Encontrar tiempo para pintar.

Pues bien, resulta que se ha apuntado a un curso fabuloso, pero no asiste. Tenía el medio, que era el curso. Le ha faltado la herramienta, que es su asistencia. Eso es lo que usted puede validar para saber si se está cumpliendo o no.

Del mismo modo, imagine el cuarto medio: encontrar tiempo. La herramienta asociada podría ser: los sábados, por la mañana, reservar dos horas para pintar. Así, la herramienta es algo que nos lleva hacia el medio, que nos permite cumplirlo o, si no, al menos darnos cuenta de que no lo estamos cumpliendo.

Un problema clásico del mundo actual es que, para casi cualquier problema, se nos ofrecen objetos que se supone que son la herramienta ideal para solventarlo. Pero ahora que hemos entendido la metodología GMT, usted podrá detectar esos «productos milagro» fácilmente.

Volviendo al ejemplo de la pérdida de peso, ¿cuántas personas se lo proponen? Muchas, es un objetivo muy frecuente. Y, de ellas, ¿cuántas identifican correctamente el binomio «comer menos, más deporte» como medio esencial para lograr el objetivo? También muchas.

Es en las herramientas donde se suele fallar.

En lo de «comer menos», ¿cuántas personas tratan de lograrlo a base de pastillas? Bastantes. Las pastillas son, por tanto, la herramienta. Pero ¿es una herramienta sostenible en el tiempo? ¿Qué va a hacer, tomar pastillas toda su vida? ¿Verdad que no? De modo que un simple análisis GMT le ha hecho darse cuenta de que, en este caso, la herramienta no es la correcta. Pero sigo.

Hablemos de la parte de «hacer más deporte». ¿Cuánta gente se compra cintas de correr, bicicletas estáticas y demás máquinas? Seguramente, si usted busca en una de esas apps de venta de segunda mano, sea de lo que más se vende. Claro, estamos confundiendo una herramienta con su uso. Comprarse una cinta de correr no le hará perder peso: lo que le hará perder peso es usarla. Del mismo modo que cuando llega la primavera la gente se inscribe en el gimnasio, como si solo por hacerlo ya bajase uno de peso. Repito, no necesitamos solo la herramienta, también debemos usarla.

Le haré una pequeña confesión: soy de los que tienen una cinta de correr en casa, y la uso. Cuando la compré, recuerdo que mi mujer dijo: «Pues es muy buena idea». ¿Sabe por qué? Porque yo he corrido resistencia toda mi vida. Me encanta correr. En este caso, la herramienta y su uso concuerdan. Yo diría que corro en mi cinta entre dos y tres veces por semana, unos 45 minutos, que me da para hacer unos 7,5 kilómetros cada vez. Si habla con cualquier preparador físico, le confirmará que esa actividad es muy beneficiosa para perder peso. Además, en mi caso me proporciona un entorno de entrenamiento ideal: al ser asmático, poder regular el esfuerzo con precisión se adapta muy bien a mis necesidades; corro mejor en cinta que por la calle.

Un ejemplo completo

Por todo esto, recuerde siempre que desee lograr algo personal, en la empresa, en la pareja o en otro ámbito: GMT. Es una metodología simple y una herramienta de diagnóstico fiable que le dirá al momento si su plan está bien planteado o le falta detalle. Veamos un par de casos.

Supongamos que quiero pasar más tiempo con mis hijos. Como objetivo ya podemos notar que es algo ambiguo: ¿cuánto tiempo es «más tiempo»?

De modo que reformularíamos y diríamos «Quiero pasar dos tardes a la semana con mis hijos».

Bien, toca detallarlo en medios. En este caso, serían:

- Quiero liberar dos tardes a la semana de mi trabajo.
- Quiero liberar dos tardes a la semana de mis hijos.
- Quiero encontrar algo que hacer con ellos.

Y ahora, lo detallaríamos en herramientas:

- Para liberar dos tardes a la semana, la herramienta será una reducción de jornada laboral, haciendo dos días horario intensivo, con la consiguiente reducción de horas y, por tanto, de sueldo.
- Para liberar dos tardes de mis hijos, la herramienta será una reunión con mi mujer para estudiar su calendario escolar y ver qué tardes son las ideales.
- Para encontrar qué hacer, la herramienta será dedicar todo el mes que viene, esas dos tardes, a probar actividades. Concretamente, probaremos el tenis, la vela, salir a correr y jugar a videojuegos juntos.

Fíjese, el plan abstracto «Quiero pasar más tiempo con mis hijos» lo hemos bajado a la tierra, a acciones concretas, que son:

- Me voy a reunir con mi jefe para pedir reducción de jornada dos tardes por semana.

- Me voy a reunir con mi mujer para ver qué tardes puedo ocupar.
- Voy a probar cuatro actividades con mis hijos para decidir cuál preferimos hacer juntos este mes.

Como puede observar, pasar más tiempo juntos era poco más que un deseo, una frase bonita. Lo segundo es ya un plan real, con acciones que uno puede ejecutar y después comprobar si se están produciendo resultados o no.

Una característica común de la gente que no logra sus objetivos es que no los define al detalle: se queda en lo abstracto y, cuando no consigue nada, se le pone cara de tonta, incapaz de entender por qué.

TENDENCIAS, HÁBITOS Y APRETONES

Un análisis GMT es un buen comienzo para detallar sus planes. Pero supongamos que ya lo ha hecho y tiene claras las herramientas necesarias. Pero no todas son igual de fáciles o difíciles de usar. Y, entendiendo eso, podemos valorar cómo de realista es nuestro objetivo. Para explicar esta idea, necesito tres definiciones.

Una tendencia es la propensión en las personas hacia determinados fines. Por ejemplo, los seres humanos, si no nos cuidamos, tendemos a engordar. La tendencia tiene ese sentido de «cambio lento pero continuo».

Un hábito es parecido: es un cambio lento pero continuo, pero motivado por una acción que llevamos a cabo. Fíjese en la definición del diccionario: «modo especial de proceder adquirido por repetición de actos». Por ejemplo, puedo cultivar el hábito de la lectura a base de leer un poco cada día. O el hábito de caminar más. Como ve, tendencia y hábito son parecidos, lo que los diferencia es la acción humana.

Un apretón es un cambio forzado, que nos es antinatural y, por tanto, está acotado en el tiempo. Así, si quiero correr una maratón, quizá realice un apretón de entrenamiento de tres meses. Pasada la maratón, no seguiré con el apretón. Un estudiante también puede apretar porque se acerca un examen importante.

Supongo que adivina por dónde voy. En general, los planes basados en hábitos son más fáciles de lograr que los basados en apretones. No es que todos los apretones salgan mal; es que, cuando se alargan en el tiempo, son menos sostenibles, de modo que tienen mayor probabilidad de fracaso.

Un ejemplo clásico que ya he comentado antes son las dietas. El señor X quiere perder diez kilos. Va al médico, que le da una dieta buenísima y le dice: «Haga esto durante cuatro meses». Bien, ese plan es una estupidez. Veámoslo desde el punto de vista de tendencia-hábito-apretón.

El señor X tiene tendencia a engordar, seguramente por un exceso de sedentarismo, como la mayoría de la población del mundo moderno. Lo que debería hacer es analizar sus hábitos y ver cuáles lo llevan a aumentar de peso. Si lo hiciese, se daría cuenta de que está provocado por el sedentarismo y porque pica de la nevera por las noches. Esos dos son los hábitos que debe eliminar.

En lugar de eso, la solución propuesta es un apretón: póngase a régimen cuatro meses. Esa dieta, evidentemente, supondrá un esfuerzo elevado. Con lo cual, lo más probable es que la incumpla. Y no solo eso: incluso si la cumple, cuando la acabe volverá a sus hábitos nocivos y recuperará peso en lo que se llama el clásico efecto yoyó.

Un dato: según la Organización Mundial de la Salud, el 60 por ciento de los europeos sufre obesidad. ¿Cómo es posible, con la cantidad de dietas y conocimiento al respecto disponibles? La respuesta es evidente: para mucha gente, la dieta es un apretón, un esfuerzo. Un paréntesis saludable en medio de una vida dominada por hábitos insanos (comidas ultraprocesadas, exceso de azúcares y sal, estrés, sedentarismo). Por más que hagamos dieta, cuando esta concluye, el hábito es poderoso y volvemos a las andadas.

Un dietista me dirá: «Ya, pero yo explico qué comer, no puedo arreglar el resto de la vida de mis pacientes». Y es cierto. Justo ahí reside el problema: hacer dieta puede ayudar a perder peso, pero al final hay que trabajar en crear nuevos hábitos sostenibles y saludables en el resto de los ámbitos de la vida. Y mucho me temo que nuestro día a día no ayuda.

Por ello, una vez haya hecho un análisis GMT, pregúntese: ¿mis herramientas son hábitos que puedo implantar y sostener o son apretones? Si son hábitos, puede ser optimista. Si son apretones, sea consciente de que el camino será más duro.

OBJETIVO *VERSUS* PROCESO

Una buena forma de conseguir lo que se propone es, curiosamente, dejar de pensar en ello. Muchas veces, obsesionarnos demasiado en el objetivo hace que olvidemos lo que de verdad importa, que es el proceso. Si usted ejecuta su plan, paso a paso y de forma correcta, el objetivo se conseguirá solo. En cambio, si únicamente piensa en el objetivo y descuida los pasos intermedios, no logrará nada.

Imagine que es un arquero apuntando a una diana. ¿Qué es más útil, obsesionarse con la diana o centrarse en que cada músculo de su cuerpo y cada componente de su postura sean los correctos? Seguramente, lo segundo le lleve a acertar. Lo primero solo provocará frustración. En términos de GMT, acertar sería el *Goal*. Cada músculo de nuestro cuerpo sería una *Tool*.

De hecho, en el arte del tiro con arco tradicional japonés (*kyūdō*), el objetivo no es acertar en el blanco; es ser la personificación viviente del principio del *seisha seichu*, que traducido significaría «disparar correctamente es acertar correctamente».

Así que, cuando busque un objetivo, deje de pensar en él. Obsesiónese si acaso con aquellos pasos o procesos que le ponen en el buen camino y el objetivo llegará solo.

Ahora le contaré una forma de centrarse en el proceso que le resultará muy útil.

30-30

Sabe que soy, sobre todo, un escuchador y un lector. La mayoría de lo que le explico no es idea mía, sino cosas que he ido aprendiendo a lo largo de la vida, frecuentemente de gente más sabia que yo. En este caso, la aportación es de Sahil Bloom.

Supongamos que quiere hacer realidad un plan. Como hemos visto, es fundamental centrarnos en el proceso, en las herramientas que nos acercarán a él. Pues bien, el método 30-30 es una idea sumamente simple. Piense en una tarea sencilla, que no ocupe más de 30 minutos, y comprométase a dedicarle ese tiempo, cada día, durante 30 días seguidos. Llueva, nieve o esté con gripe: dedicará 30 minutos al día durante un mes a producir un pequeño cambio.

Fíjese: 30 por 30 son 900 minutos; al cambio, unas 15 horas. Sea lo que sea que usted quiera conseguir, 15 horas son suficientes para producir una mejora. Será pequeña o grande, según la disciplina. Pero se producirá.

¿Desea tocar el piano? En 30 días seguro que puede aprender tres canciones. ¿Quiere hacer deporte? 30 días haciendo 30 minutos de cardio producen resultados. ¿Le gustaría pasar más tiempo con un familiar? 30 minutos al día, durante un mes.

El motivo por el que el 30-30 es buena idea es triple:

En primer lugar, 30 minutos es un lapso de tiempo suficientemente bajo para que sea fácil bloquearlos. No le estamos pidiendo dos horas. ¿Quién no tiene 30 minutos al día para hacer algo?

En segundo lugar, 30 minutos bien usados bastan para, tras un mes, generar algún pequeño resultado.

En tercer lugar, el 30-30 funciona porque, de forma poco costosa, nos está introduciendo un hábito. No se engañe: si aguanta 30 días seguidos haciendo algo, para cuando estos acaben le será muy fácil seguir progresando, pues habrá insertado esa rutina en su vida cotidiana.

Le pondré un ejemplo. Como he dicho ya más de una vez, practico ayuno intermitente. No es para todos, pero a mí me funciona: por mis hábitos de vida altamente sedentarios, he descubierto que una combinación de ayuno intermitente y algo de cardio y calistenia me mantienen en buena forma.

Por supuesto, empezar el ayuno intermitente fue duro: las primeras jornadas me habría comido los muebles. Pero aguanté esos 30 días. Y ¿sabe qué? Desde entonces, no me cuesta mantenerme en la rutina: he construido un hábito. Ahora lo practico de forma mucho más relajada y me permito cenas sociales cuando toca, pero retomar el ayuno no me cuesta: se ha vuelto parte indisociable de mi vida.

¡AL ATAQUE!

Si hay una parte de la vida que nos produce satisfacción es trazar un plan y ver que sale bien. La sensación de «he podido» es increíble: combina autoestima, control y lo más importante… librarnos de aquello que nos preocupaba.

Con este capítulo, como con el resto, he intentado darle armas. Pero la guerra la libra usted. ¿Mi consejo? Empiece a usarlas. Acostúmbrese a ellas. Busque algo que hace tiempo que sabe que debe hacer. No elija algo muy difícil. Como un niño pequeño, siempre es mejor aprender a nadar cerca de la orilla. Luego aplique las técnicas expuestas en este capítulo. Pronto verá los resultados.

23

Planes cortos, planes largos

Hemos visto que descomponer un plan en medios y herramientas es clave para conseguir resultados. Pero hay otro factor que influye enormemente en este objetivo: el tiempo necesario para cumplirlo.

Si usted hace un plan a una semana vista (por ejemplo, quedar para comer con su madre), es fácil que salga bien. En cambio, a medida que los planes se alargan, también crece el riesgo de fracaso. El motivo es triple.

Primero, en un plan a largo plazo es más probable que nos flaquee la motivación. ¿Qué es más sencillo, correr cien metros o correr una maratón? Los planes largos requieren refuerzos de motivación para evitar el abandono. Por eso en las carreras suele haber banderolas cada kilómetro: ¡para mantener a los corredores motivados y que no lo dejen!

Segundo, es más fácil acumular errores mayores que en los planes a corto plazo. Es un tema de proporción. Pongamos que usted se desvía el 1 por ciento. No parece mucho, ¿verdad? Si su plan es a una semana vista, se habrá desviado una hora y pico respecto a la fecha de entrega. Pero imagine que ese plan dura un año. Bien, llegará casi cuatro días tarde. ¿Entiende lo que digo? La misma desviación relativa, aplicada a un periodo mayor, da como resultado un valor absoluto mayor.

Tercero, en un plan a largo plazo es más probable que circunstancias nuevas nos hagan abandonar, como que surja otra tarea más urgente. Usted estaba enfrascado en conseguir algo, pero de repente la vida le golpea en la cara con un cambio súbito y debe abandonar su plan inicial. Y vamos saltando de plan en plan, sin llevar a término ninguno porque siempre aparece algo más urgente que hacer.

Para todos estos casos, la receta es la misma: los entregables o hitos.

ENTREGABLES O HITOS

Como hemos visto, mantenerse motivado ante un plan es más o menos fácil en función de su duración. Por ello descomponer un plan en hitos es una buena idea. Estos nos proporcionan tres ventajas clave sobre un plan con un solo hito al final.

En primer lugar, nos permiten plantearnos objetivos a más corto plazo y, por tanto, obtener algo de recompensa y motivación en menos tiempo. Un ejemplo excelente es subir al monte Everest. Si conoce algo de cultura de montañismo, sabe que este ascenso (y muchos otros) están descompuestos en varios tramos, caracterizados por «campos» situados a ciertas alturas. Así, la subida al Everest se suele estructurar como sigue, empezando desde el lado nepalí:

Campo base: a 5.364 metros de altura.
Campo 1, valle del Silencio: a 6.100 metros.
Campo 2: a 6.400 metros.
Campo 3, muro Lhotse: de 6.800 a 8.000 metros.
Campo 4, zona mortal: a 8.000 metros.
Cima: a 8.848 metros.

Como puede ver, cada campo es un tramo adicional hacia la victoria. Y nos permite obtener esa pequeña sensación de triunfo al alcanzarlo.

En segundo lugar, los hitos nos proporcionan puntos de supervisión y control. Si usted quiere llegar a un objetivo final, no lo logrará en los últimos instantes. Seguramente lo consiga si sigue un ritmo de avance constante a lo largo del proyecto. Es decir, si obtiene un hito a la mitad del tiempo programado, es muy probable que lleve la mitad de la tarea cumplida; resulta difícilmente creíble si en el ecuador del proceso solo ha cumplido un 10 por ciento.

Por eso, los hitos ayudan a planificar. Así, en mi empresa trabajamos con hitos semanales. Todos los viernes cada empleado debe entregar la tarea de la semana. Y si esta dura varias semanas, debe descomponerla de forma que cada viernes haya un entregable. De este modo podemos ver si vamos bien, si hay desviaciones y proponer cambios o mejoras a medida que somos capaces de juzgar el avance.

En tercer lugar, los hitos nos permiten tener entregables parciales. Supongamos un proyecto a tres meses vista. ¿En serio he de esperar tres meses para obtener resultados? Si establecemos hitos, quizá haya una entrega cada quince días, por lo cual se puede compartir con el cliente (o quien sea que se beneficie de esa tarea), con la satisfacción que ello supone.

Bien, espero que haya quedado claro por qué los hitos tienen sentido. Sea por dar recompensas antes del final del proyecto, sea por supervisión y planificación o por generar entregables, cualquier tarea debería ser descompuesta en hitos.

De hecho, en el mundo empresarial ya se plantean las tareas como «algo orientado al hito», de forma que desde su concepción el proyecto se diseña para que sea divisible. Si alguna vez se encuentra con la típica persona que le dice «No me interrumpas, hasta el final no mostraré en lo que estoy trabajando», o «Yo voy haciendo, y ya verás que es correcto», mi consejo es que lo corte de raíz, pues el trabajo está abocado al desastre. Este tipo de tareas suelen llegar tarde, estar incompletas y, por falta de supervisión, es frecuente que al final lo obtenido no se ajuste a lo que se buscaba.

Basándome puramente en mi experiencia como gestor de tareas y proyectos, le recomiendo descomponer en hitos de forma jerárquica, en función de lo complejo del plan. Por ejemplo, un proyecto clásico de Novarama, mi empresa, se estructura en hitos mensuales que, a su vez, se dividen en hitos semanales.

Desde un punto de vista personal, le doy dos consejos:

• No acepte tareas de menos de dos horas.
• No acepte tareas de más de una semana.

Lo segundo es evidente: cualquier proyecto largo debería descomponerse en subtareas, y una semana es una duración razonable para producir cierto incremento de calidad.

Lo menos obvio es lo primero. ¿Cuántas veces ha oído aquello de «Pero ¡si esto son cinco minutos!»? Bien, en la vida real, nada son cinco minutos. Lo más habitual es que estemos siendo optimistas y acabemos tardando más de lo previsto.

En *El Mítico Hombre-Mes*, uno de los textos clásicos de gestión de proyectos, Fred Brooks (por aquel entonces en IBM) llegó a la conclusión empírica de que la gente solía ser optimista en un grado de ×3. Es decir, todo tardaba o costaba el triple de lo estimado. Así que hágame caso: la tarea más corta, dos horas. Y si le sobra tiempo, descanse un rato, o salga a pasear. Los beneficios de ser puntual exceden con mucho los perjuicios de la impuntualidad generada por el exceso de optimismo.

INVIERTA EN SUS HITOS

Ha visto que he escrito *invierta* en el título, y no es casual. Le quiero contar ahora una forma simple de saber si un hito es realizable o si está mal definido. Porque, como ya he comentado varias veces, con frecuencia no logramos nuestros objetivos no por falta de fuerza de voluntad, sino por definirlos de forma incorrecta.

INVEST es un mnemotécnico. Cada letra representa una característica indispensable de una tarea bien definida y realizable. Le pondré los significados de cada letra y pasaré a explicar una a una:

I: Independiente.
N: Negociable.
V: Valioso.
E: Estimable.
S: *Small* (pequeño).
T: Testable.

Empecemos con la I: una tarea o hito tiene que ser independiente, en el sentido de que no debe haber otras tareas que sean prerrequisitos. Si una tarea depende de otra, obviamente usted no podrá avanzar, porque estará bloqueado por el requisito previo. Le pondré un ejemplo banal: supongamos que mi hito es «comprarme un Ferrari». Está claro que esa tarea es de todo menos independiente: para poder siquiera planteármela debería cumplir un hito previo, que es tener el dinero necesario. ¿Lo tengo? En caso afirmativo, la tarea «comprarme un Ferrari» es independiente y, por tanto, conseguible. Si no lo tengo, estoy perdiendo el tiempo: mi tarea no es comprarme un Ferrari, es ahorrar el dinero.

La N significa negociable. Esto quiere decir que una tarea no es un contrato inamovible, sino un ente dinámico, que debemos poder detallar, especificar o incluso descartar en consenso con el resto de los implicados. Imagine que mi tarea es «ir de viaje con la familia a Japón». Como puede ver, la tarea es clara y validable: si voy a Japón, habré cumplido. Si no voy, no. Pero fíjese en la cantidad de negociación que queda pendiente: ¿cuándo ir?, ¿cuántos días?, ¿a qué ciudad?, ¿me alojo en un hotel o alquilo un apartamento? ¿Ve? Las tareas han de ser claras, pero al mismo tiempo dejar abierta la puerta a la negociación.

La V es de valioso, que es un criterio sumamente evidente. Si queremos lograr algo, es porque ese algo tiene algún valor para nosotros. No realizamos tareas absurdas sino tareas lógicas, que producen un beneficio. Así, si su tarea es sacarse un título de máster, será porque usted considera que eso le abrirá puertas profesionales. Si no, no lo haría.

La E hace referencia a que debemos ser capaces de estimar los recursos necesarios para llevar a cabo la tarea (tiempo, dinero, personas). No importa si la estimación termina siendo correcta o no. Está claro que todo ello tiene mucho de experiencia y algo de suerte. Lo que importa es el hecho en sí: ¿puedo estimar qué necesito para realizar ese proyecto? Normalmente, esto pasa por contar con buena información sobre esa área de conocimiento: somos más capaces de estimar aquello que nos es cercano que lo que nos es lejano. Si usted me pide que le estime cuánto tiempo, dinero y personas hacen falta para crear un videojuego, es muy probable que yo acierte bastante. Ahora bien, imagine que me pregunta cuánta gente se necesita para construir un edificio. Seguramente falle por mucho: no tengo ni idea de ese tema.

Para la S, nos fijaremos en el tamaño de la tarea: debe ser pequeña. El motivo lo hemos explicado en apartados precedentes: obviamente, llevar a cabo tareas implica cometer errores. Si las tareas son sencillas, es más fácil ir supervisándolas y corrigiendo errores sobre la marcha. Si son complejas, será más difícil y tardaremos mucho en detectar desviaciones. Por eso he dicho ya que lo habitual, si la tarea es grande, es subdividirla en hitos más pequeños. Como ya hemos comentado, una buena regla es no aceptar nunca tareas de más de una semana.

Y acabamos el repaso con la T de testable. Si usted está tratando de conseguir algo, pregúntese cuál es el test que demostrará si lo ha logrado o no. Y desarrolle toda la tarea pensando en ese test final. Supongamos que su tarea es «ahorrar más cada mes». Esta tarea no es testable, pues ¿cuánto es «más»? Debe definir tareas con condiciones de test más claras. Por ejemplo, podría decir «que mi saldo en la cuenta bancaria a primero de mes sea al menos doscientos euros más alto que el primero de mes del mes anterior». Ya ve que esto es muy fácil de testear.

Así pues, siempre que se plantee usted una tarea, pásela por el filtro del INVEST. Y si no lo supera, dedique unos instantes a clarificarla. Mientras una tarea no sea INVEST, está perdiendo el tiempo.

REVISIÓN DE HITOS

Dice el refrán que para marcar gol no vale con mover la portería. Es una imagen muy gráfica que ilustra un mal clásico en la empresa (tanto pública como privada). Tenemos un hito. Llega la fecha de entrega. El hito no es satisfactorio. Pero, como el proyecto debe continuar, cambiamos los criterios de revisión para aceptarlo y tirar para adelante. Y así se acaba con proyectos que llegan tarde o que no logran la calidad deseada.

Por tanto, la revisión de hitos debe pactarse *a priori*, y no cambiarse sobre la marcha en aras de fingir que el proyecto va bien. Si un hito no se cumple, no pasa nada, pero no se engañe.

Es fundamental, acabado cualquier hito, realizar un *post mortem*, un breve análisis de cómo vamos. En el *post mortem*, por lo general, haremos tres listas:

- ¿Qué ha salido bien?
- ¿Qué ha salido mal y por qué?
- ¿Qué queremos cambiar para hitos futuros?

Es decir, no se trata de ocultar el fracaso ni los defectos. Se trata de afrontarlos como algo natural y tomar el proyecto entero no solo como una fase de ejecución, sino también como una fase de aprendizaje continuo.

CUÁNDO ABANDONAR EL BARCO

Llevamos unas cuantas páginas hablando de cómo hacer el seguimiento y lograr sus planes. Sin embargo, usted y yo sabemos que, a veces, lo sensato es abandonarlos o modificarlos. Quiero dedicar, pues, la segunda mitad de este capítulo a eso: a detectar cuándo no vale la pena seguir, cómo adaptar sus planes a las circunstancias cambiantes. Empezaré con un ejemplo.

Esta historia nos lleva a Nuevo México, en 1942. Estados Unidos cree firmemente que la Alemania de Hitler está desarrollando una bomba atómica. Por ello, inician el proyecto Manhattan, para adelantarse a ellos. Establecen una base en medio del desierto a fin de concentrar todo su esfuerzo militar, industrial y científico. Hacia 1944, los expertos tienen más o menos listo el diseño de la bomba. Los centros de producción de material radiactivo están trabajando a pleno rendimiento para obtener los dos isótopos necesarios: uranio 235 y plutonio 239. En junio de ese año, se calcula que 129.000 personas trabajaban en el proyecto que, recuerden esto, estaba orientado a obtener una bomba antes que los nazis.

Llega 1945, casi está todo listo para el ensayo, bajo el nombre en clave Trinity, y fecha prevista de explosión para julio. De repente, se produce un cambio de planes. Adolf Hitler, cercado por rusos y estadounidenses, se suicida el 30 de abril de 1945 en su búnker de Berlín, poniendo fin a la Segunda Guerra Mundial en Europa.

Este es un ejemplo de cómo, con frecuencia, los planes —sobre todo los que son a largo plazo— pueden verse afectados por cambios en condiciones externas. En ese momento hay que revisar si el plan:

- Sigue siendo válido.
- Requiere cambios.
- Debe ser cancelado.

En este caso, como todo el mundo sabe, se produjeron cambios: Estados Unidos, correcta o incorrectamente, decidió «reutilizar» esa bomba y lanzarla contra Japón con el fin de que no se produjeran más bajas entre sus tropas y poner fin a la guerra. Documentos desclasificados de la época recogen que Japón no pensaba rendirse, por lo que hubiera sido necesaria una invasión terrestre que hubiera causado en torno a medio millón de muertos. La bomba (en opinión del presidente Truman, no la mía) era una solución con un coste humano menor. Además, mandaba un «mensaje de aviso» a la Unión Soviética.

Veámoslo ahora desde una perspectiva pacifista/cínica: Estados Unidos había gastado dos mil millones de dólares de la época en el proyecto Manhattan. Es una salvajada, pero lo que Estados Unidos no iba a hacer era tirar toda esa inversión a la basura cuando podía usarla para dar un puñetazo en la mesa y demostrar su poderío militar. Sé que es una perspectiva aterradora, pero no dude de que también algo de eso hay.

Dejemos la bomba y veamos de forma más estructurada cuándo hay que mantenerse en un plan, cuándo cambiarlo y cuándo abandonarlo.

El dafo y su dinámica

Si ha hecho algún curso de gestión, le sonarán los cuadros DAFO (Debilidades, Amenazas, Fortalezas, Oportunidades). Quizá los conozca como SWOT (*Strengths, Weaknesses, Opportunities, Threats*). En teoría clásica, estos cuadros se confeccionan antes de empezar un proyecto para hacer una prospectiva del entorno de riesgo. Pues bien: mi propuesta es que realice ese cuadro de forma viva, frecuente, y así analice paso a paso si su proyecto tiene sentido o requiere cambios.

Recuerde lo básico: tenemos una matriz dos por dos. El eje horizontal va de positivo a negativo, y el eje vertical, de factores internos a externos. Con esa combinatoria, surgen cuatro regiones:

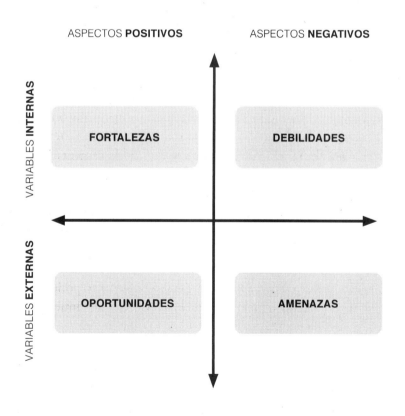

Vayamos a lo práctico. Como le decía, es muy común realizar un DAFO antes del proyecto (y guardarlo en un cajón). Mi propuesta es que, en cada hito o entregable, haga uno actualizado y lo use como herramienta de diagnóstico sobre la salud del proyecto y sus objetivos.

Volviendo un momento a la bomba, en la sección «Debilidades» (cuadrante negativo-interno), probablemente usted tendría el siguiente factor:

- «Nuestro país no puede producir uranio a un ritmo suficiente».

En cambio, en el factor «Amenazas» (negativo-externo), podría tener:

- «Alemania se rinde».

¿Ve? Hito a hito, puede ir testando esos factores clave y analizar si el proyecto sigue siendo válido o no. Por ejemplo, si en 1943 Estados Unidos hubiese dado por imposible conseguir uranio, quizá hubiera tenido que abandonar. Y también podría habérselo replanteado en abril de 1945, tras la muerte de Hitler.

Una vez hecho el DAFO dinámico, es bueno plantearse *a priori* las acciones correctivas en el caso de que se dé cualquiera de las circunstancias previstas, para así saber con anterioridad si se va a cambiar el proyecto y cuándo.

SEGUIR, CAMBIAR, CANCELAR

Estaba usted en un proyecto. Uno de los factores clave de su DAFO acaba de cambiar. Y ahí está usted, delante de mí, con un plan tembloroso. No sabe si debería continuar, o quizá replantear el proyecto, o tirarlo todo a la basura. Y espera que, como en el resto del libro, le dé un recetario claro de qué hacer. ¡Vamos a ello!

Lo primero que quiero que haga es expresar su proyecto como una especie de ecuación. En un lado, haga un listado de costes. En el otro, uno de beneficios. Los costes no tienen por qué ser cantidades económicas: un coste puede cifrarse en tiempo, personas, dinero, recursos materiales (como materias primas), etc. En general, todo lo que su proyecto vaya a necesitar. Del mismo modo, la columna de beneficios no solo es económica: pueden ser beneficios en reputación, en notoriedad de marca, en obtener algún hito, etc.

Simplificando mucho el ejemplo del proyecto Manhattan, podríamos obtener algo así:

Costes	Beneficios
2.000 millones de dólares. 130.000 personas. Cuatro años de trabajo. Dos plantas para producir uranio y plutonio.	Rendición de Alemania. Demostrar liderazgo militar.

Hecho esto, está claro que si estamos aquí es porque en su DAFO algún factor ha cambiado, y usted duda de qué hacer con el proyecto. En este ejemplo, el cambio ha sido la «Rendición de Alemania».

Lo que quiero que haga ahora es rehacer el cuadro tras el cambio del DAFO. De este modo, tendríamos:

Costes	Beneficios
2.000 millones de dólares. 130.000 personas. Cuatro años de trabajo. Dos plantas para producir uranio y plutonio.	Demostrar liderazgo militar.

De este modo, lo que usted (o, en este caso, el presidente Truman) debe plantearse es si el nuevo formato sigue teniendo sentido. Como he adelantado, se consideró que sí lo tenía: esta bomba provocaría la rendición de Japón y dejaría claro el liderazgo militar de Estados Unidos.

En otros casos, no ocurre así. Cambiemos de ejemplo y avancemos a los años sesenta. Como bien sabe, Estados Unidos llegó a la Luna en 1969. Si hubiésemos hecho un cuadro de este estilo para el programa Apolo, hubiera sido parecido al siguiente:

Costes	Beneficios
26.000 millones de dólares. 400.000 personas. Trece años de trabajo. Ocho astronautas muertos.	Ganar a los rusos en la carrera espacial. Llegar los primeros a la Luna. Obtener valiosos recursos de la Luna.

Como puede observar, Estados Unidos hizo un esfuerzo titánico tanto económico como social para lograr tres objetivos: ganar a los rusos, llegar los primeros a la Luna y acceder a sus valiosos recursos.

Tras producirse los primeros alunizajes, la columna de beneficios rápidamente se desvaneció:

• Ya se ha ganado a los rusos.
• Ya se ha llegado a la Luna.
• Ya se ha descubierto que esos valiosísimos recursos no existen. Y, de existir, llevarlos de vuelta a la Tierra tiene un coste descomunal.

Este es un caso extremo de cancelación: los beneficios se han desvanecido y solo ha quedado la columna de costes.

El problema es que la mayoría de casos se mueven entre los tonos de gris, donde nada es tan evidente. Pero la receta sigue siendo la misma, y consta de tres pasos.

En primer lugar, mantenga actualizado su DAFO con las noticias que pueden estar afectando al proyecto, tanto positivas como negativas, tanto externas como internas. Retrasos, incrementos de coste, fallos humanos, sucesos de la industria que le puedan influir, descubrimientos fortuitos... todo eso debería formar parte de su DAFO.

En segundo lugar, si en algún momento detecta variaciones en el DAFO dinámico, haga el cuadro de costes y beneficios antes y después del cambio. Entienda bien por qué se estaba llevando a cabo ese proyecto y cómo queda con el cambio de condiciones. En esta fase es fundamental que no dulcifique ni simplifique la realidad: preséntela como es.

En tercer lugar, y hecho esto, analice si el proyecto sigue teniendo sentido, si hay que cambiar su orientación o cancelarlo.

MOVER LA PORTERÍA

Bajo este título se oculta una de las prácticas más habituales (y dañinas) de la gestión de proyectos. Seguro que ha pasado por ello: el clásico proyecto «mutante», al que cada equis meses se le cambian objetivos, se «replantea», de forma que va arrastrándose durante años sin que nadie sepa exactamente cuándo va a acabar o qué persigue.

De ahí el nombre. Proviene de la expresión «Nunca marcarás gol si sigues moviendo la portería». Cuando se encuentre en un proyecto de este tipo, que se haya redefinido varias veces, desconfíe y active su sentido de alerta.

Pregúntese directamente: ¿por qué está pasando esto? En mi experiencia, en la mayoría de ocasiones ese tipo de proyectos hay que cancelarlos, pero nadie se atreve a hacerlo por las consecuencias. Existen diferentes motivaciones por las que el proyecto no acaba de terminarse:

- Políticas: El proyecto lo lidera o lo inició alguien intocable y, por tanto, admitir su fracaso implica atacar su gestión. Por ello, se sigue con él para posponer la admisión de responsabilidades.

- De calidad: El proyecto será un desastre el día que se entregue. Con lo cual, lo mejor es que no se entregue e ir ganando tiempo añadiéndole cosas. Esto es como creer que un pastel de estiércol mejorará con el tiempo o a base de añadirle capas de nata.
- De falta de liderazgo: Esto es típico en proyectos a largo plazo que han pasado de mano en mano. Cada nuevo líder impone su criterio, habitualmente distinto al del anterior, y acabamos con un proyecto Frankenstein, que nunca terminará bien.

Mi consejo es que cancelar pronto es más barato que cancelar tarde. Además, esperar solo suele servir para posponer las consecuencias, no anularlas. Es decir, habrá que cancelarlo igual. Me parece estar oyéndole: «Ya, pero si hay que cancelarlo, que lo haga otro. Yo no tengo por qué "comerme el marrón"». Y creo que en esto se equivoca.

A medida que vamos madurando como sociedad y acumulamos experiencia, cada vez somos menos permisivos con ese tipo de actitudes de «barrer los problemas debajo de la alfombra». Cuando me he encontrado en este tipo de situaciones, las he denunciado, sin atacar a nadie, pero siempre dejando claro qué hay que cancelar y por qué. Y ¿sabe qué? Creo sinceramente que eso ha mejorado mi reputación, no la ha disminuido. En un mundo en el que los proyectos son cada vez más grandes, las empresas y organizaciones cada vez valoran más a los profesionales que, siempre con educación, no caen en estrategias de «escurrir el bulto» y hablan claro sobre los proyectos, sus problemas y su posible cancelación.

¡AL ATAQUE!

Espero haberle dado herramientas prácticas y claras sobre cómo pensar en planes a largo plazo, cómo hacerles el seguimiento y sobre todo cómo detectar pronto cuándo un proyecto ha dejado de tener sentido y debería cancelarse.

Pero esto de gestionar planes es como todo en la vida: una mezcla de teoría y práctica. Yo le he contado la teoría. Ahora, es cosa suya mojarse las manos y ponerse a la tarea.

24

Planificar a la japonesa

He pasado mi carrera profesional trabajando con asiáticos. Primero, más de diez años con Sony, y luego con la multinacional china Tencent. Así que las estrategias asiáticas de planificación han formado parte integral de mi vida.

Dos de ellas quizá sean de lo más útil que contiene este libro. De las docenas de técnicas de pensamiento que estoy intentando explicarle, los tableros Kanban y la metodología Kaizen son seguramente de las más valiosas: son sencillos de usar y provocan un cambio descomunal en los resultados.

Kanban

Kanban significa «tablero» en japonés, y se trata del método de planificación y seguimiento de tareas inventado por Taiichi Ohno para Toyota en 1953. Por este motivo, las expresiones «Kanban» y «método Toyota» son bastante intercambiables. Mediante Kanban, Toyota pasó de ser un fabricante de coches conocido básicamente en Japón a convertirse en el mayor productor de automóviles del mundo durante muchos años. Kanban es una metodología de planificación, visualización y seguimiento de tareas que sirve igual para fabricar coches que para organizarse la semana. Parte de su éxito se debe a que es sumamente simple y rápida de explicar. Forma parte de la familia de los llamados métodos ágiles, donde comparte espacio con otros como SCRUM.

Un Kanban es un tablero en el que representamos el estado de un plan, como por ejemplo un proyecto. El tablero tiene columnas, que reflejan el estado de las tareas. Y las tareas son tarjetas que van pasando de estado en estado, de columna en columna, a medida que van siendo realizadas. Para explicar mejor la idea, vea este Kanban que representa mis tareas para hacer este mes:

Pendientes	Para hacer	En marcha	Acabadas

En este Kanban hay cuatro columnas, de izquierda a derecha: tareas que no puedo empezar (porque requieren otras previas), tareas que están listas para hacer, tareas que están en marcha y tareas que están acabadas. Los Kanban no tienen formato fijo: si necesita una columna «pendiente de revisión», añádala. Si sus tareas tienen varios pasos, añada una columna para cada uno de ellos. Lo importante no son las columnas en sí, sino identificar los estados de las tareas de forma clara.

Si las columnas representan estados, las filas representan tareas, de modo que podamos hacer un seguimiento de las mismas a medida que avanzan por el Kanban. De esta forma, cada mañana podemos dedicar diez minutos a mirar nuestro Kanban y así planificar el trabajo.

Estos tableros funcionan porque se basan en cinco principios muy saludables.

Primero, permiten visualizar el flujo de trabajo. Como he dicho ya, el gran enemigo de la planificación de tareas es una excesiva confianza en nuestra propia memoria. Con un Kanban, no hay nada que recordar: está todo ahí, y de un vistazo podemos volver a ponernos al día.

Segundo, limitan el ancho de banda. Seguro que le ha pasado alguna vez estar trabajando en veinte cosas y no avanzar con ninguna. Bien, con Kanban eso no tiene por qué volver a suceder: como usted puede ver en todo momento cuántas tareas hay, se lo pensará dos veces antes de añadir nuevas. Esto afecta principalmente a las tareas en marcha. Si añade otras nuevas para realizar a futuro, no pasa nada. Pero, claro, empezar cinco o seis tareas a la vez es claramente improductivo, y Kanban nos ayuda a visibilizarlo.

Tercero, los tableros gestionan el flujo. Al tener uno, para nosotros es más fácil entender los pasos, dónde está cada tarea, cuánto le queda. Cuando el flujo es explícito, ya no cabe decir «Esto es para mañana»: el proceso manda.

Cuarto, permiten trabajar colaborativamente de forma natural. De hecho, es raro hacer un Kanban de manera individual: suelen ser tableros compartidos por todo un equipo, que van «absorbiendo» tareas en paralelo con la intervención de varios miembros.

Quinto, precisamente por su paralelismo, Kanban se basa en metodología *pull*, no *push*. Una metodología es *push* cuando las tareas fluyen de arriba abajo. Para que nos entendamos, en *push* siempre hay un superior o cliente que nos dice qué debemos hacer. En *pull*, es más bien *bottom-up*: el empleado, que está comprometido con el proyecto, es quien buscará tareas en el Kanban y si ve que puede hacerlas avanzar de fase, las absorberá. Esto es una metodología muy «a la japonesa»: a un empleado en Japón no le tienes que motivar o dar trabajo, pues su compromiso con la empresa hará que sea él mismo quien que se busque algo que hacer. Por eso Kanban suele funcionar especialmente bien en entornos en los que se pueda asumir la responsabilidad y el compromiso de los trabajadores. Si no, no funciona.

Esta metodología es un poco como la paella: una vez entiendes la idea básica, puedes extenderla de mil formas para hacer tu propia versión. Una de las variaciones más comunes consiste en añadir columnas específicas para cada tarea. Por ejemplo, si está gestionando un restaurante es probable que quiera columnas para las distintas fases de cocina: plancha, horno, entregado en mesa, etc. Otra variación clásica es emplear diversos Kanban a la vez para equipos interdisciplinares. En nuestra industria, la del videojuego, esto es muy común: las fases del desarrollo del código son muy diferentes que las del desarrollo del arte.

Grábese esto en la cabeza: Kanban es un potenciador, no un limitador. No sea esclavo de la técnica: adáptela a sus necesidades haciendo los cambios que necesite. Lo importante es que comprenda por qué empleamos un Kanban: porque nos da una memoria visual, cooperativa y en tiempo real del estado de un proyecto. Si entiende esto, cualquier variación que se le ocurra será buena idea.

Diagrama de quemado

Una vez estamos embarcados en una tarea, es fundamental contar con buena información sobre su progreso. Notar que estamos avanzando nos permite tres cosas:

1. Es un refuerzo positivo que nos ayudará a mantenernos motivados.
2. Podemos estimar el ritmo de avance y, por tanto, anticipar cuánto nos queda.
3. Derivado de lo anterior, nos ayuda a detectar y corregir desviaciones.

Una herramienta útil para visualizar el progreso son los diagramas de quemado (*burn down charts*). La idea de estos diagramas es representar en el eje horizontal el tiempo transcurrido y en el eje vertical, las tareas pendientes.

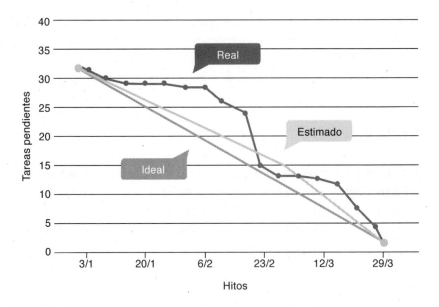

Pongamos que su proyecto se compone de veinte tareas y tiene ocho días para llevarlas a cabo. Un *burn down chart* le permite, día a día, «ver» la curva y, por tanto, estimar si el ritmo es el correcto.

Este diagrama es especialmente útil en proyectos grandes y a largo plazo, con muchas tareas y una fecha de finalización razonable. Un ejemplo clásico es una obra. Si alguna vez ha hecho una en su casa, conocerá dos verdades absolutas, que son:

- Una obra parece «tres o cuatro cosas» y, cuando la detallas, son más bien cuarenta o cincuenta.
- Nada se puede hacer en menos de tres meses.

¿Ve? En este tipo de magnitudes es donde los *burn down charts* triunfan. Los puede hacer facilísimamente con una herramienta tipo Excel.

No obstante, una de sus limitaciones es que no gestionan particularmente bien los proyectos con tareas de duración muy distintas entre sí. Claro, un diagrama de quemado asume que todas las tareas tienen un coste similar. Si no, es posible que usted crea que avanza a un ritmo y que el ritmo real sea muy distinto porque le falten tareas más largas o más cortas de lo normal. Si es así, descomponga esas tareas para que el *burn down chart* sea más útil.

Cómo mantenerse motivado

Entender y saber provocar las causas de la motivación es fundamental para lograr los objetivos, especialmente en proyectos a largo plazo, donde es fácil que el ánimo flaquee. Este apartado contiene consejos útiles, en su mayoría sacados de mi experiencia vital.

Primero: rodéese de gente positiva, que le anime. Nuestro círculo social es como un río: si avanza en la misma dirección, iremos más rápido. Pero ir a contracorriente es casi imposible. ¿Quiere dejar de fumar? Asegúrese de no tener relación con fumadores. ¿Desea hacer más deporte? Frecuente la compañía de deportistas. Es básico que nuestro ecosistema social apoye nuestros objetivos y tareas.

Segundo: descomponga bien para crear minivictorias. Sobre todo en proyectos a largo plazo es muy fácil perder la motivación a medio camino. Por ello, asegúrese de que se marca hitos con cierta frecuencia. Y si el proyecto realmente requiere ese hito, hágalo como forma de inyectarse algo de moral cuando los ánimos flaqueen. Como ya he dicho, en mi empresa ninguna tarea dura más de una semana. Y me dirá: «Ya, pero seguro que hay tareas más largas». ¡Claro que sí! Pero, si ese es el caso, obligamos a descomponerlas en *sprints* semanales, para que cada viernes todo el mundo sienta que ha logrado algo.

Tercero: no tenga miedo a cambiar el plan. Especialmente en proyectos a largo plazo suelen acontecer cambios que nos hagan cambiar el objetivo, o incluso cancelar el plan. No tenga miedo a eso. No hay nada más absurdo que una persona empeñándose en sostener un plan cuando este ya no tiene sentido.

Fallar mucho, fallar pronto

A lo largo de mi vida he participado en la fundación de tres empresas. La primera fue un desastre. La segunda salió mejor, pero tampoco fue la bomba. La tercera es mi empresa actual, que lleva veinte años y una trayectoria totalmente satisfactoria.

Creo, de verdad, que las lecciones aprendidas con las dos primeras empresas son el armazón que me ayudó a levantar la tercera. Y eso es muy habitual: para acertar, primero hay que equivocarse. De ahí el título de este apartado.

En nuestro país tenemos un miedo enfermizo al fracaso, cuando es el mejor profesor que hay. ¿Quiere aprender lecciones? Fracase. Y tome nota de qué salió mal y por qué.

Solemos decir que de las palabras a los hechos va un trecho. Con frecuencia planificamos todo a la perfección. Tenemos los objetivos, los medios y las herramientas. Tenemos hitos. Pero, a la hora de arrancar, fallamos. Por lo que sea: falta motivación, no es el momento adecuado, no habíamos analizado bien las implicaciones del plan en cuestión, el análisis era superficial... Es muy habitual engañarse a uno mismo, hacer como que no pasa nada y que los resultados llegarán como por arte de magia. Lo que a veces llamamos «hacernos trampas al solitario». La mejor forma de no caer en eso es empezar a supervisar nuestro plan desde el principio. Y ser inflexibles. Mi truco es el siguiente: antes incluso de comenzar el proyecto ya me planteo: «Bien, ¿cuándo debería empezar a notar los resultados?». Y, llegado ese momento, hago un análisis, de forma implacable. Si algo no está funcionando, mejor saberlo pronto que tarde. Cancelar un plan fallido con rapidez le otorga tres beneficios fundamentales:

1. Reduce los costes. Esto es muy habitual en mi industria, que produce software: todo ese tiempo dedicado a un producto que ya se sabe que no va a funcionar lo único que hace es aumentar unas pérdidas que me puedo ahorrar si corto por lo sano.
2. Disminuye el riesgo de males mayores. Aquí funciona muy bien la manidísima pero acertada metáfora del cáncer: cuanto

antes lo detectemos, menos probabilidades hay de que sea mortal. Más allá del coste, mantener un plan equivocado puede tener muchas otras consecuencias: pérdida de reputación, de credibilidad de cara a sus empleados, de clientes. Y, por encima de todo, coste de oportunidad: todo ese tiempo que usted estuvo siguiendo ese plan erróneo es tiempo que no usó en implementar uno nuevo y mejor.

3. Acelera el aprendizaje. He dicho ya que una de las ventajas de los errores es el aprendizaje que se extrae de ellos. Pues bien: cuanto antes se aprenda, mejor, ¿no? ¿O es que necesita esperar a que sus flores estén muertas para descubrir que el jardín se está secando? Tan pronto como descubra el mal, actúe. Aprenderá antes.

KAIZEN

No quiero acabar este capítulo sin dedicar al menos unas líneas a una de las técnicas que más me han ayudado en la vida. Kaizen es una palabra japonesa compuesta por *kai* («cambio») y *zen* («bueno»), y se traduce habitualmente como «mejora continua». Los orígenes hay que buscarlos en la metodología implantada (¡una vez más!) por Toyota en los años ochenta. Hoy en día Kaizen es más una filosofía de vida, una forma de ver la manera en la que nos relacionamos con nuestros planes.

Uno puede entender un proyecto como algo atómico, con un comienzo y un final definidos. Si es así, estamos poniendo mucha presión en el equipo (o en nosotros mismos, si el proyecto es personal). Kaizen rompe con eso. En lugar de plantearlo como algo aislado, propone una forma de trabajar estructurada en torno a pequeñas mejoras, con continuas iteraciones. Y son esas mejoras, acumuladas, las que nos llevan a resultados tangibles a lo largo del tiempo.

Un ejemplo excelente de Kaizen sería un plan para gastar menos agua en su vivienda. ¿Es viable hacer un plan para eso? ¿Un hito? Imagine que consume ciento veinte metros cúbicos al mes. ¿Tiene sentido decir: «Hola, voy a consumir noventa»? No, no demasiado, porque el consumo no es un hito: es la consecuencia de unas determinadas acciones, día a día. Es en esas acciones donde debe actuar usted. Y, si lo hace, los resultados llegarán solos.

Así que, si sigue Kaizen, reunirá a toda la familia y le dirá: «Vale, queremos gastar menos agua. Cada día miraremos el agua consumida en el contador». Como la idea es gastar noventa metros cúbicos (de los ciento veinte actuales), y un mes tiene en término medio treinta días, usted dirá: «Bien, estamos consumiendo cuatro metros cúbicos diarios. Cada día iremos mirando cuánto hemos gastado, y el objetivo es llegar a tres metros cúbicos al día».

Como puede ver, Kaizen implica a todo el equipo, que implementará microacciones para generar ese cambio positivo. Así, su hijo quizá diga: «A partir de ahora pondré un crono en la ducha, y no pasará de cinco minutos». Al día siguiente, evalúan la situación (el Kaizen usa el mismo método PDCA que ya he explicado en el capítulo 13, «Resolver problemas»). Resulta que la acción ha sido exitosa, y hemos bajado a 3,4 metros cúbicos.

Al segundo día, Kaizen otra vez. Su otro hijo le comenta que el lavaplatos tiene un modo Eco que consume menos. Aplican ese microcambio y logran reducir el consumo a 3,2 metros cúbicos.

Al tercer día, usted propone comprar filtros para todos los grifos a fin de reducir el consumo. Y cuatro días más tarde, logran su objetivo, que es consumir tres metros cúbicos por día y, por tanto, noventa al mes.

Como puede comprobar, el método Kaizen plantea que, a veces, un hito no es lo que necesitamos, sino acciones continuas de impacto pequeño que nos conduzcan al objetivo. Normalmente, el Kaizen funciona cuando el cambio que quiere implantarse afecta a alguna magnitud continua, como es el caso del ejemplo anterior. Esto es porque es fácil monitorizar el progreso. Así que, si quiere aplicar Kaizen, piense en cuáles son las métricas de su éxito, esos números que va a vigilar. Esas magnitudes reciben el nombre de KPI (*Key Performance Indicators*, o indicadores de rendimiento clave). A veces, son evidentes: el peso, los ahorros, etc. En otros casos, lo son menos, y parte de nuestro trabajo será precisamente detectar y definir esas KPI. Quizá su problema se manifiesta con el tiempo medio de espera de sus clientes. O por el número de bajas laborales al mes. O por el número de mensajes enviados. Siempre hay alguna magnitud que representa nuestro éxito. Lo que tiene que hacer es tomarla como núcleo de un bucle de Kaizen.

COMPOUNDING

Un tipo de Kaizen que últimamente se ha puesto muy de moda es el *compounding*, que quizá podríamos traducir por «composición». Puedo definirlo de dos formas: la intuitiva y la matemática. Empecemos por la primera.

La idea básica del *compounding* es que, a medida que vamos avanzando en alguna magnitud, cada vez nos cuesta menos hacerlo. O, explicado de otro modo: cada vez avanzamos más rápido. Es intuitivamente la idea de la aceleración: si usted conduce a 20 km/h y aumenta un 25 por ciento la velocidad, irá a 25 km/h. Pero, en cambio, si va a 100 km/h y aumenta ese mismo 25 por ciento, entonces irá a 125 km/h. En el primer caso, aceleró 5 km/h; en el segundo, 25 km/h. ¿Lo ve? A más velocidad, menos nos cuesta acelerar. Obviamente, el ejemplo es absurdo, ya que un coche tiene otros motivos que limitan su aceleración (el motor, la resistencia del aire, el roce de la carretera, etc.).

La forma matemática de explicar el *compounding* es que cuando un cambio se expresa sobre una magnitud que se retroalimenta con el resultado de ese cambio, se produce una acumulación que podemos aprovechar para generar aceleración en dicho cambio. ¿Suena complicado? Qué va, con un ejemplo lo entenderá al momento: la bolsa.

Usted invierte 1.000 euros en bolsa. Esto es la magnitud inicial. Resulta que tiene suerte y en un mes la bolsa sube un 6 por ciento. Decide vender para recuperar su dinero y, por tanto, gana 60 euros.

Ahora viene lo de la retroalimentación. Vuelve a invertir en bolsa, pero no 1.000 euros, sino los 1.060 euros. Esos 60 euros de beneficio que «reinvierte» son el motor de su *compounding*.

Fíjese, si la bolsa vuelve a subir un 6 por ciento, usted ahora tendrá 1.124 euros. En cambio, si hubiese invertido solo 1.000, tendría otra vez 1.060 que, sumados a los 60 que guardó, sumarían 1.120 euros. ¿Ve esos euros de diferencia? Parece insignificante, ¿verdad? Pues vamos a aplicar ese mismo método diez veces. A cada iteración, le indico lo que ganamos con *compounding,* y si no aplicamos esa retroalimentación. Observe esta tabla:

Iteración	Retorno sin *compounding*	Con *compounding*
1	1.060	1.060
2	1.120	1.123,6
3	1.180	1.191,01
4	1.240	1.262,47
5	1.300	1.338,23
6	1.360	1.418,51
7	1.420	1.503,63
8	1.480	1.593,84
9	1.540	1.689,48
10	1.600	1.790,84

De hecho, el *compounding* no es más que la diferencia entre una recta y una exponencial. Y, claro, cuanto más tiempo transcurra, mayor es la diferencia. Si se fija atentamente, en diez iteraciones ya hemos pasado de 1.600 a 1.790 (un 12 por ciento). Pero si esto lo repite veinte veces, ya será un 45 por ciento (2.200 frente a 3.207). Y si lo hace cincuenta, la diferencia será de un 460 por ciento (4.000 frente a 18.420).

Por tanto, siempre que planifique algo, piense en si puede echar mano del *compounding* para acelerar su progreso. Volviendo sobre la bolsa, este fenómeno ya lo detectó el famoso economista francés Thomas Piketty en su clásico *El capital en el siglo XXI*: los beneficios del capital son más rápidos que los beneficios del trabajo.

Ahora que usted entiende la idea básica del *compounding*, comprenderá por qué esa afirmación es cierta. El trabajo, entendido como una actividad que nos da un salario, produce incrementos lineales (por ejemplo, dos mil euros al mes). El capital, en cambio, entendido como inversión, produce incrementos geométricos (expresados como un porcentaje). Los incrementos geométricos, iterados en el tiempo, componen y provocan ese crecimiento exponencial mientras que los lineales se quedan atrás.

CONCLUSIÓN

Los países potencian aspectos diferentes de sus sociedades y culturas, pues forman parte de su acervo e identidad. Por ejemplo, nadie piensa en Alemania por su gastronomía, ni en España si hablamos de desarrollo aeroespacial.

Puede sonar a tópico, pero siempre he creído que la clásica afirmación de que España es una potencia creativa tiene mucho de real. Basta repasar los libros de historia para ver cómo nuestro país ha dado auténticos genios en todos los ámbitos que dependen estrechamente de la creatividad.

Creo, en ese sentido, que estamos en una posición muy competitiva a escala mundial. En cambio, en áreas como la planificación, hay que ser honestos: otros nos llevan ventaja. Me he pasado casi dos décadas trabajando con profesionales asiáticos en proyectos de diversa índole y lo mismo se repetía una y otra vez: nosotros llegábamos con la idea «brillante», pero ellos planificaban cómo llevarla a cabo.

Igual que nosotros miramos al Este cuando anhelamos planificación, desde allí nos miran en busca de inspiración. Basta ver la admiración que profesan por toda nuestra producción cultural, como Gaudí, por poner un ejemplo.

Pero, si lo piensa, todos tenemos mucho que aprender. Y es aquí, en el ámbito del aprendizaje, donde creo que podemos llevar algo de ventaja. Porque… ¿qué es más fácil, aprender a planificar o a inventar? Ambos aspectos son esenciales, pero antes enseñarás a un creativo cómo ser organizado que a una persona organizada cómo ser creativa.

Espero que este capítulo le haya estimulado, le ayude a mirar «hacia el Este» y contribuya a que su planificación mejore.

25

Cómo explicar nuestras ideas

Siempre he creído que explicar bien nuestras ideas es casi tan importante como las ideas en sí mismas. Seguro que ha tenido algún profesor, compañero de trabajo…, el clásico tipo que es evidente que posee una gran capacidad intelectual, y sobre el que ha pensado «Este tío es un genio» pero que, en cambio, es incapaz de explicar lo que le pasa por la cabeza.

A mí me ha sucedido muchas veces, y cada vez me ha generado una gran tristeza. Me quedo diciendo: «Con lo brillante que es este tío, si encima se explicase bien, se comería el mundo».

Por eso existe un rol diferente, el de los divulgadores. Gente conocida no tanto por su contribución a crear nuevas ideas como por su capacidad para explicar los descubrimientos ajenos. Figuras como Carl Sagan o, en España, Eduard Punset hicieron tanto a favor del conocimiento como Einstein o Pasteur. Anécdota personal: hace muchos años, fui invitado por Eduard Punset a uno de los capítulos de su programa de televisión, *Redes*. Seguro que lo recordará. Íbamos a conversar sobre mundos de fantasía, lo cual, como soy diseñador de videojuegos, me resultaba bastante cómodo. Ahí estábamos Punset, el escritor Juan José Millás y yo. Y claro, yo pensaba: «¿Qué puede saber Punset de videojuegos?».

Pues bien, Punset era un divulgador. Seguramente sabía poco de lo mío, pero estaba siempre rodeado de un pequeño grupo de expertos que le preparaban los temas que luego, en la entrevista, manejaba con una soltura envidiable. Porque a él no le hacía falta ser un experto: lo que hacía él era explicar. Y bien que lo hacía.

Creo que hay cierto paralelismo entre él y yo. Ya he dicho muchas veces que no me considero extraordinariamente inteligente. He conocido a mucha gente más lista que yo. Lo que pasa, y lo digo con humildad, es que me explico bastante bien. No tiene mayor mérito: soy profesor universitario y, por tanto, al final es un tema de práctica.

Fíjese, llevo casi veinte años dando unas seis horas de clase por semana. Haciendo un cálculo rápido, son unas seis mil horas de clase. Dedíquele seis mil horas a cualquier actividad, y con toda probabilidad se le dará razonablemente bien. Si yo hubiese invertido todo ese tiempo en practicar chino, seguro que ahora podría hablarlo con fluidez.

Precisamente por estos dos motivos quiero dedicar un capítulo a estudiar cómo podemos explicarnos mejor. Primero, porque creo que explicarse bien es muy importante. Segundo, porque considero que se me da bastante bien.

Piense que, al final, la única idea que vale la pena es la que el otro logra entender. Por más que sus ideas sean geniales, si no es capaz de transmitirlas, es como si no existiesen.

Así que en este capítulo mezclaré mis propias experiencias con técnicas de estudiosos sobre temas de comunicación, y le daré recetas muy aplicables que le permitirán mejorar su capacidad divulgativa.

Divulgación = simplificación

Imagine la siguiente situación: alguien le está explicando algo. La explicación se extiende, pero parece que da rodeos. No acabamos de identificar el hilo conductor de lo que están intentando contarnos. Parece que haya detalles superfluos y en cambio quedan lagunas que no entendemos. Es, en suma, una mala explicación. La pregunta es: ¿por qué sucede eso?

Mi teoría es que una explicación es mala cuando quien la ha elaborado se ha centrado en el conocimiento y no en la propia explicación. Esto es muy típico de científicos: saben muchísimo del tema del que hablan, pero han dedicado poco o nada de tiempo a pensar en cómo explicarlo. En su mente, es como si el conocimiento fuese todo y, en cambio, la explicación algo que «sale solo», como si se pudiese improvisar. Y obviamente no es así.

Por eso he titulado este apartado de esta manera. Si usted quiere divulgar algo, lo primero que tiene que hacer es simplificarlo, darle una forma que sea entendible por otra persona. No piense solo en si sabe del tema en cuestión. No, pase a la segunda pregunta, que es: «Además, ¿lo sé explicar?».

Le voy a dar un truco para determinar si sabe lo suficiente de un asunto. Esta técnica fue ideada por Richard Feynman, del que ya hemos hablado en otros capítulos. Feynman se tiró buena parte de su vida trabajando como profesor de física. Así que es normal que tuviese sus herramientas para explicarse bien.

Bien, la técnica Feynman consiste en cuatro pasos muy simples:

1. Elegir el tema que se desea explicar e investigar todo lo posible sobre él.
2. Explicárselo a un niño de corta edad. Imagine un niño de entre ocho y doce años. ¿Qué le diría? ¿Qué omitiría? ¿Qué ejemplos usaría?
3. Hecho eso, revise su propia explicación: ¿qué partes no ha entendido el niño?, ¿qué ejemplos no han funcionado?
4. Investigue sobre el tema otra vez, para cubrir esos flecos detectados en el paso anterior.

La técnica funciona por un motivo evidente: si usted está explicando algo, es porque sabe de ese tema y la otra persona no. Por tanto, para transferir ese conocimiento, está claro que debemos bajar el nivel y ponernos al mismo de nuestro oyente. Si asumimos que este tiene unos diez años, seguro que todo el mundo nos podrá entender.

Con lo cual, sobre cualquier materia, hágase la siguiente pregunta: ¿sabría explicárselo a un niño? Si es así, seguramente está preparado. Si no, quizá sabe menos de ese tema de lo que se cree.

Por ejemplo, creo que sé bastante sobre videojuegos. Si me preguntan por qué nos gustan le contestaría al instante: porque nos hacen tomar decisiones rápidamente y, al tomar la decisión correcta, nuestro cerebro segrega sustancias que nos hacen sentir placer.

En cambio, sé lo justo sobre física teórica. Si me preguntasen qué dice la teoría de la relatividad especial de Einstein, lo más probable es que repita como un loro cosas que he oído, sin saber demasiado bien de qué estoy hablando. Sin embargo, si le preguntan a un físico teórico, este le explicará con toda tranquilidad la teoría con un ejemplo: está subido en un tren que avanza rápido. Lance una piedra en la dirección de avance y luego lance otra en la dirección contraria al avance. Imagine que esto lo ve su hermano, que está en el andén. ¿A que, para él, las dos piedras no se mueven a la misma velocidad? Luego dirá que la teoría de la relatividad afirma que eso no sucede con la luz, que avanza a la misma velocidad independientemente de en qué dirección se esté moviendo uno. A continuación, el físico añadirá: y este detalle tan tonto cambia toda la física. Como, por ejemplo, el hecho de que ahora podamos calcular la cantidad de energía que tiene un objeto en función de su masa.

Volvamos a mi ejemplo sobre videojuegos. He afirmado: «Los videojuegos nos gustan porque nos hacen tomar decisiones rápidamente y, al tomar la decisión correcta, nuestro cerebro segrega sustancias que nos hacen sentir placer». Después le diría eso mismo a un niño de diez años. Y prestaría atención a las dudas que le surgieran. Quizá preguntaría:

«Ya, pero ¿son todos los videojuegos rápidos?».

O bien:

«Ya, pero ¿cómo sabe nuestro cerebro qué decisiones son correctas y, por tanto, ¿cuándo soltar esas sustancias?».

Eso sería el paso tres del proceso. Y yo, en el paso cuatro, revisaría mi explicación, que quedaría así:

«Los videojuegos nos gustan porque nos hacen tomar decisiones. Si tomamos la correcta, el videojuego nos lo hará saber con imágenes y sonidos agradables. Y nuestro cerebro, al recibirlas, segregará sustancias químicas que nos producen placer. Por eso nos gusta jugar a videojuegos: porque acertando nos sentimos bien».

¿Ve? En cambio, si preguntase a otra persona, es posible que se pasara media hora hablando sobre que si los gráficos, que si la dificultad, que si un amigo suyo hizo un juego... Una explicación demasiado larga, difusa y que omite la información fundamental.

Así que, antes de explicar nada, plantéese esta pregunta: ¿podría explicárselo a un niño? Si quiere llevarlo al extremo, imagine que su oyente tiene cinco años. ¿Qué le diría? Esta técnica es bastante popular entre ejecutivos de empresas que suelen poseer tecnologías tan sofisticadas que nadie, salvo los ingenieros, son capaces de comprender. De ahí surgen las siglas ELI5, que significan *Explain Like I'm 5*, o «Cuéntamelo como si tuviese cinco años».

Duración *versus* información

Seguro que ha vivido la siguiente situación: se le convoca a una reunión para tratar cierto tema. Se asigna un tiempo a ese encuentro, como por ejemplo una hora. Y ahí sigue usted, dos horas más tarde, agotado, encerrado en una reunión que nunca termina, y en la que no se ha tocado ni la mitad de los temas de la agenda.

Quiero detenerme ahora en uno de los grandes males de las explicaciones: no ser consciente de la cantidad de información que podemos presentar según el tiempo de que dispongamos.

Una vez más, empezaré con un ejemplo. Hace años trabajé con un jefe realmente bueno. Una de sus muchas normas era: ninguna reunión que dure más de noventa minutos y, si la reunión requiere un PowerPoint, no más de ocho o diez diapositivas.

Claro, al fijar una extensión máxima de la presentación, eso limitaba la complejidad de los temas para tratar en una reunión. Entre ocho y diez diapositivas quiere decir que la presentación duraba como máximo unos quince minutos, de forma que el resto del tiempo era el debate en sí, la reunión.

¿Y qué hacía ese jefe si le decías: «Es que tengo más material, no me basta con diez páginas»? Te contestaba: «Entonces son varias reuniones. Elige de qué quieres hablar en esta y cíñete al formato».

Otro ejemplo clásico es Amazon. Jeff Bezos exige que, para cualquier reunión ejecutiva, se prepare un memorándum de seis páginas como máximo explicando:

- El tema de la reunión.
- Las decisiones que se van a tomar.
- Las alternativas disponibles.
- El impacto de cada una de ellas.

De nuevo, Amazon fija una relación *a priori* entre tiempo disponible y cantidad de información para presentar. Es la única vía para ser productivo.

Mis consejos para lograr explicaciones claras en el tiempo disponible son simples.

Para empezar, la gente que falla en este aspecto considera que lo esencial es la información que se va a transmitir y lo secundario el tiempo que se tarda. Pues bien, invierta la relación. Empiece considerando que el tiempo es una constante, y lo que es variable es lo que usted explicará en función del tiempo disponible. Es decir, si tiene una hora, plantéese qué se puede presentar en ese tiempo y qué no.

Un ejercicio sano es realizar varias presentaciones con diferentes duraciones y por tanto densidades. Es una práctica de *management* clásico. Para aquello que tenga que explicar, prepare mentalmente cuatro versiones.

La primera se conoce como *elevator pitch* («venta de ascensor»). Imagine que está con su jefe en un ascensor y solo dispone de ese momento para darle una versión superresumida del problema. ¿Qué le diría? Un *elevator pitch* tiene que durar unos cuarenta y cinco segundos. Así que priorice al extremo qué es esencial y qué no.

La segunda se llama *coffee break pitch* («venta de pausa del café»). Aquí suponga que dispone de entre dos y cinco minutos, justo lo que tardamos en tomar un café. ¿Qué diría y qué omitiría?

La tercera recibe el nombre de «reunión breve». Imagine ahora que dispone de quince minutos para dar su explicación.

Y la cuarta, evidentemente, es la propia reunión, en la que dispondrá de una media hora.

Si su explicación requiere más de media hora, tengo malas noticias para usted: será mal recibida. No solo agotará a sus oyentes, sino que estos acabarán desconectando, que es lo que suele ocurrir al escuchar de forma pasiva a un ponente durante tanto tiempo. Debería repartir su explicación entre varias reuniones o plantearse simplificarla.

Preparadas estas cuatro versiones, es decisión suya ver cuál usar en cada momento. Por mi trabajo como diseñador de videojuegos me ha tocado realizar incontables presentaciones. Recuerdo con cariño una vez que, estando en Los Ángeles, tuve que presentar un juego a Shigeru Miyamoto, el famosísimo diseñador de *Super Mario*. Yo trabajaba para Sony, Miyamoto-*san* para Nintendo. Pero, por un tema de educación y cortesía japonesa, Sony presentaba sus productos a los *managers* de Nintendo, y viceversa.

Total, que ahí estaba yo, temblando como una hoja cuando llegó Miyamoto con su traductor. En lugar de lanzarme a una presentación directamente, pregunté, en inglés:

—¿De cuánto tiempo dispone el señor Miyamoto?

Su traductor le transmitió la pregunta. Miyamoto sonrió educadamente, y dijo:

—Dos minutos.

Eso me reconfortó: ya no iba a estar nervioso por si me pasaba de tiempo o por ser demasiado breve. Tenía en la cabeza mi presentación de dos minutos, y la expuse como había ensayado mil veces.

Pasados los dos minutos, Miyamoto sonrió, y dijo:

—Creo que dispongo de algo más de tiempo.

Y se quedó conmigo unos diez minutos más. Esa es la gracia de tener una presentación para cada duración. Si somos breves y nos ajustamos al tiempo disponible, no aburriremos. Y, con suerte, generaremos interés y haremos que nuestro interlocutor desee saber más.

Y esa es la historia de cómo Dani presentó una vez un videojuego al mejor diseñador de videojuegos de la historia.

La técnica de explicarse

Si hay dos capítulos de este libro que son previsibles, son precisamente este y el siguiente. Señor mío, que soy profesor. Y me siguen más de ciento veinte mil personas en Twitter. Sin duda, explicarme es lo mío.

Y sí, como todo lo que ya he revelado en los capítulos anteriores, explicarse bien es una técnica, no más compleja que pelar una naranja. ¿No me cree? Pase a la página siguiente, le cuento el truco.

26

La explicación perfecta

Asumamos ahora que ya tiene suficiente dominio de un tema para explicarlo. Pasemos a la explicación en sí.

En mi experiencia, he aprendido que, para maximizar su efectividad, una buena explicación debe funcionar a la perfección en cinco niveles básicos:

- Brevedad.
- Atención.
- Impacto.
- Lógica.
- Acción.

Puede serle útil recordar el acrónimo BAILA. Evidentemente, a lo largo del capítulo, desarrollaré cada uno de los pilares, dando numerosos ejemplos y técnicas. Por ahora, veamos uno simple que resume a la perfección esta filosofía: el eslogan de la marca Nike, el famoso «Just Do It».

Nike nos podría hacer un spot de cinco minutos explicando las bondades de su calzado. Que si los materiales son de calidad, que si el diseño está pensadísimo, que si la durabilidad... Seguro que ha visto anuncios así, el clásico publirreportaje. Sin duda, nos aburriríamos a los pocos segundos. En cambio, lleva años repitiendo tres puñeteras palabras: «Just Do It», que consiguen un impacto mucho mayor. ¿Por qué?

Recuerde: BAILA. Brevedad. Atención. Impacto. Lógica. Acción.

«Just Do It» funciona porque es *breve*: tres palabras. Tenemos muy poca paciencia. Cuando una explicación se extiende demasiado, tendemos a desconectar. Lo breve es bueno.

Porque capta nuestra *atención*: las imágenes de los anuncios complementan perfectamente las palabras. Cuando vemos un spot de Nike, uno entiende qué es ese «It» que debemos hacer: deporte. Y no solo deporte: deporte a un nivel superior al que estamos acostumbrados. Sea cierto o no, Nike nos está diciendo que, gracias a sus productos, seremos mejores deportistas.

Porque tiene un *impacto* sobre nosotros, es personal. Nike no habla a la humanidad ni a un señor externo: nos habla a nosotros. Nos está diciendo: puedes ser mejor. El «Just Do It» lleva un sujeto implícito, que no está ahí pero sí está: «You». Nike nos manda un mensaje a cada uno.

Porque es un mensaje de una *lógica* aplastante: todos sabemos que deberíamos hacer más deporte, porque la vida moderna favorece el sedentarismo. Proponer la práctica de deporte es algo lógico, fácil de comprender.

Porque llama a la *acción*: si vemos un anuncio de Nike y este es efectivo, querremos calzarnos unas zapatillas y salir a correr. No es una frase pasiva, sino que nos invita a hacer algo. «Just Do It» es una llamada a la acción.

En resumen, una buena explicación debe ser breve para no perder nuestro interés. Debe usar algún truco para captar nuestra atención, porque el mundo nos bombardea constantemente con distracciones. Ha de causar un impacto personal para que sintamos que la historia nos apela a nosotros y nos veamos afectados por ella. Debe tener una lógica interna clara, de forma que entendamos lo que nos dicen y nos parezca sensato. Y tiene que llamarnos a la acción, para que no sea una explicación o una historia sin más, sino que nos invite a tomar partido.

BREVEDAD

Que una explicación debe ser breve no habría de extrañar a nadie. Obviamente, la paciencia del oyente tiene un límite. Pero la brevedad va mucho más allá de eso (en las páginas siguientes hablaremos de la lógica estructural de una explicación). Está claro que mantener la lógica en algo breve es más fácil que hacerlo en algo extenso. Para ilustrarlo, le hablaré de dos técnicas útiles.

La primera son las historias de seis palabras, llamadas así por ser exactamente eso, narraciones completas comprimidas en seis palabras o menos. Este método es útil para pensar títulos, eslóganes o frases introductorias que despierten la atención del oyente.

Cuenta la leyenda (no real pero hermosa, por cierto) que la moda de las historias de seis palabras fue creada por nada más y nada menos que el escritor Ernest Hemingway, quien hizo una apuesta con colegas de profesión para comprobar quién era capaz de causar el máximo impacto con el mínimo de palabras. Así, cada uno de ellos propuso un microcuento. El de Hemingway, en inglés, decía así: «Baby shoes. For sale. Never worn» (en castellano: «Zapatos para bebé. En venta. Sin estrenar»). Cualquiera que haya sido padre o madre, o tenga algo de capacidad imaginativa, entiende la historia dura y triste que subyace a esas palabras: ¿quién puede tener unos zapatos para bebé, nuevos y a la venta? Seguramente una familia que perdió al bebé durante el embarazo o poco después de nacer. Triste, ¿verdad?

El impacto es brutal, y lo es especialmente por la brevedad. Las historias cortas nos atropellan como un tren porque generan cambios emocionales intensos en un plazo cortísimo, y por ello funcionan tan bien. Evidentemente, no todo se puede contar en seis palabras: infinidad de temas requieren más vocablos y matices más ricos. Pero es bueno tratar de resumir su tesis central en pocas palabras. Como veremos en el próximo apartado, la brevedad es clave para llamar la atención.

Voy a ponerle un ejemplo. Supongamos que está empleado en una empresa de software, donde están trabajando en un nuevo producto que recomienda viajes turísticos. Desde el punto de vista de un ingeniero, la explicación podría ser:

Hemos desarrollado un software de recomendación de viajes basado en inteligencia artificial, y usa el algoritmo *Market Basket Analysis*. Cuando un usuario se da de alta, introduce sus datos y solicita su primera propuesta, el sistema estudia el resto de cuentas de usuarios y selecciona aquellos que han ido al mismo lugar para identificar qué otros destinos eligieron a través del sistema. A continuación, los ordena por frecuencia de aparición y entonces se los presenta al usuario como recomendaciones para su próxima aventura. Como la gente que ha ido adonde este quiere ir también ha estado en esos sitios, seguramente le interesen.

Bien, he necesitado ciento diez palabras para explicar esta idea. Si usted empieza así, es posible que parte de su audiencia deje de prestarle atención. Ahora, por el contrario, tratemos de concentrar esa historia en seis palabras o menos: «Sabemos adónde quieres viajar».

Fíjese, en cuatro palabras he presentado la idea clave (un sistema que puede predecir dónde se desea viajar). Muy probablemente, por lo conciso de la explicación, habrá conseguido captar su atención (de ello hablaré en el próximo apartado). Y ahora que tenemos la atención del oyente, podemos darle una explicación más completa.

Con lo cual, primera técnica: simplifique su historia a seis palabras aproximadamente. Conseguirá un mensaje claro y compacto que captará la atención de su audiencia.

Una técnica parecida es el *elevator pitch*, o «venta de ascensor», que ya he comentado. La idea es simple: imagine que tiene la suerte de viajar en ascensor con la persona ideal para escuchar su idea (un posible inversor, su jefe, una pareja en potencia, quien sea). Todos sabemos lo que dura un trayecto en un elevador: pongamos unos treinta segundos. Bien, ¿cuál es el mejor discurso que puede hacer en ese tiempo?

Los *elevator pitches* son parte de cualquier escuela de negocios, y se emplean con cierta frecuencia en la vida: cuando es necesario explicar algo rápido y sin rodeos. Ya sea una visita al médico de urgencias, una queja ante un funcionario o pedir ayuda a un policía por la calle, muchas interacciones duran aproximadamente treinta segundos. Asegúrese de organizar la información para poder presentarla en ese tiempo.

Para preparar un buen *elevator pitch* le recomiendo centrar todo su esfuerzo en una idea muy potente: solo tiene un disparo. Si su interlocutor se va a quedar con una única idea, ¿cuál debería ser?

Puede empezar con una disertación completa, como la que he hecho antes sobre el recomendador de viajes, y ser reduccionista: piense en el texto como si fuera una planta, y que usted debe podarla. Aquí tiene el texto antes citado, subdividido en afirmaciones:

- Hemos desarrollado un software de recomendación de viajes.
- Algoritmo *Market Basket Analysis*.
- Cómo funciona:
  - Cuando un usuario se da de alta y solicita su primera propuesta de viaje, el sistema estudia el resto de cuentas de usuarios.
  - Selecciona a aquellos que han ido al mismo lugar.
  - Revisa qué otros destinos eligieron ellos.
  - Ordena esos trayectos por frecuencia de aparición.
  - Presenta esos viajes como posibles recomendaciones.
  - Como la gente que ha ido adonde el usuario quiere viajar también ha estado en esos sitios, seguramente le interesen.

En el fondo, este discurso encierra dos mensajes relevantes y otro que no lo es: el primero es que tenemos un software nuevo de recomendación de viajes. El segundo es cómo funciona. Lo que no es importante es el nombre: no nos engañemos, nadie lo recordará.

Por tanto, el *elevator pitch* se centrará en el primer mensaje, y dará una versión muy abreviada del segundo. Una posibilidad sería:

- Tenemos un nuevo software de recomendación de viajes.
- Es capaz de predecir adónde quiere viajar un usuario, analizando sus trayectos pasados y comparándolos con los del resto de la comunidad.

Dese cuenta de que hemos pasado de ciento diez palabras a treinta y una, hemos comprimido el texto a una cuarta parte. Y no se ha perdido sustancia, más bien se han omitido detalles que, por ahora, no son relevantes. Ya habrá tiempo más adelante para entrar en ellos.

Las explicaciones breves tienen otra ventaja: al hablar menos, nos queda tiempo para escuchar, para conversar. No es bueno ser apabullante. Y una buena forma de no apabullar es hablar poco. Resultará más agradable si su *pitch* acaba siendo un diálogo, no una tormenta unidireccional.

Un buen amigo me dio un consejo, en un contexto de negociación, que he usado muchas veces desde entonces. Yo tengo tendencia a hablar mucho y a resultar algo arrollador. Este amigo me dijo: «Dani, cada palabra que dices es un riesgo de que metas la pata. Cada palabra que dicen ellos, es una oportunidad para que ellos metan la pata. Habla poco y deja hablar». Desde entonces, en las reuniones de trabajo, hablo poco y escucho mucho.

Además, escuchar es una forma de aprender. Si todo lo que hace en su venta de ascensor es hablar, no le quedará tiempo para saber lo que opina su interlocutor, qué ideas aporta, qué interés tiene. Un *elevator pitch*, o cualquier otra conversación similar, solo debería ocupar un máximo de la mitad del tiempo disponible, y dejar el resto para conversar.

En el *elevator pitch*, si se fija, el mensaje completo es, desde una perspectiva semántica, una única frase. Me explicaré utilizando el ejemplo del recomendador de viajes:

1. Hemos hecho un software (el qué).
2. Funciona así (el cómo).

Esto es lo correcto. Piense en ello: debe centrarse siempre en desarrollar un único «qué», esa idea nuclear de su argumento, y apoyarla con las circunstancias relevantes del caso (cómo funciona, cuánto cuesta, cuándo estará listo, por qué es importante).

En el momento en que introduzca una segunda idea, un segundo «qué», empezará a derivar, perderá el foco de la conversación y el mensaje quedará borroso y desdibujado. De estas dos técnicas (historias de seis palabras y *elevator pitches*) podría deducirse que la brevedad es una virtud absoluta, y no tiene por qué ser así. Con frecuencia sucede que buscando esa brevedad absoluta los argumentos pierden solidez, y parece que todo son frases vacías de marketing y venta. Cuántas veces hemos oído frases muy breves pero muy grandilocuentes y vacías de contenido. Frases como «Esto lo cambia todo» y similares.

Mi forma de proceder sigue la cita atribuida a Albert Einstein: «Toda explicación debe ser tan simple como sea posible, pero no más». Resulta irónico que, al leer a Einstein, las palabras no sean exactas. La frase real, pronunciada en Oxford en 1933, es la siguiente:

> Es difícil negar que el objetivo supremo de cualquier teoría es hacer que sus elementos irreductibles sean tan pocos y tan simples como sea posible, sin tener que ceder en la representación adecuada de todos los datos de la experiencia.

Sirva esto como chiste de que el propio Einstein no se aplicaba el criterio de brevedad que él mismo proponía. Pero, más allá del comentario, creo que la idea está clara: es deseable simplificar conceptos en aras de una explicación más clara. Simplificarlos tanto como para que se conviertan en una caricatura de sí mismos es incorrecto. Por todo ello, use las técnicas aquí explicadas para ser reduccionista y ofrecer explicaciones breves, pero siempre con el fin de transmitir la información clave. Creo que mi *elevator pitch* sobre el software de recomendación de viajes es un buen ejemplo: es muy breve, pero contiene toda la información esencial.

Mi consejo es que empiece cualquier explicación con una historia de seis palabras, para captar la atención del oyente. Si tiene éxito y genera interés, pase a un *elevator pitch*. Y si sigue bien, es posible que de ahí surja una presentación más larga y detallada. Si empieza con la presentación detallada desde el comienzo, lo más probable es que la audiencia desconecte.

ATENCIÓN

Podemos ser sumamente breves. Pero con eso no basta: debemos complementar esa brevedad con otras técnicas. Yo puedo decir: «Me aburro». ¿He sido breve? Claro. ¿He llamado su atención? No creo. Por tanto, vamos a centrarnos ahora en ello. Vivimos en un mundo cada vez más saturado de impactos de todo tipo: publicidad, canales de comunicación, apps. De hecho, se habla ya de nuestra generación como la del déficit de atención. Recibimos tanta información por tantos canales que es muy difícil mantenernos concentrados.

Pero precisamente de eso quiero hablar, de cómo cortar a través de la niebla y llegar a nuestro interlocutor, abrirle los ojos y hacer que nos preste su atención absoluta. Para ello, requerirá tres ideas muy simples: sorpresa, historias y autenticidad.

Sorpresa

Nuestro cerebro odia los mensajes uniformes. Cuando no nos podemos agarrar a ningún dato o característica peculiares, lo más probable es que el mensaje se deslice hacia el olvido. De hecho, a mediados del siglo pasado se empezó a estudiar la información (en el sentido matemático del término) y se llegó a la conclusión de que la cantidad de datos de un sistema o fenómeno era inversamente proporcional a su entropía, es decir, a su caos. La idea es sencilla: yo puedo escribir letras al azar. Observe las siguientes líneas atentamente:

Sdasdgxcvjakcjvlksjmsdfjsdfkljsdkfljsdklfjsdklfjsdfsdlfjsdklfjc
dkfjmgjmanzanawemfgsdjgvamsdjfmcgsd´jfam´dacñlsemfñlsdfkma
ñsldfmc´dñafkmsñldfkmañsdlfmklsñdmfkañlcsd´mkfl.

Seguramente identificará, dentro de todo ese caos de letras, la palabra «manzana». Manzana es una secuencia de letras concretas en un orden en concreto: es información. El resto de caracteres es puro ruido. La información son datos estructurados de forma que el receptor logre descifrarlos.

Pensando en términos un poco más abstractos, la cantidad de información no se relaciona solo con la estructura, sino con la frecuencia con que aparezca. Supongamos que usted coge el bus a diario para ir a trabajar. Es muy probable que le cueste recordar datos de un viaje de un día en concreto: todos son bastante similares. Pero ¿a que si un día hubiese un accidente en el bus y usted se cayese al suelo, lo recordaría? Claro, no solo es información, sino que es información de muy baja frecuencia. Y, por tanto, nuestro cerebro intenta recordarla, porque puede intentar aprender cosas nuevas.

¿Qué quiere decir esto? Que si desea llamar la atención, piense muy bien un mensaje que sea altamente inusual, sorprendente. Si logra «descolocar» el cerebro de sus oyentes, estos mostrarán más interés.

Un buen amigo mío me enseñó cómo captar la atención. Cada vez que iba a un restaurante o a un hotel, empezaba la conversación interesándose por el nombre de su interlocutor y preguntándole cómo estaba siendo su jornada. Es decir, llegaba el camarero y decía: «¿Qué desean tomar?», y mi amigo cambiaba de tema y le preguntaba a él: «¿Cómo se llama?». Y acto seguido: «¿Qué tal va el día? ¿Mucho trabajo?».

Podría parecer un truco de falsa cortesía, pero en este caso no era así: este amigo mío tenía interés real en la respuesta, y solo después de haber conocido un poco a la persona empezaba a pedir la comida, o lo que fuese. El resultado es que, dondequiera que fuese, siempre le atendían a la perfección. Los pobres empleados de restauración llevan todo el día trabajando, repitiendo la misma rutina una y otra vez. Basta que aparezca alguien que se preocupe algo por ellos, para captar por completo su atención.

Por todo ello, recuerde: si quiere captar la atención de su interlocutor, haga algo que no espere. Pero, cuidado, este consejo es una espada de doble filo. Usted podría malentender la idea y decir: «Vale, como he de ser inusual, voy a insultar a mi interlocutor o hacer la conferencia desnudo». No, no todo vale. Es esencial que elija cosas inusuales, pero que cuadren en el contexto o en el discurso general de la situación.

Un buen ejemplo de cómo hacer algo inusual, pero desconectado de lo que se quiere explicar, es el famoso reto del cubo de hielo, el *Ice Bucket Challenge*, que se popularizó enormemente por internet en 2014. Un famoso decía por YouTube que se iba a tirar un cubo de agua helada por encima, y efectivamente así era, y todos nos reíamos mucho. Es obvio que se trata de una actividad altamente sorprendente, y justo por eso captaba nuestra atención.

Pero ahora viene la reflexión: ¿podría decir cuál era el motivo de tirarse agua por la cabeza? Seguramente no. Se lo chivaré: era con el fin de recaudar fondos para la esclerosis lateral amiotrófica, una enfermedad degenerativa incurable. ¿Ve? Recuerda el vídeo porque era sorprendente, pero es muy probable que se le haya olvidado para qué se hizo: el vínculo entre el hecho sorprendente y lo que se pretendía era débil y, por tanto, no lo recordamos.

De hecho, siempre he creído que esa campaña tenía algo de contraproducente: muchos de los participantes, celebridades en su mayoría, se apuntaron porque tirarse el hielo por la cabeza les hacía parecer valientes y *cool*, no porque sirviese para concienciar de nada. Era más un acto de marketing o *branding* personal que una acción caritativa.

Para ilustrar este último punto, imagine ahora que le digo que me voy a tirar un cubo de agua helada, pero antes le cuento que quinientos millones de niños no tienen acceso a agua caliente en sus casas. Y que, como los niños se hielan, quiero sentir su dolor y por eso me tiro el cubo de agua helada encima. Seguramente recordaría mejor esta historia: el hecho inusual (tirarme agua helada) está más relacionado con lo que deseo transmitir (hay niños sin agua caliente) y, como la asociación es sólida, captaría mejor nuestra atención.

Esto sucede mucho en la publicidad. A veces vemos un anuncio que es muy ingenioso pero somos incapaces de recordar la marca que presenta. Y eso sucede por esa desconexión entre lo que veo y la marca. Volveré sobre esta idea al hablar de la lógica interna.

Historias

La segunda idea que le servirá para captar la atención es, siempre que pueda, contar una historia. Según un estudio de la Universidad de Stanford, una explicación en forma de relato es recordada por veintidós veces más personas que la misma explicación apoyada únicamente en datos. Con lo cual, manteniéndose en la sorpresa que he enunciado en el apartado anterior, intente estructurar sus explicaciones en una historia. El motivo es simple: somos seres profundamente empáticos. Un relato tiene sus propios protagonistas, sucesos, giros narrativos. Todo eso a nuestro cerebro le parece relevante, porque apela a nuestra necesidad antropológica de compartir las emociones. Por eso las historias y campañas publicitarias basadas en episodios personales suelen funcionar. Sentimos cercanía con nuestro interlocutor y el cerebro tiende a recordar aquellas cosas a las que atribuye emociones.

Le pondré un caso de cómo las historias se recuerdan más que las cifras. El ejemplo que usaré es triste y cruel, pero creo que muy gráfico. ¿Cuántos judíos cree que fueron asesinados durante la Segunda Guerra Mundial? Muy probablemente, no lo recuerde: muchísimos, me dirá. Bien, si quiere saberlo, son unos seis millones. Aproximadamente dos tercios de la población judía de Europa, una auténtica salvajada. Estaremos de acuerdo en que detrás de cada uno de esos seis millones de muertes hay una historia, un drama personal o familiar.

En cambio, hay una historia que ha trascendido, la de Anne Frank. Los seis millones de personas son un dato un tanto abstracto, pero su caso es muy concreto: el de una niña que se escondió de los nazis en su casa de Ámsterdam. Reconozcámoslo: por poco que haya oído algo de su historia, es fácil emocionarse y sentir una tremenda empatía. Lo cual reafirma lo que le explicaba: recordamos las historias mucho mejor que los datos.

Autenticidad

Hemos visto ya dos de los tres pilares que nos ayudarán a captar la atención: el primero es la sorpresa. El segundo, contar una historia. El tercero es la autenticidad.

En el mundo en que vivimos, ser auténtico es garantía de ser escuchado. Después de décadas dominadas por un marketing muy de fachada, hoy por hoy la autenticidad, la normalidad, es lo que más se valora. Solo así se explica el éxito de los *influencers* de las redes sociales: la gente sigue al Rubius, Dulceida y a muchos otros en gran parte porque les ven cercanos, se sienten identificados con ellos.

Si es de mi generación, recordará el gran éxito de las revistas del corazón en los años ochenta y noventa, que nos vendían una aristocracia de palacio lejano, de un mundo de cuento de hadas. Hoy, esa aristocracia se calza zapatillas y sale a pasear por la Gran Vía, como usted y como yo.

De hecho, matizo mi afirmación: no es que la autenticidad llame la atención, es que la falta de autenticidad nos pone a la defensiva.

Así, cierro este apartado con un ejemplo completo que integra las tres ideas: hacer algo sorprendente, que sea una historia y que sea auténtica.

En 2019, la activista climática Greta Thunberg hizo algo que dio la vuelta al mundo: cruzó el océano Atlántico en un velero para asistir a la Cumbre del Clima que se celebraría en Nueva York. Durante días, un gran número de informativos del planeta se hizo eco, y todos dudábamos de si llegaría o fracasaría. Fue una acción de altísima capacidad de llamar la atención sobre el problema del clima. ¿Por qué? Volvamos a los tres pilares:

Fue sorprendente. Que una niña de dieciséis años navegue cinco mil kilómetros a vela no es algo que suceda todos los días.

Fue una historia plagada de fotos, vídeos y declaraciones.

Fue auténtica. Nos caiga bien o mal Thunberg, es obvio que es tal cual se muestra. Fíjese, a modo de corolario, en cómo sus oponentes precisamente tratan de desacreditar su autenticidad. Saben que siendo genuina es un enemigo peligroso.

IMPACTO

El tercer componente de una buena explicación es el impacto. Obviamente, si somos breves y captamos la atención ya vamos por buen camino. Pero podemos hacer mucho más. Veámoslo.

En general, nos impactan las historias que nos afectan desde el punto de vista de las emociones y de lo personal. Quiero recalcar que he usado dos palabras importantes: «emociones» y «personal».

Para generar emociones, plantéese no ya la historia en sí, sino cuál es la que desea despertar. Las historias emocionalmente intensas producen más interés que las que no lo son. Se lo explicaré con varios ejemplos.

El primero es la música. Pocas cosas hay tan intensas como una buena canción, ¿verdad? Ahora quiero que piense en una escena de película que, cada vez que la ve, le emociona. Me viene a la cabeza un film de cuando era pequeño, *Carros de fuego*, la historia de unos corredores en las Olimpiadas. Si se acuerda de esta película, comienza con una escena espectacular de un grupo de corredores que entrena en una playa. A mí esa escena siempre me emociona, me hace llorar.

Ahora que tiene su escena en mente, póngala. Y cuando llegue ese momento que tanto le emociona, baje el volumen a cero. Notará que, de golpe, toda la emoción se desvanece. Los corredores ya no le hacen llorar. El alien ya no le asusta. La batalla de *Salvar al soldado Ryan* pierde toda su potencia. ¿Por qué pasa esto? Porque lo que le emocionaba no era la escena, sino la música que la acompañaba. Eliminada la música, eliminada la emoción y, por tanto, el impacto.

Además de esta, hay otras maneras de generar el impacto que necesitamos. Hace unos años trabajé en un juego de consola llamado *Invizimals*, que logró ser muy popular. Como ya le he dicho, trataba de monstruitos que vivían por la casa, y con una cámara (como la de los móviles) había que perseguirlos.

Recuerdo la vez que tuve que proponer el proyecto a Sony. Fue en Liverpool, y la escena fue la siguiente: delante de mí, cuatro ejecutivos de Sony con cara de «A ver qué nos propone este tío». Lo fácil sería haber presentado el juego, diciendo algo así como: «Hola, me llamo Dani y les quiero presentar un proyecto». Pero eso habría causado poco impacto. Como conocedor de la metodología BAILA, opté por una estrategia más arriesgada.

Me puse de pie y, casi susurrando, dije: «¿Qué me dirían si les aseguro que estamos rodeados de monstruos invisibles?».

Como puede imaginar, sus rostros de «Este tío está chalado» eran un poema. Pero, dentro de mí, yo sabía que ya había ganado. Proseguí: «En serio. Ustedes no lo saben, pero más allá del espectro visible, también hay luz. Y allí viven bichos que nadie ha visto, los Invizimals».

Yo hablaba bajito, como si realmente hubiese alguien más en la sala. Y, adrede, me encorvaba sobre la cámara de mi consola, como un detective. ¿Ellos? Probablemente estaban a punto de cancelar la reunión. Hasta que dije: «¿No me creen? Vengan, pónganse de pie y miren».

A regañadientes, se pusieron de pie y miraron por la cámara. Y allí, delante de ellos, encima de la mesa de reuniones de la sala, había un monstruo gracias a la magia de una tecnología llamada realidad aumentada que mi empresa había desarrollado.

Por el rabillo del ojo, vi que sus mandíbulas caían al suelo. Rematé, para completar el impacto: «Hablen bajito: a veces se asustan».

Y ahí tenías a cuatro ejecutivos de videojuegos, encorvados, hablando en susurros, diciéndome: «¿Cuánto dinero vale el proyecto?». Eso es la fuerza del impacto.

Fíjese, en esta presentación quedan claras las dos partes de un impacto: la emoción y lo personal. Al hablarles de monstruos invisibles, estaba generando una emoción muy concreta: la del descubrimiento, similar a la magia. Esa sensación de «No me puedo creer lo que estoy viendo». Y estaba apelando a cada uno de ellos personalmente: «Hablen bajito».

Tras cada presentación brillante, encontrará ese mismo dúo: el de la emoción y el de lo personal.

El «Just Do It» de Nike apela a la emoción, que en este caso es el valor, el esfuerzo. «Do It» quiere decir «da el salto», «ponte en marcha». Y es personal, ya que el sujeto de la frase somos nosotros. Nike nos está diciendo: «Tú puedes».

El «Think Different» de Apple apela a otra emoción, en este caso la fe en uno mismo. Nos dice: si eres diferente, si eres friki, está bien. Obviamente, el mensaje es sumamente personal.

Llevemos eso a sus historias. Para emocionar, piense en lo que está presentando y, antes incluso de idear la explicación, haga una lista de las emociones que esa nueva idea, producto o servicio le sugiere. Por ejemplo, supongamos que quiere promocionar algo tan sencillo como la compra online de entradas para el cine. Usted puede ser soso y plantear: «Ahora puedes comprar tu entrada por internet». Pero pensemos en la emoción. ¿A qué vamos a los cines? A vivir aventuras, a evadirnos de la realidad. Por tanto, es una emoción de riesgo, de heroísmo, de viaje. Así que, ¿qué tal si en lugar de la campaña sosa de antes creamos un eslogan como «Los héroes no hacen cola»?

¿Lo ve? La emoción de la aventura forma ahora parte de la campaña. Y estamos poniendo al usuario en el centro al decirle que él es el héroe. Este eslogan funcionará mucho mejor que sencillamente decir que puedes comprar tu entrada por internet: es breve, llama la atención y provoca un impacto.

LÓGICA

Ya podemos ser breves, ya podemos captar la atención, ya podemos impactar que, si nuestro mensaje no tiene una sólida lógica interna, la explicación caerá en saco roto.

A lo largo de mi vida he visto una y otra vez cómo personas que lo estaban haciendo bien en el resto de los ámbitos fracasaban en sus explicaciones por proponer cosas sin sentido.

Empezaré, como siempre, con un ejemplo. Hace bastantes años estaba yo evaluando un proyecto. Una persona comentaba un sistema muy espectacular para simular lluvia en cine o videojuegos mediante efectos especiales. Los resultados eran impresionantes, la verdad.

Inocentemente pregunté: «¿Y qué método de cálculo está usando?». A lo que me respondió, con aplomo: «Las ecuaciones de Navier-Stokes de los fluidos incompresibles». Si sabe algo de matemáticas, captará el error. Pero déjeme seguir con mi historia. Recibida esa respuesta, quise saber: «Oiga, y eso de los fluidos incomprensibles, ¿en qué consiste?». A lo que mi interlocutor, dudando, respondió: «Bueno, es porque al comienzo no se entendía bien su mecanismo», y tal y cual.

Me levanté, y allí acabó la presentación.

¿Sabe por qué? Porque las ecuaciones de Navier-Stokes son ecuaciones de fluidos incompresibles, no incomprensibles. Y se llaman así porque se refieren a los fluidos donde la densidad es constante (o sea, donde no hay compresión).

Este descomunal error me hizo darme cuenta de que estaba hablando con una persona sin los conocimientos suficientes sobre lo que estaba exponiendo. Por tanto, es fundamental que su explicación sea, además de breve, llamativa, impactante y lógica, pero también correcta, donde los argumentos no generen lagunas o preguntas.

Mi consejo para garantizar el éxito en este ámbito es simple: iteración y ensayo. En el caso anterior, si esa persona hubiese practicado la presentación con alguien, le habrían detectado el error del incomprensible/incompresible.

Y ahí está la raíz del problema: en muchos casos, la gente se envalentona e improvisa. Y, claro, una explicación que se lleva a cabo por primera vez es fácil que contenga errores o genere preguntas.

Así que, si desea presentar de forma lógica, mi recomendación es que se busque alguien en quien confíe para «rodar» la presentación. Es importante que esa persona conozca el tema: es fácil impresionar a un lego en la materia con una presentación espectacular pero incorrecta.

Esta persona deberá validar si la explicación es correcta. Y, una vez hecho eso, confirmar que el flujo de argumentos es el mejor posible para que la información no genere dudas o lagunas informativas incómodas.

He dicho ya que soy profesor. Creo que tengo fama de explicarme bien. ¡Lógico! Llevo veinte años dando clase básicamente sobre lo mismo. A estas alturas, mis ejemplos son los que mejor me han funcionado a lo largo de estos años. Y mi manera de presentar cada tema ha sido iterada en los cientos de clases que he impartido.

Con lo cual, mi consejo es: jamás improvise. Repita como un loro la explicación que ha desarrollado, reiterado y pulido con un revisor externo. Y no se salga del plan. Evite la tentación del ego de «Soy tan inteligente que esto lo puedo explicar improvisando». Sea humilde y prepárese en exceso.

ACCIÓN

Un jefe que tuve una vez decía que una reunión no servía de nada si no acababa con un plan de acciones concretas que se fuesen a llevar a cabo. Del mismo modo, cualquier explicación que usted dé solo triunfará si, al acabar, incita a los interlocutores a tomar partido, a actuar o a tomar una decisión. Nuestras explicaciones y presentaciones no pueden ser como una lámina de agua que resbala y desaparece: queremos dejar poso. La mejor forma es concluir siempre con una sección de llamada a la acción: acabe recordando los puntos clave de su exposición, y de ahí proponga los siguientes pasos posibles.

Supongamos que su explicación trata de un nuevo prototipo de producto que le ha tocado presentar a un comité. Una buena forma de finalizar es decir: «Pues bien, ahora que hemos presentado el prototipo, pactemos los siguientes pasos para su aprobación. ¿Qué información necesitan que les suministremos para tomar la decisión y, si les parece, nos den una respuesta antes de un mes?».

Fíjese cómo la llamada a la acción tiene cuatro pasos fundamentales, que son:

- Recordar qué se ha expuesto.
- Exponer qué acciones son las esperables.
- Dar un margen de tiempo para que se lleven a cabo esas acciones.

- Fijar cómo comprobamos que las acciones efectivamente suceden.

En nuestro caso, estos cuatro pasos serían:

- Recordatorio: se ha presentado un prototipo.
- Acciones: aprobarlo o rechazarlo.
- Tiempo: un mes.
- Comprobación: reunión.

Probablemente esté pensando que mi planteamiento pone mucha presión en la otra parte, que se sentirá incómoda adquiriendo un compromiso. Si es su caso, por favor, cierre el libro un instante, mire la portada y recuerde el título: *Pensar más, pensar mejor*. Creo que, en general, demasiadas veces hacemos reuniones y las concluimos sabiendo que no servirán de nada, que no se va a tomar ninguna decisión y, por tanto, que se han producido puramente como formalismo, sin que de ellas se derive acción alguna. Precisamente eso es lo que quiero arreglar. O sea, que si alguien le dice al final de la reunión: «Uy, déjame que lo piense», usted debe responder: «A ver, si nos hemos reunido será por algo, no sencillamente por quedar bien. Si no acordamos los siguientes pasos, hemos perdido el tiempo con esta reunión».

Conclusión

En este capítulo he intentado darle unas pautas para explicarse mejor. Hemos entendido que hacerlo correctamente es casi igual de importante que las ideas en sí. Y hemos visto cómo cualquier explicación de calidad empieza con un proceso de simplificación y de ajuste del contenido al tiempo disponible.

A continuación, he presentado mi marco de trabajo BAILA, a través del cual crearemos explicaciones Breves, que llamen la Atención, que provoquen un Impacto emocional personal, que tengan una sólida Lógica interna y que inciten a la Acción.

Este capítulo que ahora acaba es para mí un ejemplo palmario de la tesis central del libro: que muchos procesos cognitivos son altamente entrenables y no dependen en nada del talento.

No, no es cierto que haya gente que sepa o no sepa explicarse. Lo que sucede es que hay gente que se prepara, que tiene técnica, y gente que no. Si aplica los principios de este capítulo, estoy convencido de que sus exposiciones ganarán mucho en calidad e impacto. ¡Buena suerte!

27

Cómo cuidar el cerebro

He dejado casi para el final un capítulo que no por obvio es menos importante. Seguro que no le sorprende si le digo que, para pensar más y mejor, es esencial mantener nuestro cerebro en forma. A fin de cuentas, un cocinero tiene sus cuchillos y ollas en perfecto estado, y un pianista afina su piano. El cerebro, como herramienta que es, requiere un cuidado similar.

Pero lo realmente interesante es darse cuenta de la diferencia de rendimiento entre un cerebro bien cuidado y uno que no lo está. Imagine que quiere cortar un tomate, y tiene dos cuchillos: uno afilado y otro no. Al final, los dos cortan, pero uno peor que el otro.

Con el cerebro, la diferencia entre unos hábitos de vida saludables y unos descuidados es mucho más extrema. ¿Ha pasado alguna vez por una depresión o por una fase de insomnio grave? No es que el cerebro nos funcione «algo peor»; es que no se nos ocurre nada, estamos aletargados, incapaces de encadenar pensamientos.

Por ello quiero dedicar este último capítulo a darle consejos para que lleve una vida saludable. Y que conste que, por supuesto, el contenido no es obra mía: gente mucho más sabia que yo ha estudiado todo esto. Como en muchas otras ocasiones, solo soy el mensajero, el mensaje es de otras personas. Lo que sigue es un resumen de neurociencia y de cómo nuestros hábitos pueden tener una influencia brutal en nuestro rendimiento mental.

MI AMIGA LA DOPAMINA

Como recordará de clase de ciencias, nuestro cerebro contiene más de diez mil millones de neuronas solo en su corteza. Estas son células excitables eléctricamente que crean circuitos con neuronas vecinas mediante terminaciones llamadas «sinapsis». Estas conexiones se regulan mediante diversas sustancias denominadas «neurotransmisores». Hasta la fecha, se han descubierto más de cien, que modulan y afectan a nuestra función cerebral de diversas formas.

Por su relevancia para los temas tratados en este libro, me quiero centrar en uno en concreto: la dopamina.

La dopamina (erróneamente llamada a veces «la hormona del placer») es un neurotransmisor relacionado con la motivación y la recompensa. Se trata de una sustancia fabricada en nuestro propio cuerpo y segregada a lo largo de varios caminos neuronales (las rutas dopaminérgicas).

Los neurotransmisores como la dopamina no tienen un efecto único: afectan sistémicamente a muchas funciones más o menos relacionadas. Así, en un nivel básico, hay una conexión entre la dopamina y el control motor de nuestros músculos (y por eso, como veremos más adelante, está relacionada con la enfermedad de Parkinson). Pero no es este el efecto que nos interesa ahora. Además del control motor, la dopamina es una sustancia motivadora que nos lleva a perseguir recompensas. Así, cuando nuestro cerebro anticipa que vamos a lograr una, segrega dopamina. Es como si el cerebro nos estuviese motivando, mediante la dopamina, a ser activos y perseguir objetivos. La dopamina no es, por tanto, placer en sí, es más bien deseo. Es el método que tiene nuestro cerebro para decirnos «haz esto», donde esto puede ser cualquier actividad que genere recompensa.

Por todo ello, la dopamina está relacionada con:

• La percepción de recompensas.
• El aprendizaje asociativo (el emparejamiento de estímulos con consecuencias).

- El deseo, la ansiedad por obtener algo.
- La generación de emociones positivas, principalmente de placer.

Nuestro cerebro posee poderosos mecanismos, perfeccionados a lo largo de millones de años, para regular y motivar nuestra actividad. Cuando quiere que estemos activos, que persigamos un objetivo, segrega dopamina. En cambio, las caídas de dopamina llevan asociada una bajada de actividad. Con lo cual, no, la dopamina no es «la hormona del placer». Más bien es la sustancia que nos motiva a aprender, a explorar, a estar activos. Son otros neurotransmisores, como las endorfinas, los que nos proporcionan placer.

¿QUÉ PASA CUANDO ESTO FALLA?

Al ser una máquina perfectamente evolucionada y engrasada, los desequilibrios en la función dopaminérgica en el cerebro tienen consecuencias, a menudo descritas como disfunciones mentales clásicas.

Así, los individuos con déficit de dopamina experimentan, en general, sensación de hastío y falta de actividad. En casos extremos, esto se traduce en enfermedad de Parkinson. En combinación con otros neurotransmisores (en este caso, la serotonina), el déficit de dopamina es uno de los componentes que dan lugar a la depresión.

En cambio, los individuos con exceso de dopamina tienen tendencia a sufrir manías (en el sentido médico del término). Y en otros escenarios, se relaciona con el síndrome de déficit de atención e hiperactividad, con las conductas compulsivas y las adicciones.

En último lugar, las personas con desequilibrios en la función reguladora de la cantidad de dopamina segregada en diferentes áreas del cerebro pueden sufrir de esquizofrenia y trastornos bipolares.

Por eso, todos estos males se medican frecuentemente con sustancias que, o bien se comportan como la esta (para aumentar nuestro nivel basal), o bien bloquean los receptores de esta en las neuronas (para reducir el nivel). Los primeros son los agonistas de la dopamina. Los segundos, los antagonistas.

FUENTES NATURALES DE DOPAMINA

Como he comentado, no necesitamos «suplementar» nuestro cerebro con dopamina extra: eso no funciona como con las vitaminas. El cerebro se basta y se sobra para producir unos niveles sanos de dopamina de forma automática. Sin embargo, por su asociación con determinadas actividades, sí es cierto que existen técnicas para aumentar nuestros niveles de dopamina de forma natural. Esto puede ser interesante, ya que a mayor dopamina, mayor actividad y motivación.

Por ejemplo, la evidencia demuestra que las duchas frías aumentan el nivel de dopamina entre dos y tres veces respecto a nuestro nivel basal. ¿Le parece extraño? ¡Qué va! Es lógico si lo piensa. Imagine un animal o un hombre prehistórico. Y, ahora, que entra en contacto con el agua. En esa época, lo más probable es que el agua estuviera fría. En la prehistoria no había calefacción ni bañeras con agua calentita. Por tanto, estaba, en general, fría. Algo no muy agradable y que tener en cuenta. Por ese motivo nuestro cerebro, que ha ido evolucionando, relaciona agua fría con dopamina: es su forma de decirnos: «Cuidado, esto es inusual, despierta y actívate».

Otro truco (sano) para aumentar los niveles de dopamina es comer chocolate. Le voy a contar el motivo por el que a casi todo el mundo le chifla el chocolate. Resulta que este contiene una sustancia llamada «tirosina», que es el precursor químico de... la dopamina. Por eso el chocolate provoca (a pequeña escala) cierta adicción y cierta euforia. Además, no importa demasiado qué tipo de chocolate consuma. Le contaré por qué. Si lo suyo es el chocolate puro, ha acertado: esta es la variedad que contiene, lógicamente, más tirosina. Pero es que, si prefiere el chocolate con leche, el resultado es el mismo, aunque por otro camino. ¿Sabía que el chocolate con leche es, en un 50 por ciento, azúcar puro? La receta «típica» del chocolate con leche lleva aproximadamente cinco partes de azúcar, tres de cacao y dos de leche. Y los sabores dulces, al contener hidratos de carbono, provocan una subida de dopamina. O sea, que no nos gusta el chocolate por su sabor. Nos gusta porque nuestro cerebro nos dice: «Dame más de esto».

Una tercera forma de aumentar los niveles de dopamina es aprender cosas nuevas. Y no me refiero específicamente a que lea libros sesudos: basta con que lleve una vida donde ofrezca a su cerebro cierta tasa de novedad para que este le regale dosis naturales de dopamina. Así que apague el ordenador, salga a la calle y pasee. Ya comentamos en el capítulo sobre ideación los demostrados beneficios del paseo sobre la creatividad. ¿Qué es eso sino dopamina? Pero no se quede ahí: conozca a gente nueva. Visite lugares nuevos. Haga cosas nuevas. Cultive nuevos hobbies. Todo ello contribuirá a su salud dopaminérgica.

Sigo. Otra forma de aumentar de forma natural nuestros niveles de dopamina es el deporte y la actividad física. Volvamos al rol evolutivo de la dopamina. Recuerde: la dopamina nos motiva a realizar acciones que producen recompensas. Y, evolutivamente, el ser humano ha ido vinculando la segregación de dopamina a aquellas deseables para su supervivencia. Hoy en día se cree que la segregación de dopamina durante la práctica física responde a dos causas. Por un lado, un individuo activo tiene más posibilidades de encontrar comida. Por el otro, es menos vulnerable ante depredadores. Por todo ello, nuestro cerebro «premia» la actividad física con dopamina.

En un caso extremo, que seguramente algunos hayan experimentado, la dopamina es la causante de lo que se llama «el subidón del corredor» (runner's high). Si quiere probarlo, es sencillo: corra a ritmo tranquilo durante un tiempo no inferior a media hora. Eso es para entrar en un régimen de ejercicio cardiovascular. Y cuando vaya a detenerse, acabe en una progresión, subiendo su ritmo hasta un esprint de, pongamos, unos cien metros. Agótese. Cuando se detenga, estará exhausto. Pero también sentirá un estado de euforia, de claridad mental. Eso es el subidón del que le hablaba. Y detrás de todo ello está, una vez más, la dopamina.

Venga, otra fuente de dopamina natural: la luz solar. Somos seres diurnos. Al absorber radiación ultravioleta, nuestro cuerpo produce vitamina D en la piel. Esa vitamina D activa los ciclos de la dopamina y la serotonina. Por eso, en los países con menor luz solar hay una mayor tendencia al abatimiento y la depresión, sobre todo durante el largo invierno. ¿Quiere estar activo y animado? Una ducha fría cada mañana seguida de un paseo con luz directa en el rostro. ¡Es el mejor consejo que contiene este libro!

Obviamente, muchas otras actividades cotidianas hacen que el cerebro segregue dopamina, como el sexo. También los alimentos ricos en nutrientes. Supongo que pilla la idea: nuestro cerebro tiene un «motivador de conducta», la dopamina. Y, de forma natural, lo va segregando para indicarnos que ciertas actividades son deseables.

MONTAÑAS Y VALLES

La dopamina no es una sustancia constante, pues su cantidad va variando. Se libera en forma de pico, porque estamos en alguna actividad dopaminérgica. Pero luego pasa por un valle hasta que los niveles vuelven a recuperarse de forma natural.

Es importante entender que la altura de las montañas de dopamina está relacionada con lo profundo de sus valles y el tiempo de recuperación. Aunque sea una metáfora manida, es útil imaginar la dopamina como un vaso. En función de cuánta libere (o sea, el pico de la montaña), más vacío quedará el vaso (o sea, lo profundo del valle) y más tardaremos en rellenarlo.

Esto es sumamente importante, y es la madre de muchos males del mundo moderno. Veamos por qué.

DOPAMINA ARTIFICIAL

Hemos visto que el cerebro segrega dopamina de forma natural como motivador de ciertas actividades. Pero claro, el ser humano genera ciencia, tecnología y productos. Y algunos de estos últimos afectan a nuestro sistema dopaminérgico. Muchos, de forma inofensiva. Otros, no tanto.

Supongamos que usted juega al cubo de Rubik. Como se trata de una actividad de aprendizaje, segrega dopamina. Igual que cualquier juego de mesa, de cartas o un videojuego. No hay nada malo en eso. Y como el cubo de Rubik es un reto, la idea es que debemos esforzarnos (es decir, resolverlo) para liberar esa dopamina. Y eso es totalmente normal.

Pero ahora imaginemos una sustancia diseñada para, de forma mecánica, aumentar nuestro nivel de dopamina. Le pongo un ejemplo: el tabaco. Cada vez que usted fuma, inhala nicotina. Esa nicotina viaja por su cuerpo hasta llegar a los receptores nicotínicos. Y estos, al recibirla, liberan dopamina, que le hace sentir bien, recompensado.

Pero repare en lo siguiente: ¿le ha costado esfuerzo fumar ese cigarrillo? No, qué va. Fumar (y, por consiguiente, liberar dopamina a través del tabaco) es una actividad que puede realizar en cualquier momento. Por tanto, aquí tiene un producto que, sin esfuerzo alguno, genera sensación de recompensa. ¿Qué haremos, pues? Desear otro cigarrillo, porque queremos esa liberación de dopamina.

¡Tachán! En unas pocas líneas, le he explicado qué es una adicción.

Una adicción se origina cuando un producto nos genera dopamina sin fatiga, sin esfuerzo: querremos ese estímulo una y otra vez.

Observe esta comparación: usted podría ser adicto al deporte, porque hace que libere dopamina. Pero ¡eso no es peligroso! ¿Por qué? Porque el deporte agota físicamente. Así, aunque quiera más dopamina, no será capaz de obtenerla, y deberá descansar entre sesiones. Esta dopamina es «sana».

En cambio, cuando fuma, sabe que puede generar esa recompensa de forma continuada. Y al no haber ninguna barrera de fatiga o cansancio, caerá en la adicción. ¿Y sabe cuál es el problema? Que el cerebro se acostumbra. Quiere más dopamina, así que fabrica más receptores nicotínicos y la adicción se vuelve cada vez peor. Es un círculo vicioso.

En algún momento, usted se dará cuenta de que fumar no es sano, y no encenderá el siguiente cigarrillo. ¿Qué sucede en su cerebro? Que todos esos receptores nicotínicos quedan inactivos (porque no llega nicotina). Y no liberan dopamina. Por tanto, su «chute» de dopamina no llega. ¿Y qué ocurre cuando no hay dopamina? Ya lo he dicho: apatía, desmotivación. Aquí tiene su síndrome de abstinencia, el conocido como «mono». Y como usted es un adicto, solo puede superarlo fumando otro cigarrillo.

Por esta razón, sustancias como el tabaco tienen un efecto neuronal muy pernicioso, más allá de las obvias consecuencias fisiológicas (cáncer de pulmón, de garganta, enfisema pulmonar, etc.). El tabaco nos engancha porque nos acostumbra a una forma gratuita de obtener chutes de dopamina. Y cuando nos los negamos, nos hace dependientes.

Pero no es la única consecuencia, hay otra igual de grave. Si recuerda, hemos dicho que la magnitud de la montaña de dopamina es proporcional a la del valle y a su duración, porque nuestro cuerpo tiene que recuperarse tras el pico. Bien, las sustancias adictivas llevan asociadas subidas descomunales de nuestros niveles de dopamina. De este modo, los valles que llegan a continuación son también de aúpa. Un cigarrillo nos produce placer, pero nos deprime después, mientras nos recuperamos del chute. Es normal, ese cigarrillo ha triplicado nuestro nivel de dopamina con respecto al nivel basal.

Pero ¿sabe lo que es malo? Las anfetaminas multiplican nuestro nivel basal de dopamina por diez. Si ha consumido ese tipo de sustancias, sabe a lo que me refiero: instantes de euforia mientras la dopamina hace su trabajo seguidos de un bajón posterior descomunal provocado por el valle dopaminérgico.

La gente que cae en adicciones (tabaco, alcohol, drogas, sexo o lo que sea) es porque destroza su circuito de carga y recarga de dopamina. A base de sobrecargarlo con subidones antinaturales, nuestro cuerpo pierde la capacidad de regularse de forma normal. Esto es como el que siempre come con mucha sal: llegará un momento en que no será capaz de apreciar sabores sutiles, y todo le parecerá soso.

Este es uno de los males del mundo actual. Hemos creado una sociedad que nos satura a estímulos dopaminérgicos en forma de interacciones satisfactorias. Las redes sociales, con su infinita tasa de novedad. Los videojuegos, con sus constantes retos triviales. La hipersexualización de la vida cotidiana, con su acceso constante a estímulos sexuales... En definitiva, hay una disponibilidad permanente de productos que se supone que nos van a hacer felices. Esa arcadia abierta a todas horas en la que vivimos es, en realidad, una pesadilla para nuestro cerebro, que recibe todos esos estímulos y pierde la capacidad de autorregular la dopamina.

Y, con los años, todo tiene que ser perfecto siempre. Porque si no, no estamos satisfechos y los estímulos tienen que ser cada vez mayores. Un ejemplo: mi primer viaje en avión fue a los catorce años, cuando me fui a Inglaterra a aprender inglés. El primer viaje en avión de mis hijas fue cuando tenían cuatro meses. Es obvio que el mundo de hoy nos presenta un hiperconsumismo continuo y recompensas por todos lados. No es menos obvio que todo eso no es demasiado positivo para nosotros. Le contaré por qué.

No debemos olvidar de dónde venimos. El cerebro tiene una herramienta para motivarnos a realizar conductas positivas: la dopamina. Y la segrega cuando nos esforzamos, cuando aprendemos, cuando exploramos.

Ahora bien, en 2022 el ser humano promedio obtiene esa dopamina de forma mucho más potente y concentrada, en actividades mecánicas que tienen que ver poco o nada con su supervivencia y motivación. Así, subir un vídeo a TikTok y que lo vean millones de fans es un chute de dopamina monumental. No espere que esa persona, malacostumbrada a esa dosis colosal, se sienta a continuación motivada a hacer otras cosas.

Por eso nuestro mundo esconde, bajo una falsa apariencia de abundancia y felicidad, una sociedad que cae fácilmente en la apatía, la depresión y todo tipo de trastornos mentales, ya que estamos manipulando uno de los circuitos más importantes de nuestro cerebro.

De este modo, mucha gente se convierte en adicta a las redes sociales y como consecuencia sufre serios desequilibrios de personalidad. Piense en esto: un chaval de veintipocos que de repente es seguido por decenas de millones de usuarios, locos por él. Evidentemente, hay que tener una cabeza muy bien amueblada y un sistema de soporte familiar sólido como una piedra para que eso no te afecte.

DOPAMINA Y ESTRÉS

Además de las adicciones, otro de los males de la sociedad actual es el estrés. El estrés no es más que la respuesta del cuerpo humano a una amenaza externa, ya sea un peligro, un reto o algún tipo de presión exterior. Cuando estamos estresados, nuestro cuerpo segrega adrenalina, la hormona responsable de nuestra respuesta a un entorno incierto. Esa respuesta (llamada *fight or flight*, «lucha o huida») nos prepara para una confrontación: aumenta el riego sanguíneo a los músculos, acelera el ritmo cardiaco, dilata las pupilas. Nos prepara, valga la redundancia, para huir o luchar.

Todo esto tiene un sentido evolutivo real. Supongamos que en medio de la pradera un hombre prehistórico oye el aullido de un depredador. La liberación de adrenalina pondría al homínido en las mejores condiciones para, o bien luchar contra el animal, o bien huir. No olvide esto: nuestro cuerpo es el resultado de millones de años de evolución y, en general, siempre favorece aquellas conductas que maximizan nuestra posibilidad de supervivencia.

¿Cuál es el problema? Que en el mundo actual no oímos el aullido de ningún depredador. Lo que ha pasado es que el coche de detrás nos ha tocado la bocina. Y ese estridente sonido ha despertado en nosotros la misma liberación de adrenalina: nos estamos preparando para el combate.

Por eso la gente al volante a veces pierde los papeles. ¡Porque su cerebro está lanzando una respuesta pensada para agredir!

Como ya he dicho, todos los neurotransmisores están muy relacionados entre sí. De hecho, según investigaciones del Imperial College de Londres, el estrés acumulado deprime la función dopaminérgica. Es decir, si usted está estresado, sobre todo por largos periodos, eso afectará a su capacidad de motivación y búsqueda de recompensas. Así que plantéese si su forma de vida es parte del problema.

UN CEREBRO SANO

He dedicado varias páginas a explicar el problema. Ahora, centrémonos en la solución que, si ha estado prestando atención, es evidente: debe retomar el control de su circuito dopaminérgico y defenderlo a capa y espada.

La receta es simple: asegúrese de que todas esas actividades que le generan placer, que le producen recompensa, requieran esfuerzo. Así fomentará una liberación de dopamina progresiva y en cantidades razonables. No, no existe la dopamina gratis. Cuando se la ofrezcan, simplemente diga no: la adicción será el siguiente paso. Pues, si es gratis, ¿por qué no tomar más, todo el rato?

Recuerdo que hace unos años, en una de mis aventuras, acabé en la fábrica de chocolates Lindt, en Suiza. En casa somos todos, incluidas mis hijas, muy golosos. Total, que nos llevaron a una sala donde había una fuente de chocolate, nos dieron una cuchara y nos dijeron: «Aquí pueden probar todo el chocolate que gusten».

Mis hijas casi se desmayan. Mi mujer se lamentó: «Uy, esto va a acabar mal». Sí: nadie ponía límites a cuánto chocolate podías comer. ¿Acabó mal la historia? No, porque sí que existe una barrera, una puramente física. A pesar de todo su entusiasmo y vigor, hubo un momento en que mis hijas dijeron: «Papi, si como una cucharada más, vomito». Y así terminó la tarde.

Lo que quiero es que sea consciente de que, en la dopamina, ese «si como más, reviento» no existe. Porque, a diferencia de mis hijas, usted puede volver a la fuente de chocolate hoy, y mañana, y pasado mañana, y el otro. Y se enganchará.

Por tanto, derive la dopamina del esfuerzo y de las actividades naturales. Y evite cualquier otra fuente.

Una receta que llevo años llevando a la práctica, con excelentes resultados, es la siguiente. Trate de recibir luz solar directa justo después de despertarse. Eso generará dopamina y serotonina, claves para la actividad y la motivación. Además, la luz solar resetea nuestro ciclo circadiano, que es la forma que tiene el cuerpo de segregar ciertas hormonas a lo largo del día y generar el ciclo de vigilia y sueño.

Si necesita un estímulo adicional, dese una ducha fría. Mi consejo es que comience con agua caliente y vaya bajando la temperatura progresivamente hasta enfriarla del todo. Nuestro cuerpo no es tan sensible a la temperatura como a los cambios bruscos de esta. Si va disminuyendo poco a poco y se va acostumbrando a las fases intermedias verá que es mucho más fácil. Pasadas unas semanas, no le costará poner el agua directamente fría.

Concentre la actividad mentalmente densa en las primeras horas de la jornada, para ir de la mano de su ciclo dopaminérgico y circadiano. Vaya de más a menos.

Evite todas las sustancias dopaminérgicas artificiales, esto es, tabaco, alcohol o drogas, pero también alimentos de bajo valor nutricional y alto valor de recompensa, como las chucherías. Al ser fuente natural de dopamina, el chocolate queda en una categoría curiosa. Por un lado, es positivo, pero, por el otro, si se tiene acceso ilimitado es fácil que resulte adictivo, así que consúmalo con moderación.

Sobrecargue su día con estímulos dopaminérgicos sanos y naturales: cultive hobbies y amistades, realice actividad física... Intente enriquecer su cerebro con novedades. Y, sobre todo, acostúmbrelo a que la dopamina no es gratis, sino que debe ser siempre el resultado de un esfuerzo.

Trate de evitar todas esas interacciones de baja calidad de las que ya hemos hablado. Ese «voy a mirar el móvil un momentito». Ese «voy a juguetear con el bolígrafo encima de la mesa». Todo esto no tiene otra utilidad que esa pequeña liberación de dopamina que produce. Por tanto, fuera con ello, en la medida de lo posible.

Obviamente, recomendarle que viva sin estrés es demasiado simplista. Al final, todos compartimos el mismo ritmo trepidante. Salvo que se mude a la cima de una montaña, no podrá evitar las fuentes de estrés. Lo que le pido es más razonable, y también más útil: tan solo entiéndalo. Entienda el efecto que tiene sobre usted. Acepte su existencia, pero reduzca su impacto.

Antes me preocupaba muchísimo por las cosas. Cualquier noticia negativa me derrumbaba anímicamente, como un castillo de naipes. Pero, a base de entender el impacto del estrés sobre mi cerebro, poco a poco aprendí a preocuparme menos, a decir: «Vale, esto es una mala noticia, pero no voy a dejar que me afecte tanto». No es que me importe un pito lo que pasa, pero con los años he encontrado el modo de relativizar las cosas, de no tomármelas tan a la tremenda. Eso es precisamente lo que le pido: vaya por la vida con una actitud estoica, de aceptación de que a veces las cosas no son como desearíamos. Y que muchas de esas veces no tenemos las armas necesarias para cambiarlas. Así que, si no está en nuestra mano, ¿por qué preocuparse?

Desarrolle una actitud al mismo tiempo entregada y estoica: entregada en el sentido de trabajar duro; estoica en el sentido de aprender a no preocuparse más allá de lo que usted puede arreglar.

Fíjese si es serio esto de la dopamina que, en casos de desequilibrio extremo por adicciones, se puede llegar a recomendar como terapia un «ayuno completo de dopamina», que consiste en estar cierto número de días evitando actividades dopaminérgicas de forma controlada. ¿Cuál es el objetivo? Si me ha leído con atención, lo sabrá: resetear el nivel basal de dopamina para construir sobre él una relación más sana con esta.

28

Inteligencia, ¿talento o técnica?

Bueno, el tren va llegando a la estación. Recoja su maleta, pues el trayecto está a punto de terminar. Pero no quiero despedirme sin revisitar el objetivo de esta pequeña aventura. Reflexionemos un segundo sobre si hemos cumplido o no nuestro plan.

Hace unos pocos cientos de páginas usted y yo emprendimos un viajecillo con una misión clara, que podemos resumir en tres afirmaciones:

1. Demostrar que aquello que llamamos inteligencia es básicamente la suma de técnicas entrenables.
2. Probar que, por tanto, las personas a las que consideramos inteligentes no son más que aquellas que conocen y usan esas técnicas, ya sea de forma consciente (como es mi caso), ya sea inconsciente (muchos emplean estos métodos sin saberlo).
3. Explicar esas técnicas, de forma que sean fácilmente aplicables por todo el mundo, empezando por usted mismo.

Bien, ahora le corresponde a usted sacar sus conclusiones. Seguro que, a estas alturas, ya se ha formado una opinión sobre si tengo o no razón. En todo caso, querría puntualizar un par de cuestiones.

Obviamente, este libro no explica todas las estrategias de razonamiento que existen, sino que está limitado por mi propia capacidad: explica los métodos que conozco yo, los que he podido aprender en mi vida y los que realmente me han servido para algo.

Por ello, no le puedo enseñar aquí «todo lo que hay», sino «todo lo que yo sé», que es algo muy distinto. Pero ¿sabe qué pasa? Que mi intuición me dice: «Dani, solo con esos trucos que tú sabes abarcas mucho campo, se les puede sacar muchísimo jugo». De modo que me lleva a pensar que, a pesar de que solo conozco una serie de técnicas, seguramente existan otras. Y que entre todas cubren el ámbito completo de lo que llamamos inteligencia.

En cierto modo, soy como aquel señor que ve un campo de manzanos y prueba una manzana. Y es dulce. Y prueba otra, y es dulce. Y así con todas las que alcanza a ver. Y de su visión limitada, dice: «Oye, yo no he probado todas las manzanas de la Tierra, pero basándome en las que sí he probado, estoy empezando a pensar que seguramente todas sean dulces».

Ya oigo desde aquí a mis lectores inductivistas y falsacionistas diciendo: «Dani, eso no es prueba de nada, y lo sabes». El hecho de que cien, mil o cien mil manzanas sean dulces no implica que lo sean todas, siempre se pueden encontrar manzanas que incumplan tu regla. Por ejemplo, usted puede comer mil tabletas de chocolate negro y no haber visto nunca el chocolate blanco. ¿Quiere decir eso que no exista? No, ¿verdad?

Llevándolo a nuestro terreno, el hecho de que pueda explicar cinco, diez o veinte técnicas de «inteligencia mecánica» no significa que toda la inteligencia sea mecánica: es muy probable que en el futuro se descubra que hay otros ámbitos de esta que sí son un talento innato y, por tanto, no pueden entrenarse.

Por supuesto. Pero es que estamos limitados por nuestro conocimiento. Así avanza la ciencia, ¿recuerda? Alguien observa un fenómeno, elabora una teoría (acertada o no) y, poco a poco, se demuestra si es cierta o no. Las falsas caen en el olvido, y las que no se pueden demostrar como erróneas van consolidándose.

Pero ¿sabe qué es imprescindible para poner en marcha la rueda de la ciencia? Que alguien «se tire a la piscina» y lance su teoría precisamente para someterla a crítica, para que otros profundicen en el tema y digan: «Oye, pues yo he encontrado otras técnicas, puede que Dani tenga razón». O defiendan lo contrario: «No, mira, aquí hay un ejemplo de lo contrario».

Evidentemente, no afirmo tener razón: sería pedante e indefendible. Ojalá la tenga. Pero lo que he intentado en estas páginas es, humildemente, lograr dos objetivos.

Primero, proporcionarle un arsenal útil de técnicas que pueda aplicar en su día a día.

Segundo, defender una teoría: que mucho de lo que llamamos inteligencia tiene más de técnica que de talento.

Esa es mi modesta contribución.

Y mientras hablábamos el tren se ha parado en la estación. Llega el momento de la despedida. Nunca fui partidario del melodrama, así que seamos breves.

Dejemos ahora que el polvo se deposite sobre estas páginas, y el tiempo, único árbitro verdadero del progreso, dé o quite razones.

En cuanto a mí, solo espero haberle sido útil. Y poder dedicar mis días a descubrir aún más técnicas. Si es así, no lo dude: las compartiré con usted. Porque únicamente cuando compartimos, avanzamos.

Fue un placer.

Gracias,

Dani

«Para viajar lejos no hay mejor nave que un libro».

Emily Dickinson

Gracias por tu lectura de este libro.

En **penguinlibros.club** encontrarás las mejores recomendaciones de lectura.

Únete a nuestra comunidad y viaja con nosotros.

penguinlibros.club

Penguin
Random House
Grupo Editorial

penguinlibros